DES

SOCIÉTÉS

PAR

Fernand COMMOY

AVOCAT A LA COUR IMPÉRIALE DE BESANÇON

·——·

THÈSE POUR LE DOCTORAT

Soutenue à Dijon le **26 Novembre 1864**

SOUS LA PRÉSIDENCE DE M. MORELOT

chevalier de la Légion d'honneur, Doyen de la Faculté

BESANÇO'

IMPRIMERIE D'OUTHENIN CHALANDRE FILS

1864

DES
SOCIÉTÉS

PAR

Fernand COMMOY

AVOCAT A LA COUR IMPÉRIALE DE BESANÇON

———

THÈSE POUR LE DOCTORAT

Soutenue à Dijon le 26 Novembre 1864

SOUS LA PRÉSIDENCE DE M. MORELOT

chevalier de la Légion d'honneur, Doyen de la Faculté

- ᴄᴏ⸮᪐᪐⸮ᴏ -

BESANÇON

IMPRIMERIE D'OUTHENIN CHALANDRE FILS

1864

©

A MON PÈRE, A MA MÈRE

INTRODUCTION.

Le mot Société appartient à toutes les sciences qui ont l'homme pour objet. Son acception la plus générale s'étend à la morale, à la politique, à toutes les institutions publiques ou domestiques (1). La Société conjugale, les congrégations religieuses, les pieuses confréries, les associations littéraires, les réunions philantropiques, ne sont que des espèces diverses de Sociétés.

Mais nous n'avons à parler ici que de la combinaison par laquelle deux ou plusieurs personnes conviennent de mettre quelque chose en commun, dans la vue de faire un bénéfice et de le partager; c'est-à-dire de la Société régie par le Code Napoléon et par le Code de Commerce, plus ou moins modifié par les lois du 17 juillet 1856 et du 23 mai 1863. Et encore l'étendue et la diversité des matières ne nous permettront-elles pas de présenter tous les détails et tous les développements que comporte le sujet.

Remontant à l'origine de l'institution, nous étudierons la Société romaine dans ses nombreuses variétés. Puis, après avoir consacré quelques pages à l'histoire des Sociétés tacites du moyen âge, nous arriverons à l'examen de la Société, dans le droit moderne.

(1) Gillet. — Discours au Corps législatif.

1

Nous diviserons donc notre travail en quatre parties, qui seront consacrées :

La première, à l'étude des Sociétés romaines ;

La seconde, à l'historique des Sociétés de l'ancien droit ;

La troisième, à l'examen des Sociétés civiles, dans le droit moderne ;

Et la quatrième enfin, à l'explication des Sociétés commerciales, telles qu'elles sont régies par les lois du Commerce.

DES SOCIÉTÉS

PREMIÈRE PARTIE

DES SOCIÉTÉS ROMAINES

D. L. XVII, T. II. — C. L. IV, T. XXXVII.

CHAPITRE PREMIER

L'esprit d'association s'appliquait à Rome aux objets les plus divers. Il y avait des Sociétés pour les petits intérêts comme pour les spéculations les plus compliquées et les plus étendues. Ici, c'étaient deux grammairiens qui s'associaient pour mettre en commun les bénéfices de leurs leçons (1). Là, c'étaient les *publicani* qui exploitaient en société la ferme des revenus publics. En un mot, toutes les opérations commerciales depuis les entreprises de construction, les transports maritimes, jusqu'aux fournitures des armées et à la banque, étaient matière à Société. Qu'étaient toutes ces Sociétés? Par quelles règles étaient-elles régies? C'est ce que nous allons examiner.

(1) D. pro socio, L. 71.

SECTION PREMIÈRE.

Caractères du contrat de société. — Ses formes et son objet.

La Société était, en droit romain, comme dans notre droit français, un contrat par lequel deux ou plusieurs personnes convenaient de mettre quelque chose en commun, dans la vue de partager le bénéfice qui pouvait en résulter. Nulle part, il est vrai, nous ne trouvons cette définition ; mais les textes nombreux des jurisconsultes romains, sur la matière des sociétés, nous montrent suffisamment que tels étaient les caractères de ce contrat. Placée au nombre des contrats dits *consensuels*, la société, comme le louage, la vente et le mandat, se formait par le seul consentement des parties. Peu importait, du reste, en quelle forme ce consentement était donné ; il pouvait même être tacite et s'induire des circonstances : *societatem coire et re et verbis et per nuncium posse nos, dubium non est* (1). C'était en outre un contrat synallagmatique, donnant naissance à une action de bonne foi.

Les conditions auxquelles était soumis le contrat de société se trouvaient au nombre de trois. 1° D'abord tout associé devait apporter, ou du moins promettre d'apporter quelque chose à la société. Ces apports pouvaient être de nature différente et consister soit en argent, soit en toute autre valeur ; ils pouvaient même consister en industrie : *societatem, uno pecuniam conferente, alio operam, posse contrahi magis obtinuit* (2). C'est aussi ce que décide l'api-

(1) D. pro socio, L. 1. — (2) C. pro socio, L. 1.

nien dans l'espèce rapportée par Ulpien, dans la loi 52, p. 7 *D. pro socio*. Ils pouvaient aussi être égaux ou inégaux, mais jusqu'à preuve contraire, ils étaient présumés égaux. Lorsqu'un associé faisait un apport réel inférieur à celui de son co-associé, il était censé compenser la différence par un apport en industrie plus considérable. 2° En second lieu, il était de l'essence de la société que chaque associé participât aux bénéfices. La Société, dans laquelle un des associés était exclu de toute part aux profits, était complétement nulle : c'était la société du lion avec les autres animaux de la fable ; société que les jurisconsultes romains avait flétrie du nom de société *l' aine : hanc societatem solitum appelare leoninam* (1).

Mais il n'était pas nécessaire que les parts fussent égales ; il suffisait que chaque associé eut une part quelconque, pourvu que cette part fut sérieuse. Une participation éventuelle était même admise, et l'on pouvait valablement convenir que les bénéfices appartiendraient au survivant. 3° Enfin pour qu'il y eut société, il fallait que le but de l'association fût honnête et licite : *generaliter enim tradilur rerum inhonestarum nullam esse societatem* (2). Lorsque le but était illicite, on n'avait plus qu'une *fœdam et turpem communionem*, qui n'engendrait aucune action, relativement au partage des bénéfices, et ne permettait aux associés que de reprendre leurs apports.

Généralement les associés prenaient soin de fixer euxmêmes la part que chacun devait avoir dans la société. Lorsqu'il était intervenu une convention à cet égard, cette convention faisait la loi des parties : *si expressæ fuerint*

---

(1) D. pro socio, L. 29, p. 2. — (2) D. pro socio, L. 57.

partes, hae servari debent (1). Cette part pouvait n'être pas la même pour chaque associé; Cela n'a jamais fait de doute, dit le texte des Instituts (2). M. Ortolan pense toutefois qu'une semblable clause n'était valable, qu'autant que les apports étaient eux-mêmes inégaux. A l'appui de son opinion, cet auteur cite un passage de la loi 29. D. *pro socio* où Ulpien s'exprime ainsi : *si vero placuerit ut quis duas partes vel tres habeat, alius unam, an valeat? Placet valere;* si modo *aliquid plus contulit societati vel pecuniæ...* Mais nous nous permettrons d'être d'un avis différent. Le texte d'Ulpien n'a pas le sens que lui donne M. Ortolan ; les mots *si modo*, que cet auteur traduit par *si toutefois*, nous paraissent devoir signifier plutôt *par exemple*. Ulpien, en effet, dans les dernières expressions de la loi précitée, ne fait que compléter par un exemple la pensée qu'il a exprimée au commencement de cette loi. Les parties pouvaient même convenir de parts autres dans la perte que dans le gain. Ce fut en vain que Q. Mucius, se fondant sur les principes de fraternité qui doivent exister entre associés, réclama la prohibition d'une telle convention. L'avis contraire de S. Sulpicius prévalut *tellement* (*adeo ut*) dit Justinien (3), qu'il fut même constant que l'on pourrait convenir que l'un des associés aurait part au bénéfice, sans être tenu de la perte. Ce qui toutefois devrait s'entendre en ce sens, que s'il y avait bénéfice dans une affaire et perte dans une autre, compensation faite, le reliquat seul compterait pour bénéfice. Ce fut aussi l'avis de Sabinus, qui voulut toutefois que les soins de l'associé fussent l'équivalant des risques : *si tanti sit opera, quanti*

---

(1) Instituts, L. 3, t. 25, p. 1. — (2) Id., p. 1. — (3) Id., p. 3.

damnum est. Alors disait-il, la clause était parfaitement licite, car, l'industrie de certaines personnes est souvent si précieuse, qu'elle est plus utile à la société que les fonds qui composent la mise : *plerumque enim tanta est industria socii, ut plus societati conferat, quam pecunia* (1). Les parties pouvaient également, au lieu de fixer elles-mêmes la part de chaque associé, s'en rapporter sur ce point, à la décision d'un tiers. Ce tiers pouvait être un étranger ou un associé (2), et sa décision n'était souveraine qu'autant qu'elle n'était pas manifestement contraire à l'équité. Lorsque l'injustice était évidente, il était du pouvoir du juge de la réparer (3). Car ce tiers, choisi pour déterminer les parts sociales, appartenait à la seconde catégorie des arbitres, dont parle Proculus, dans la loi 76 D. *pro socio.* Selon ce juriconsulte, il y a deux sortes d'arbitres : ceux à la décision desquel, il faut se soumettre, soit qu'elle soit juste, soit qu'elle ne le soit pas; et ceux dont la décision doit être ramenée au jugement d'un homme prudent et éclairé.

Lorsque les parties n'avaient pas établi la part de chacun, les parts étaient égales : *æquas esse constat* (4). Chaque associé avait dès lors une part virile, et non pas, comme l'ont prétendu certains commentateurs, une part proportionnée à leur mise; calcul impossible lorsque la mise aurait consisté en industrie, puisque nulle part la jurisprudence romaine n'attribue une valeur à la mise industrielle (art. 1853, C. N.).

Le contrat de société pouvait recevoir diverses modalités. Il pouvait être contracté avec limitation de temps, et

(1) D. pro socio, L. 29 1°.. — (2) Id., L. 6. — (3) Id., L. 79. — (4) D. pro socio, L. 29.

cela de deux manières différentes, soit pour commencer à
telle époque, soit pour commencer de suite et finir à telle
époque, ou sans limitation de temps. Dans ce dernier cas,
la société était censée devoir durer toute la vie des associés; on n'admettait pas que la société pût durer éternelle-
ment : *nulla societatis in œternum coitio* (1); c'est-à-dire
qu'indépendamment d'une foule de causes qui pouvaient
dissoudre la société, aucun des associés n'était forcé d'y
rester malgré lui : *in communione vel in societate nemo
compellitur invitus detineri*; toute clause contraire était
nulle et de nul effet. La société pouvait même être contractée sous condition (2). Il est vrai que de vives controverses s'étaient élevées à cet endroit : *de societate apud ve-
teres dubitatum est, si sub conditione contrahi potest* (3);
mais Justinien avait tranché le différend, en décidant que
la volonté des parties devait être respectée. La raison de
douter, dit Cujus, venait de cette circonstance, que dans la
société, du moins dans la société de tous biens, la propriété
des biens n'était communiquée entre tous les associés,
qu'au moyen d'une mancipation fictive. Or, la mancipation
n'admettant ni terme ni condition, il devait en être de
même de la société.

SECTION II.

Administration de la société. — Droits et obligations des associés.

Le mode d'administration de la société, était, à Rome, à
peu près le même que celui de notre droit moderne. Lorsque
les statuts sociaux attribuaient la gestion à l'un des asso-

(1) D. pro socio, L. 70. — (2) Id., L. 1. — (3) C. pro socio, L. 6.

ciés, lui seul était le gérant, l'agent actif ; et lorsqu'ils étaient muets sur ce point, chaque associé avait le pouvoir d'administrer, en vertu d'un mandat tacite. Ces règles se combinaient toutefois avec les principes du droit sur le mandat, et sur tout ce qui concernait la représentation d'une personne par une autre, dans les actes juridiques. Ainsi, en droit strict, l'associé qui traitait avec les tiers dans l'intérêt social, était seul engagé et avait seul les actions : réciproquement les tiers n'avaient d'action que contre celui avec qui ils avaient contracté. On appliquait le principe que les obligations ne pouvaient se contracter ni activement ni passivement, par l'intermédiaire d'autrui, et que la créance et l'obligation n'existaient qu'entre ceux qui avaient été parties au contrat. Telle était la règle. Mais la jurisprudence et le droit prétorien y apportèrent bientôt des modifications que réclamait l'intérêt de tous, et l'on en vint à permettre aux associés d'agir contre les tiers, lorsque cela leur serait nécessaire pour sauvegarder leurs intérêts, ou lorsque celui qui aurait traité pourrait être considéré comme leur préposé, leur *institor* ou leur *exercitor* (1). Les tiers eurent également le droit d'attaquer les associés, lorsque la chose, objet du contrat, aurait tourné au profit commun, *nisi in communem arcam pecuniæ versæ sint* (2), et généralement dans tous les cas où une action utile ou prétorienne serait accordée.

Lorsque les associés contractaient tous ensemble, tous alors étaient obligés, mais chacun n'était tenu que pour sa part. La solidarité n'existait point en thèse ordinaire, et les associés n'étaient solidaires qu'autant qu'ils s'y étaient for-

---

(1) D. de inst. act.; L. 1 et 2. — (2) D. pro socio, L. 82.

mellement engagés. La raison qu'en donne Ulpien, est qu'en agissant tous ensemble, on ne pouvait pas leur objecter qu'ils étaient les institeurs les uns des autres (1). Pour comprendre cette raison, il faut se rappeler combien étaient différents les effets des engagements, lorsque l'obligation était contractée par tous les associés conjointement, ou lorsque c'était un institeur qui agissait au nom de tous. Dans le premier cas, l'obligation se divisait entre tous les associés, à moins, nous le répétons, qu'ils ne se fussent engagés solidairement; tandis que, dans le second, l'obligation était solidaire. Gaïus justifiait ce bizarre résultat, en disant qu'il était équitable que celui qui avait traité avec un seul, ne fût pas obligé de diviser son action (2).

Comme tout contrat, la Société faisait naître entre les parties contractantes des obligations et des droits. Ces droits et ces obligations ont été en grande partie, reproduits par le législateur du Code Napoléon.

La principale obligation de l'associé consistait à rapporter à la Société les profits qu'il avait seul touchés; profits communs qui devaient être l'objet d'un partage. Mais n'était pas soumis au rapport l'associé qui n'avait reçu que sa part du prix d'une chose commune (3); à moins que le débiteur social ne fût devenu insolvable, avant le paiement intégral de la créance (4). Dans ce dernier cas, l'associé était tenu de rapporter tout ce qu'il avait touché de plus que ses co-associés : l'équité le voulait ainsi, *quæ sententia habet æquitatem* (5). Chaque associé devait en outre restituer, avec les intérêts, les sommes qu'il avait employées à son profit, où qu'il était en demeure de rapporter (6). Il

(1) D. de exerc. act., L. 4. — (2) Id., L. 2. — (3) D. pro socio, L. 63. — (4) Id., L. 65. — (5) Id., L. 63, p. 5. — (6) D. pro socio, L. 60.

devait enfin réparer le dommage qu'il avait causé (1). Les associés enseigne Celse dans la loi 52, p. 2. *D, pro socio,* doivent se tenir compte entre eux de leur mauvaise foi et de leur faute. La faute comprenait la paresse et la négligence. Mais elle ne s'appréciait pas sur la diligence la plus scrupuleuse ; il suffisait que l'associé apportât aux affaires de la société l'exactitude qu'il avait pour les siennes propres : tant-pis pour celui qui prenait un associé peu vigilant, il ne devait s'en prendre qu'à lui-même, *qui parum diligentem sibi socium adquirit, de se queri debet* (2). En retour la Société était tenue d'indemniser l'associé du préjudice qu'il avait éprouvé, en donnant ses soins aux affaires sociales ; de payer, par exemple, la note des médecins qui avaient soigné les blessures qu'il avait reçues en voulant s'opposer à la fuite des esclaves, dont la société faisait le commerce (3) ; où de réparer les pertes que lui avaient fait subir les brigands, entre les mains desquels il était tombé en voyageant pour faire des emplettes (4). Mais pour celà il fallait que le dommage ne fût pas arrivé par la faute de l'associé, puisque, d'après Pomponius, *qui ex culpâ sud damnum sentit, non intelligitur damnum sentire* (5). La Société devait également tenir compte à l'associé, des dépenses qu'il avait faites pour elle (6), et généralement prendre à sa charge, toutes les dettes contractées dans l'intérêt commun, pendant le cours de la Société (7).

Chaque associé avait enfin le droit de transmettre sa part sociale, selon son bon plaisir : seulement il ne pouvait pas aliéner une portion plus considérable que celle qu'il avait

(1) D. pro socio, L. 59, p. 1 ; et 52, p. 1 et p. 11. — (2) Id., L. 72. — (3) Id., L. 60, p. 1 et 61. — (4) Id. L. 52, p. 4. — (5) D. de reg. jur., L. 203. — (6) D. pro socio, L. 52, p. 12 et p. 15 ; et L. 65, p. 13. — (7) Id. L. 27 et 28.

dans la société (1). A ce sujet, s'était élevée la question de savoir, si un associé pouvait, en ensevelissant un cadavre dans un champ commun, rendre ce lieu sacré et priver ainsi ses co-associés de la part qui leur était due. Trébatius et Labéon ne donnaient, dans ce cas, qu'une simple action *in factum*. Mais Sabinus permit avec raison, d'intenter l'action *pro socio*, pour faire enlever le corps, ou réclamer le prix du terrain commun (2). Remarquons que la personne à qui l'associé transmettait, en tout ou en partie, la part qu'il avait dans la société, ne devenait point associé, sans le consentement des autres membres de l'association : *socii mei socius, meus socius non est* (3). Il était juste, en effet, que dans un contrat, qui, comme le contrat de Société, exige le consentement des parties, on ne pût pas donner un associé à qui n'en désirait point (4). Ce nouvel associé n'était en société qu'avec celui qui l'avait admis. On avait alors deux sociétés distinctes, dont les curieux effets seront étudiés, dans notre troisième partie, lorsque nous expliquerons l'article 1861 du Code Napoléon.

CHAPITRE II.

DES DIVERSES ESPÈCES DE SOCIÉTÉS.

Les Sociétés romaines se distinguaient en plusieurs espèces, suivant la nature ou l'étendue des biens, qui en faisaient l'objet. Le principium du titre 25, livre 3 des Instituts de Justinien, en indique la principale division. Les sociétés se divisaient en deux classes, selon qu'elles étaient univer-

(1) D. de comm. rer. alien., L. 3.—D. pro socio, L. 68.—(2) D. comm. divid., L. 6, p. 6.—D. pro socio, L. 39.—(3) Id., L. 20.—(4) Id., L. 19.

selles ou particulières : *societatem coire solemus aut totorum bonorum... aut unius negotiationis.* Mais chacune de ces deux classes se subdivisait à son tour, et d'après Ulpien, on pouvait distinguer cinq sortes de sociétés : 1° la société *universorum bonorum* : 2° la société *universorum quæ ex quæstu veniunt* : 3° la société *negotiationis alicujus* : 2° la société *vectigalis*, et 5° la société *rei unius* (1).

Société universum bonorum. — La Société universelle de biens comprenait tous les biens appartenant aux associés, au moment du contrat, ainsi que tous ceux qui pouvaient leur advenir plus tard, par une voie quelconque. Elle comprenait même l'usufruit des dots (2), et les gains que faisait l'un des associés, à l'occasion d'une injure qui lui était faite, ou d'un tort causé à sa personne ou à celle de son fils (3). Cette société produisait cet effet remarquable, qu'à l'instant même du contrat, sans aucune tradition, la propriété et les droits réels, qu'avait chaque associé, étaient communiqués entre tous (4). On présumait, dit Gaïus, qu'il se faisait alors une tradition réciproque, quoique réellement elle ne se fit pas (5). Quant aux choses, qui, comme les créances, n'étaient pas susceptibles de tradition, les associés se transportaient réciproquement les actions qui y étaient attachées : c'est pourquoi Paul ajoute : *ea vero quæ in nominibus erunt, manent in suo statu, sed actionem invicem præstare debent* (6). Mais la société n'acquérait pas de plein droit, les biens qui advenaient aux associés après le contrat, tels que les successions, les legs, les donations, et en général toutes les acquisitions faites à quel titre que ce soit (7). Pothier justifie cette dis-

---

(1) D. pro socio, L. 5. — (2) Id., L. 65, p. 16. — (3) Id., L. 52, p. 16. — (4) Id., L. 1. — (5) Id., L. 2. — (6) Id., L. 3. — (7) Id., L. 3, p. 1.

position en disant : « que la tradition feinte, par laquelle chacun des associés était censé se constituer possesseur au nom de la société, ne pouvait avoir lieu qu'à l'égard des biens qu'il avait alors; ne pouvant pas se constituer possesseur de ceux qu'il n'avait pas encore.» (1) Ces biens étaient propres à chaque associé ; mais ils devaient être communiqués entre tous (2). Il en était toutefois autrement des gains illicites. Ces gains ne devaient pas êtres rapportés à la société ; et les associés qui en auraient demandé la communication , se seraient vus repoussées comme réclamant une chose honteuse. Seulement, lorsque la chose acquise à ce titre entrait dans la société, le gain devenait alors commun; et l'associé n'avait le droit de reprendre cette chose, qu'autant qu'il était condamné à la rendre à son véritable propriétaire (3).

Le passif correspondait à l'actif. La société prenait à sa charge toutes les dettes des associés, et toutes les dépenses nécessaires à l'entretien de ces derniers et de leurs familles (4), y compris même la dot de leurs filles (5). La société payait aussi, des deniers communs, la condamnation infligée à l'un des associés , lorsque cette condamnation était encourue injustement (6) ; ou lorsqu'elle avait souffert que le gain provenant des délits entrât dans la caisse sociale. Mais restaient à la charge personnelle de chaque associé, les pertes faites au jeu ou à la débauche (7). La société devait avoir un but moral, et elle ne pouvait point servir les mauvaises passions de ses membres.

Société universorum quæ et quæstu veniunt. La société universelle de gains comprenait seulement les profits que

---

(1) Pothier, *de la Société*, n° 32. — (2) D. pro socio, L. 74. — (3) Idem, L. 52, 53, 54. — (4) Id., L. 73. p. 1. — (5) Id., L. 81. — (6) Id., L. 52, p. 18. — (7) Id , L. 59, p, 1.

l'industrie ou un commerce quelconque procurait aux associés : *quæstus enim intelligitur, qui ex operâ cujusque descendit* (1). Le mot *quæstus* ne signifie que le lucre acquis par un titre de commerce. La société s'étendait donc à tout ce qui était acquis par achat, louage (2), et par l'exercice d'un métier ou d'une profession (3). Mais les biens présents et ceux qui arrivaient par donation, legs ou succession, n'entraient point dans la communauté. Le motif qu'en donne Ulpien, est que ces libéralités avaient toujours une cause, qu'elles avaient été méritées par celui à qui elles étaient faites : *quia non sine causâ obveniunt, sed ob meritum aliquod accedunt* (4). Et Paul ajoute que les successions devaient souvent être regardées comme une dette, dont s'acquittait le défunt (5). La meilleur raison est, selon nous, celle que donne le président Fabre, *nam hæc negligentibus et dormientibus, denique omnino ignorantibus acquiruntur, nulloque ipsorum facto intercedente* (6).

Quelles étaient les charges de la société universelle de gains? Comme les associés n'apportaient aucun des biens qu'ils possédaient au moment du contrat, la société n'était pas tenue des dettes dont ils étaient débiteurs. Elle n'était chargée que des dettes contractées pour les affaires sociales (7), et des dépenses d'entretien et de nourriture des associés et de leur famille. Cette société fréquemment pratiquée par les affranchis d'un même maître, était celle qui était censée contractée, lorsque les parties ne s'étaient pas expliquées sur l'espèce de société qu'elles voulaient fonder (8). C'était aussi la société qui était formée, lorsque les

---

(1) D. pro socio, L. 8. — (2) Id., L. 7. — (3) Id., L. 52, p. 8. — (4) Id., L. 9. — (5) Id., L. 10. — (6) Sur la loi 8 pro socio. — (7) D. pro socio, L. 12. — (8) Id., L. 7.

associés avaient dit qu'ils contractaient société *de tous gains et profits*, qu'ils feraient de part et d'autre (1).

Société negotiationis alicujus. La société *negotiationis alicujus* avait pour objet une négociation déterminée, par exemple, l'achat et la vente des esclaves, de l'huile, du vin ou du froment (2). Ici la tradition était nécessaire pour communiquer entre tous les associés les apports sociaux. Cette société n'acquérait que le gain provenant de la négociation; quant aux profits, qui provenaient d'une autre cause, ils restaient propres à l'associé qui les avait faits. C'est ce qu'avait décidé l'empereur Sévère, à propos de la société de ces deux banquiers, qui s'étaient unis pour faire la banque. L'un d'eux, ayant fait séparément une acquisition, qui lui avait procuré quelques bénéfices, on demandait si ces bénéfices devaient être communs? L'empereur répondit, que comme la société avait été contractée pour la banque, ce que chaque associé acquérait d'ailleurs que de la banque, ne devait certainement pas faire partie de la société (3).

Société vectigalis. Les sociétés *vectigales* n'étaient qu'une particularité de la société *negotiationis alicujus.* On appelait ainsi les sociétés formées pour la ferme des impôts, ces revenus publics que, tous les cinq ans, les censeurs adjugeaient au plus offrant. Comme les chevaliers, fermiers habituels de ces impôts, n'avaient pas assez de fortune personnelle pour une aussi grande entreprise, ils s'associaient des bailleurs de fonds et formaient avec eux une société, qu'on nommait *societas vectigalis* ou *vectigalium*, du nom de son objet. Ces sociétés, de toutes les plus importantes, avaient un tel relief qu'on les mettait au rang des

(1) D. pro socio, L. 13. — (2) Id., L. 58, p. 1. — (3) Id., L. 52, p. 5.

corps publics, des collèges autorisés par l'Etat, et qu'on leur donnait le nom de *societates collegiatæ*. Ces sociétés étaient soumises à des règles spéciales. Ainsi la solidarité était admise entre les associés ; et la société, au lieu de se dissoudre à la mort de l'un de ses membres, se continuait avec les héritiers du défunt. Comme elles embrassaient un vaste territoire, car il était d'usage d'adjuger en bloc les impôts de toute une province, leur organisation était très compliquée. Chacun avait son rôle : les uns adjudicataires directement engagés envers la République (*publicani*), lui répondaient de l'exécution du bail, les autres intervenaient comme cautions (*prædes*) ; d'autres enfin n'entraient dans la société que comme simples participants. Et à chaque associé était attribué un intérêt proportionné à sa mise ou à son industrie. Quant à l'administration de la société , elle n'était pas toujours la même. Quelquefois elle se partageait entre tous les associés (*socii vectigalium*) : chacun alors avait son département. Mais le plus souvent, la société plaçait à sa tête un ou plusieurs gérants (*magistri*), chargés de diriger les affaires sociales. Ces *magistri* étaient les chefs de l'association : c'étaient eux qui liaient la société par les engagements contractés avec les tiers, et qui présidaient à toute l'administration intérieure et extérieure ; c'étaient eux qui veillaient à la tenue des livres et des registres sociaux ; c'étaient eux qui convoquaient les associés pour délibérer sur les affaires importantes; c'étaient eux enfin qui de Rome où ils résidaient, donnaient l'impulsion aux provinces. Au-dessous d'eux se trouvaient les sous-gérants (*pro magistri*), qui , placés dans chaque province, étaient des gérants au petit pied , et transmettaient les ordres de Rome aux nombreux employés de la société.

Pendant longtemps, les sociétés *vectigalium* brillèrent d'un vif éclat. Mais sous les empereurs, les changements survenus dans le système des impôts vinrent leur enlever la ferme de la dîme, leur plus beau fleuron. Dès lors ces vastes associations ne firent plus que diminuer et s'éteindre.

Société rei unius. La société *rei unius* était celle qui avait lieu, lorsque un ou plusieurs objets déterminés étaient mis en commun (1). Elle ne comprenait que les gains provenant des choses communes (2) : et ici, comme dans la société *negotiationis alicujus*, la propriété des mises n'était pas communiquée de plein droit entre tous les associés (3).

CHAPITRE III.

DES ACTIONS QUI NAISSENT DU CONTRAT DE SOCIÉTÉ.

L'action produite par le contrat de société était l'action *pro socio*, action de bonne foi, qui naissait directement et immédiatement de la convention, et qui se donnait à chacun des associés contre chacun des autres, pour la poursuite de leurs obligations respectives. Cette action ne naissait qu'autant qu'il y avait contrat de société; *ut sit pro socio actio, societatem intercedere oportet* (4); mais elle pouvait être intentée par les héritiers ou contre les héritiers d'un associé, quoiqu'ils ne fissent partie de la société (5). Par elle se poursuivait l'éxécution de toutes

(1) C. pro socio, L. 2. — D. pro socio, L. 3, p. 2. — (2) D. pro socio, L. 52, p. 6, et L. 63, p. 9. — (3) D. pro socio, L. 58, p. 1. — (4) Idem, L. 31. — (5) Id., L. 63, p. 8, L. 35, 36. — C. L. 3.

les obligations qui résultaient *ex æquo et bono*, soit du contrat, soit des pactes accessoires (1). Se faire rendre compte par ses co-associés et communiquer, proportionellement à ses droits, les profits de toute nature occasionnés par la chose commune ; se faire indemniser par eux des dépenses faites ou du dommage éprouvé ; faire même dissoudre la société, tout cela pouvait être l'objet de l'action *pro socio*. Remarquons toutefois que ce n'était point au nom de la société, ni contre la société, qu'on agissait par cette action : l'associé demandeur poursuivait en son nom et individuellement chacun de ses co-associés.

Outre l'action *pro socio*, les associés avaient encore l'action *communi dividundo* : ces deux actions pouvaient exister cumulativement, sans se détruire, mais on n'obtenait pas par l'une, ce qu'on avait déja obtenu par l'autre, *altera actione alteram tolli, Proculus ait* (2). L'action *pro socio* différait toutefois de l'action *communi dividundo*, sous plusieurs rapports, qui méritent d'être signalés.

1° L'action *pro socio* n'avait pas nécessairement pour but le partage ; elle tendait surtout à demander l'exécution des obligations, que la société imposait à chaque associé, et à obtenir condamnation. Elle servait aussi à réclamer le remboursement, ou plutôt le partage des créances, qui, ne comportant pas *adjudication*, ne pouvait pas être l'objet de l'action *communi dividundo* (3). L'action *communi dividundo* avait, au contraire, pour objet, la cessation de la communion et le partage de la chose commune. Comme point essentiel, elle tendait a obtenir *adjudication* c'est-à-

(1) D. pro socio, L. 63.— (2) Id., L. 38, p. 1. — (3) Id., L. 43.

l'attribution, par sentence du juge, de la propriété du lot dévolu à chaque associé. Aussi Paul dit-il, avec raison, que malgré l'action *pro socio*, l'action *communi dividundo* était indispensable : *communi dividundo judicium ideo necessarium fuit, quod pro socio actio magis ad personales invicem præstationes pertinet, quam ad communium rerum divisionem* (1). Cette action pouvait être intentée, même pendant la société, lorsqu'il y avait à partager un ou plusieurs objets particuliers. Il est vrai qu'il en était quelquefois de même de l'action *pro socio* (2). Enfin dans l'action *communi dividundo*, quoique la mission principale du juge fut de faire adjudication, il devait, en outre, tenir compte des indemnités que les associés se devaient au sujet de la chose partagée ; et pour cela, il lui était permis de prononcer des condamnations.

2° L'action *pro socio* était une action personnelle, tandis que l'action *communi dividundo* était une action mixte.

3° Enfin, à la différence du simple communiste, l'associé poursuivi par l'action *pro socio*, ne pouvait point être condamné au delà de ses ressources, *in quantum facere potest* (*bénéfice de compétence*) (3). Il gardait même tout ce qui lui était nécessaire pour vivre. C'est ce qu'avaient décidé les jurisconsultes romains, en se fondant sur le grand principe de fraternité, qui doit régner entre les membres d'une même société. Pour estimer ce que les facultés de l'associé lui permettaient de payer, on calculait la valeur des biens, au temps du jugement, et l'on ne déduisait que les dettes contractées à l'occasion de la société (4). Ce bénéfice était accordé à tout associé (5), ainsi qu'à celui qui

---

(1) D. Comm. divid., L. 1. — (2) D. pro socio, L. 65, p. 15. — (3) Id. L. 63. — (4) Id., L 63, p. 3 et 4. —(5) *Contra*, L. 16, D. de re judic.

s'était porté défendeur sur la demande intentée contre un associé. N'est-il pas juste, en effet, dit Julien (1), que celui qui se porte ainsi défendeur, ne puisse être condamné que jusqu'à concurrence des facultés de l'associé pour lequel il répond. Mais il était refusé au père ou au maître de l'associé, par l'ordre duquel la société avait été contractée (2), et aussi à l'associé, qui s'était mis lui-même, de mauvaise foi, hors d'état de payer : *nec enim æquum est*, dit Ulpien, *dolum suum quemquam relevare* (3).

Mais, d'un autre côté, l'associé qui se laissait condamner par l'action *pro socio*, se voyait mis au nombre des personnes que le Préteur, dans son édit, avait notées d'infamie : *quibusdam judiciis damnati ignominiosi fiunt ; velut furti...* pro socio, *tutelæ...* (4). Tandis que l'action *communi dividundo* n'infligeait aucune tache à celui qui succombait.

Lorsque les actes commis par l'un des associés étaient de nature à donner naissance à des actions particulières, comme la stipulation, ou lorsqu'ils constituaient des délits, comme un vol, un dommage injustement causé, les associés avaient, indépendamment de l'action *pro socio*, les actions *ex stipulatu* (5), *furti* (6), ou *legis Aquiliæ* (7). Seulement, nous le répétons, la même chose n'était jamais obtenue deux fois.

---

(1) D. pro socio, L. 63, p. 1. — (2) Id., L. 63, p. 2. — (3) Id., L. 67, p. 7. — 68, p. 3. — (4) Gaïus, C. IV, p. 182. — D. qui not. infam., L. 3, p. 2. — (5) D. pro socio, L. 41, 42. — (6) Id., L. 45, 46, 47, 51, p. 1, *peine de la loi Favia.* — (8) D. pro socio, D. 47, p. 1, 48, 49, 50.

CHAPITRE IV.

MODES DE DISSOLUTION DE LA SOCIÉTÉ.

Les causes de dissolution de la société sont résumées laconiquement par Ulpien, dans la loi 63, p. 10, D. *Pro socio : societas*, dit ce jurisconsulte, *solvitur ex personis, ex rebus, ex voluntate, ex actione. Ideoque sive homines, sive res, sive voluntas, sive actio interierit, distrahi videtur societas.* Ajoutons à cette énumération la dissolution *ex tempore*, et examinons successivement chacune de ces causes.

Ex personis. La société finissait à la mort de l'un de ses membres, à moins qu'on ne fût convenu du contraire dans l'acte social : *nisi in coeunda societate aliter convenerit* (1); car alors il y avait manifestation et concours de volontés sur ce point, et il commençait, à vrai dire, une société nouvelle. Quant aux héritiers du défunt, ils ne succédaient pas à sa qualité d'associé. Il n'était même pas permis de convenir par avance, qu'en cas de mort de l'un des associés, la société continuerait avec ses héritiers : *non ab initio pacisci possumus*, dit Pomponius, *ut heres etiam succedat societati* (2). C'était aussi l'avis d'Ulpien (3). C'eût été s'engager avec des personnes incertaines, ce qui répugnait à la nature de la société. Il n'y avait d'exception à cette règle, qu'en faveur des sociétés *vectigalium.* Dans ces sociétés, les héritiers participaient, en profit ou en perte, au résultat de toutes les opérations antérieures et postérieures au décès

---

(1) D. pro socio , D. 65 , p. 9.— (2) Id., L. 59. — (3) Id., L. 35 , 59 , p. 9.

de leur auteur; et il pouvait valablement être convenu d'avance que la société continuerait avec eux (1). Mais si l'héritier de l'associé défunt ne succédait pas à la qualité d'associé, il succédait du moins à tous les droits de son auteur; et, à ce titre, il avait action contre la société, pour réclamer tout ce qui était provenu de la chose commune, même depuis la mort de l'associé (2). Par contre, il succédait aux obligations du défunt, et il était tenu d'achever ce qui avait été commencé par son auteur (3).

La mort naturelle n'était point la seule cause de dissolution *ex personis*. La diminution de tête (*grande et moyenne*), en détruisant la personne juridique et en emportant une espèce de mort civile, mettait également fin à la société : *intereunt autem homines quidem maximâ aut mediâ capitis diminutione, aut morte* (4). Quant à la *minima capitis diminutio*, elle ne produisait pas cet effet. La société contractée par un fils de famille restait la même après son émancipation (5); et celui qui se donnait en adrogation demeurait toujours dans l'association (6). Il en était toutefois autrement de l'aliénation de l'esclave; par cette aliénation, la première société finissait pour faire place à une nouvelle (7).

Enfin la société était dissoute *ex personis*, par ces ventes de biens en masse, exécutées sur la poursuite du trésor public (*sectio bonorum;*) ou des particuliers (*emptio bonorum,*) la 1re, contre le condamné à une peine emportant confiscation; la 2me, contre le débiteur, qui, condamné par sentence du Juge, ne s'était pas exécuté dans le délai fixé, ou

---

(1) D. pro socio, L. 59, 63, p. 8. — (2) Id., L. 65, p. 2 et 9. — (3) Id., L. 35, 40.— (4) Id., L. 4, 63, p. 40.—(5) Id., L. 58, p. 2.— (6) Id., L. 65, p. 11.— (7) Id., L. 58, p. 3.

qui, profitant du bénéfice de la loi *Julia*, faisait cession de
biens (1). Comme ces ventes opéraient une sorte de succession, comme la personne juridique de l'associé passait,
pour ainsi dire, à un tiers, la société se trouvait dissoute,
de même que par la mort naturelle : *nam*, dit Paul, *quum
in ejus locum alius succedat, pro mortuo habetur* (2). A
l'époque de Justinien, ces ventes du patrimoine ont, il est
vrai, cessé d'être en usage, et l'on voit cependant toujours
la confiscation et la cession de biens au nombre des causes
de dissolution des sociétés, mais alors ce n'est plus comme
détruisant la personne juridique de l'associé, c'est seulement comme dépouillant ce dernier de sa fortune et de ses
biens : *nam dissociamur morte....., et egestate* (3). Il nous
reste à faire observer que, dans ce cas, la société pouvait
parfaitement continuer de subsister, du consentement des
autres associés, *si adhuc consentiant*. Seulement cette société était plutôt alors une société nouvelle, que la continuation de l'ancienne.

Ex rebus. La société se dissolvait, lorsque la chose ou l'o-
pération qui en faisait l'objet, venait à périr, se trouvait
terminée ou cessait d'être dans le commerce (4). On ne
peut pas, dit Pomponius, se dire associé d'une chose qui
n'existe plus ou qui est hors du commerce. La chose était
censée périr, lorsqu'elle n'existait plus absolument, ou lorsqu'elle avait changé de nature (5).

Ex voluntate. Nul n'étant forcé de rester associé, contre
son gré, la société finissait par la volonté que manifestait
un des associés de ne plus faire partie de l'association (6).

---

(1) D. pro socio, L. 65, p. 1. — (2) Id., L. 65, p. 12. — (3) Id., L. 4. —
(4) Id., L. 65, p. 10. — L. 63, p. 10. — (5) Id., L. 63, p. 10. — (6) Idem,
L. 63, p. 10.

Peu importait que cet associé se fût ou ne se fût pas engagé à ne pas se retirer de la société, puisque une telle convention n'avait par elle-même aucun effet (1). Il en était autrement cependant du pacte *ne intra certum tempus dividatur*. Ce pacte était parfaitement valable, et l'associé qui ne le respectait pas, était soumis à l'action *pro socio* (2). Mais pour que la société fut dissoute *ex voluntate*, il fallait que la renonciation fût signifiée aux autres associés (3). Cette signification pouvait être faite par un fondé de pouvoir (4). Il fallait, en outre, que la renonciation ne fut ni fruduleuse, c'est-à-dire faite *callide, dolo malo*, ni intempestive. Etait frauduleuse, la renonciation qui avait pour but de soustraire à la société, au profit du renonçant, un bien sur lequel la société aurait eu des droits (5). Etait intempestive, celle qui était faite sans nécessité, soit à un moment où elle était préjudiciable à la société, *eo tempore quo interfuit sociis non dirimi societatem*, soit avant l'époque convenue, lorsqu'un terme avait été assigné (6).

Les effets d'une renonciation frauduleuse ou intempestive, sont résumés par Paul dans la loi 53. p. 3 D. *pro socio*. Celui qui fait une telle renonciation, dit ce jurisconsulte, libère ses associés envers lui, sans se libérer envers eux, *socium a se, non se a socio liberat*. Ainsi, sans avoir droit aux profits faits après cette renonciation, il doit cependant supporter sa part des pertes.

Si la volonté d'un seul associé mettait fin à la société, il devait en être de même, à fortiori, de la volonté de tous (7). Aussi Callistrate nous dit-il, que lorsque les associés com-

---

(1) D. pro socio, L. 14, 15, 16. — (2) Id., L. 16, p, 1, 17. — (3) Id', L. 18. — (4) Id., L. 65, p. 7 et 8. — Code, L. 7. — (5) Id,, L. 65, p. 3 et 4. — (6) Id., L. 65, p. 5 et 6. — (7) Code pro socio, L. 5.

mencent à travailler séparément et chacun pour leur compte, il est hors de doute que la société est rompue (1).

Ex actione. La société prenait fin, lorsque, soit par suite d'une stipulation, soit par suite de l'organisation d'une instance, dans le but de dissoudre la société, il s'opérait une novation : *actione distrahitur, quum, aut stipulatione, aut judicio, mutata sit causa societatis* (2). *Tollitur adhuc,* ajoute Gaïus, *obligatio litis contestatione, si modo legitimo judicio fuerit actum, nam tunc obligatio quidem principalis dissolvitur* (3).

Ex tempore. Enfin la société se dissolvait par l'arrivée du terme. A ce moment chaque associé pouvait se retirer, sans encourir aucune responsabilité, puisqu'il ne faisait qu'user de son droit : *quod si tempus finitum est, liberum est recedere ; quia sine dolo malo id fiat* (4).

(1 D. pro socio, L. 64. — (2) Id., L. 65. — (3) Gaïus, Comm. III, p. 180. — (4) D. pro socio, L. 65, p. 6.

DEUXIÈME PARTIE

DES SOCIÉTÉS DANS L'ANCIEN DROIT

———

Le moyen âge est l'époque de notre histoire où l'esprit de famille, l'esprit d'association se manifeste avec le plus d'énergie. On ne voit partout que sociétés, sociétés tacites héréditaires des familles serves, sociétés taisibles, sociétés libres, sociétés de commande, etc. On s'associe pour tout, pour se livrer aux plaisirs comme pour accroître le patrimoine commun ; on s'associe même pour résister aux brigands. (La Société des Capuchons, sous Philippe-Auguste, n'était qu'une association de personnes unies pour repousser le brigandage) (1). De toutes ces sociétés, les plus remarquables étaient les sociétés tacites héréditaires des familles serves, et les sociétés taisibles. Nous allons consacrer quelques pages à l'étude de ces associations, en commençant par les sociétés tacites héréditaires, « cette institution, qui portait dans les mœurs quelque image de l'antiquité patriarchale, et dont l'observateur aime quelquefois à contempler les derniers vestiges. » (2)

D'après le droit féodal primitif, le serf, semblable à l'affranchi romain, ne pouvait rien transmettre par voie d'hérédité, *mors omnia solvebat* (3). *Serfs ou mainmortables*,

---

(1) De Sismondi , t. 6 , p. 34. — (2) Gillet, *Discours au Corps législ.* — (2) *Cout. d'Auvergne*, ch. 27, art. 5. — D. *Si quid in fraud.*, L. 9.

dit Loysel, *ne peuvent tester ni succéder, au-delà de cinq sols, et pour le remède de leur âme* (1). Ce qu'il laissait à sa mort retournait au seigneur par droit de reversion, et sa famille n'avait aucun droit sur les biens du défunt. Plus tard, il est vrai, cette règle fléchit un peu; plus tard on établit des degrés dans le servage, en accordant à certains serfs le droit de tester et de succéder. Mais dans le principe, la règle recevait une application rigoureuse.

Pour échapper à cette rigueur du droit féodal, les serfs eurent recours à l'association, qui, en créant une personne civile, propriétaire d'un patrimoine distinct et survivant à la mort des associés, rendit impossible toute reversion. Dès lors les individus n'eurent plus rien en propre, tout appartint au corps moral, et il n'y eut plus de succession ouverte au profit du seigneur; la part du défunt vint s'ajouter à celles des survivants, par une sorte de droit d'accroissement. De là le grand principe coutumier : *Serfs ou mainmortables ne peuvent tester et ne succèdent les uns aux autres, sinon en tant qu'ils sont demeurant en commun* (2).

Ces associations prirent, dès leur naissance, un rapide développement, et les seigneurs eux-mêmes s'efforcèrent d'en favoriser l'extension, en exigeant que leurs gens de mainmorte vécussent dans l'état de société. Ils perdaient ainsi leur droit de reversion; mais ce sacrifice était largement compensé par les avantages que produisait l'association. Sous ce régime, en effet, les terres étaient mieux cultivées, le paiement des redevances mieux assuré, et les relations du seigneur avec les serfs beaucoup plus faciles.

(1) Loysel, *Institut. cout.*, n° 68. — (2) Id., n° 74. — *Cout. de Bourgogne*, t. 9, art. 17. — *Cout. de Franche-Comté*, art. 13.

Et sil'association garantissait le serf contre la réversion au seigneur des tenements serfs, elle garantissait le seigneur contre les désertions, les non-valeurs et les cisaillements.

Le régime de ces sociétés était des plus énergiques. Le temps, la mort ne les dissolvaient point; elles se continuaient de génération en génération, sous la protection du seigneur. Tous les membres de l'association, jeunes ou vieux, femmes ou enfants, mariés ou célibataires, avaient leur emploi et vivaient sous le même toit. Tous avaient part au pain, au sel et à la caisse commune; l'enfant en considération de ses services futurs, le vieillard en considération de ses services passés, les autres pour les services qu'ils rendaient actuellement à la société. Tous étaient soumis à l'autorité du chef qu'ils avaient choisi. C'était ce chef, le *chef du chanteau*, qui faisait tous les actes d'administration, qui vendait, qui achetait, qui empruntait, et qui faisait les baux. C'était à lui seul qu'appartenait le commandement; lui seul était le maître de la communauté, et ce n'était que dans les affaires très-importantes qu'il prenait l'avis de ses *comparsonniers* (1).

Ces associations avaient pour symbole le pain; aussi appelait-on leurs membres *compani*, c'est-à-dire gens qui mangent leur pain ensemble. Et quand un des associés voulait se séparer des autres, la dissolution de la société s'opérait par une cérémonie symbolique; le plus vieux des *parsonniers* prenait un couteau et partageait le grand pain en divers *chanteaux* (morceaux).

Quelle était la nature de ces sociétés? Ces associations étaient des sociétés universelles de biens. Toutefois la cou-

(1) Coquille, *Quæst.* 58, 73.

tume avait restreint leur étendue aux meubles présents et
à venir et aux acquêts : les propres n'en faisaient pas partie. Le passif correspondait à l'actif : la société était tenue
de toutes les dettes existantes et de toutes les dépenses nécessaires à chaque associé ; dépenses qui comprenaient les
aliments, l'éducation des enfants, les frais de leur établissement et même la dot des filles. Mais elle ne prenait pas à
sa charge les folles dépenses, telles que les dettes de jeu ou
de débauche. Elle ne devait point servir les mauvaises passions de ses membres, et l'associé en perte, pour des causes
honteuses, était obligé de prendre sur sa part personnelle
pour acquitter sa dette (1).

Ces sociétés se perpétuaient tant que tous les membres
de la famille restaient unis; mais la séparation d'un seul
opérait la dissolution de la communauté : *un parti, tout
est parti et le chanteau part le vilain*, disait un vieil
adage (2). Il n'y avait plus alors de succession, même en
ligne directe, et dès que la communauté du boire et du
manger n'existait plus, la terre retournait au seigneur.

> Le feu, le sel et le pain,
> Partent l'homme morte-main (3),

Toutefois, à mesure que pénétrèrent dans le droit féodal
les idées d'humanité et d'équité, ces règles rigoureuses du
droit primitif perdirent de leur sévérité. Certaines coutumes, comme celle d'Auvergne, firent une exception aux
principes en faveur des enfants, et n'exigèrent la communauté qu'entre collatéraux. D'autres allèrent même jusqu'à

(1) Pothier, n° 40. — (2) Loysel, *Inst. cout.*, L. 1, t. 1. — (3) Loysel,
Inst. cout., L. 1, t. 1.

considérer fictivement comme présents, le fils absent pour
cause d'étude ou de service, et la fille mariée dans une
autre servitude. Partout enfin les jurisconsultes s'efforcèrent d'adopter les interprétations les plus favorables aux
mainmortables. Mais malgré toutes ces modifications, tous
ces adoucissements, l'institution subsista et ne disparut
qu'avec la féodalité. Ce ne fut qu'au xviii° siècle, sous
Louis XVI, que s'effacèrent les dernières traces de la mainmorte. Une seule de ces anciennes communautés s'est
maintenue jusqu'à nos jours ; c'est la communauté des
Jault, dans le Nivernais ; communauté qui fonctionne encore aujourd'hui dans les mêmes conditions que du temps
de Coquille. Le chef de cette société, a reçu en 1844, au
nom de la princesse Adélaïde un prix de moralité.

A côté des sociétés de serfs, il existait dans toute la
France, surtout dans les villages et dans les campagnes,
des sociétés d'hommes libres, formées tacitement dans un
but économique et appliquant leur travail au développement de l'agriculture. Ces sociétés, nommées par les vieux
jurisconsultes, *sociétés tacites* ou *taisibles*, *sociétés rus-
tiques*, comprenaient les meubles des associés ainsi que les
acquêts et les bénéfices qui résultaient de l'association.
C'est à tort que M. Duvergier (1) pense que ces communautés n'avaient pour principe qu'un vague sentiment d'a-
mitié ou de fraternité. Elles donnaient lieu presque toujours à de grands bénéfices, et elles avaient un caractère
de lucre tellement marqué, qu'on ne les présumait point à
l'égard des nobles et des prêtres, « qui sont bien au-dessus
du trafic et du négoce, et doivent préférer la pureté de leur
ministère, à la fange du commerce (2). » Ces *Compagnies*,

(1) Duvergier, n° 87. — (2) Lebrun, *des soc. tacites*, ch. 1, n° 4.

comme les appelait la Coutume de Poitou (1), furent d'un grand secours à l'agriculture, et en maintenant les familles dans l'union et la force, elles favorisèrent le développement de l'aisance dans les basses classes.

Les coutumes étaient loin d'être d'accord sur le point de savoir entre quelles personnes pouvaient se former les sociétés taisibles. Les unes ne parlaient que des frères ; les autres, des personnes du même lignage ; d'autres enfin autorisaient ces associations, même entre personnes étrangères les unes aux autres. Quant au mode de formation de la société, il était généralement admis qu'il fallait avoir vécu ensemble, pendant un an et un jour, *à un commun pot*, *sel*, *et dépenses*. C'était là aussi l'espace de temps exigé pour l'acquisition du droit de bourgeoisie et de la saisine (2).

Ces communautés taisibles brillèrent avec éclat, jusqu'au milieu du xvi⁰ siècle. Mais à cette époque, lorsque l'esprit d'indépendance individuelle, qui caractérise les temps modernes, vint à se développer, elles devinrent moins en harmonie avec les nouvelles habitudes, et on finit par les abandonner, oubliant les avantages qu'elles procuraient pour ne songer qu'aux inconvénients.

Outre ces deux sociétés, il y avait encore dans l'ancien droit, les sociétés universelles de tous biens, et les sociétés universelles de gains ; sociétés soumises au droit commun et dont l'existence était subordonnée à une convention expresse. Il y avait aussi les sociétés particulières, régies, sauf quelques modifications, par les décisions des jurisconsultes romains. Les principales étaient la société *générale* ou *libre* (aujourd'hui société en nom collectif) et la société de *com-*

_____

(1) *Cout. de Poitou*, art. 231. — (2) Loysel, *Inst. cout.*, n° 39.

mande, (aujourd'hui société en commandite). Il y avait enfin les grandes compagnies d'actionnaires, telles que les Compagnies des Indes, du Sénégal, soumises à des règles spéciales écrites dans les lois qui les constituaient. Ces Compagnies, où la responsabilité ne pesait sur personne, et qui recevaient une dénomination tirée de l'objet pour lequel elles étaient formées, n'étaient autres que nos sociétés anonymes.

Les formes nécessaires pour constituer ces sociétés, n'ont pas toujours été les mêmes. Dans le principe, aucune formalité ne fut exigée ; la parole des contractants, les mentions apposées sur leurs livres, prouvèrent suffisamment le contrat. Ce ne fut que rarement qu'on rédigea et qu'on fit enregistrer un acte sous seing-privé, appelé *scripte* ou *recorde*. L'enregistrement et la publication ne furent obligatoires, qu'autant que l'acte de société contiendrait quelques clauses extraordinaires intéressant les tiers. De nombreux abus, de nombreuses fraudes résultèrent de ce défaut de formalités. Tantôt ce furent des associés personnels, qui, n'ayant pas la signature sociale, se dérobèrent en cas d'insuccès, à la responsabilité des dettes de la société. Tantôt ce furent des commanditaires, qui, en cas de faillite, au lieu d'abandonner leur mise, se présentèrent comme créanciers, et vinrent en concours avec les créanciers véritables. Parut l'Ordonnance de Blois (1579), qui exigea que toutes les sociétés entre étrangers, faites ou à faire, *fussent inscrites et enregistrées aux registres des Baillages et Senechaussées des villes* : faute de cet enregistrement, les membres de ces sociétés n'auraient aucune action les uns contre les autres. L'Ordonnance exigea en outre que les étrangers déclarent *tous leurs participants et associés*, sous peine de faux. Ce furent là de sages mesures, mais l'exécution fit défaut ou fut incomplète. Aussi le commerce fit-il entendre de nombreuses plaintes, et demanda-t-il des réformes. Survint alors l'Ordonnance de janvier 1629 (Code Michaud), qui remit en vigueur les dispositions de l'Ordonnance de Blois, en les étendant aux Français. « *Voulons*, dit l'art. 414 de cette Ordonnance, *que l'art. 358 de l'Ordonnance de Blois, touchant la publication des associations... ait lieu entre nos sujets, ainsi qu'il est ordonné pour les étrangers.* » Mais cette Ordonnance, n'ayant rencontré, de la part des Parlements, que défaveur et disgrâce, resta sans exécution, et les abus ne firent que s'accroître jusqu'à l'Ordonnance de 1673, qui remit en vigueur les dispositions des Ordonnances précédentes, en ajoutant à leur sévérité (art. 1-6, titre 4). Malheureusement l'Ordonnance de 1673 alla trop loin ; en dépassant le but qu'elle s'était proposé, elle finit par le manquer. Et ses dispositions rigoureuses qui étendaient aux tiers qui n'ont rien à se reprocher, les peines infligées aux associés en contravention aux prescriptions de la loi, restèrent sans exécution. Les commerçants négligèrent comme dans le passé, de faire enregistrer leur acte de société, et les Parlements décidèrent que, malgré le défaut d'enregistrement, les sociétés, dont l'existence serait constante, recevraient leur exécution. Dès lors les abus reparurent. Le commerce renouvela ses plaintes et demanda des modifications à l'Ordonnance de 1673. Mais plaintes et demandes, tout fut inutile ; l'Ordonnance resta telle qu'elle était, et la jurisprudence continua à appliquer aux sociétés les preuves ordinaires, jusqu'à l'arrivée du Code de 1807.

TROISIÈME PARTIE

DES SOCIÉTÉS CIVILES

(c. n. 1832-1873).

CHAPITRE PREMIER

DISPOSITIONS GÉNÉRALES.

Les sociétés civiles sont de nos jours d'une utilité excessivement peu pratique. Mais comme les règles qui les régissent, sont applicables aux sociétés commerciales, toutes les fois qu'il n'y est pas dérogé par les lois et usages du commerce, il importe de les étudier et de les connaître.

SECTION PREMIÈRE

Nature du contrat de société. — Ses éléments essentiels.

Aux termes de l'art. 1832, Cod. Nap. « la société est un contrat par lequel deux ou plusieurs personnes conviennent de mettre quelque chose en commun, dans la vue de partager le bénéfice qui pourra en résulter. » Il suit de cette définition que la société est avant tout un contrat; sans convention point de société. Ajoutons que c'est un contrat *consensuel, à titre onéreux, synallagmatique, de bonne foi et du droit des gens.*

La Société, étant un contrat, se trouve soumise aux règles générales qui régissent les conventions. Elle ne peut

donc se former qu'entre personnes capables de contracter.
Ainsi le mineur émancipé ne peut entrer dans une société,
du moins à titre d'associé personnellement responsable,
sans l'autorisation de sa famille. La femme mariée ne peut
également former une société que du consentement de son
mari. Quant au prodigue, il ne peut, dans aucun cas, devenir membre d'une association, même avec l'autorisation
de son conseil : autrement il serait trop facile de le relever
de son incapacité.

Mais le concours des conditions essentielles à tout contrat ne suffit pas pour former la société. Ce contrat a, en
outre, certains caractères qui lui sont propres. Le premier de ces caractères, c'est que dans la société, il y a toujours *quelque chose de mis en commun.* « Il est, dit Pothier,
de l'essence du contrat de société, que chacune des parties
apporte ou s'oblige d'apporter quelque chose à la société. » (1) Ce *quelque chose* peut consister en argent, ou en
d'autres biens, ou même en industrie. L'art. 1833 dispose
en effet que : « chaque associé doit apporter, ou de l'argent, ou d'autres biens ou son industrie. » Comme on le
voit, cette disposition laisse aux parties une immense latitude. La mise sociale peut être d'une chose corporelle,
comme un immeuble, un meuble, une somme d'argent,
ou d'une chose incorporelle, comme une invention, un
procédé, un secret. La société n'exige même pas qu'il y ait
apport de propriété; il suffit qu'on lui apporte la jouissance dont une chose est susceptible, ou même quelques-
uns de ses attributs utiles, *sa destination vénale,* par exemple. Cette *destination vénale,* étant une propriété suscep-

(1) Pothier, n° 8.

.tible de procurer un bénéfice, est un bien dans le sens de l'art. 1833. C'est elle qui forme la mise de cette société dont parle Ulpien, dans la loi 58 D. *pro socio*, (vente du quadrige): société que M. Duvergier ne peut admettre, puisque, dit-il, rien n'est ici mis en commun, ni les chevaux, ni leur jouissance, ni leur usage. Mais c'est là une grave erreur. M. Duvergier a, sans doute, oublié que la mise pouvait consister dans la qualité utile de la chose apportée. Les choses futures peuvent aussi composer l'apport d'un associé. Ainsi on peut mettre en société la succession future d'une personne incertaine. Disons enfin que des chances futures peuvent également former la matière d'une société. Ne voit-on pas, en effet, tous les jours, des pères de famille, qui ont chacun un fils soumis au recrutement, faire un fonds commun, et convenir que si l'un des fils tombe au sort, il prendra telle somme dans le fonds commun; que si deux sont atteints, ils prendront chacun telle somme, etc., et que si tous sont désignés, le contrat sera résilié. Or cette convention parfaitement licite, n'est pas autre chose qu'un contrat de société.

Si les qualités utiles d'une chose peuvent constituer un apport, il en doit être de même, *a fortiori*, des qualités de la personne, telles que l'habileté, le talent, le savoir. Aussi l'art. 1833 permet-il à l'associé de faire consister sa mise en *son industrie*, mot qui embrasse toutes les qualités physiques, intellectuelles ou morales, susceptibles d'une application utile. Et l'associé remplit son obligation, en apportant à la Société son intelligence, son savoir-faire, et même son crédit commercial, en entendant ici par *crédit*, non pas l'influence, que donne à une personne la position élevée qu'elle occupe, mais le crédit qui repose sur la confiance qu'un homme inspire par sa loyauté et sa fidélité à remplir ses engagements. «Loin de nous, dit M. Treilhard, ces vils intrigants, qui vendant leurs manœuvres et leur protection, trompent également et l'autorité dont ils surprennent la confiance, et l'honnête homme qui compte sur eux » (1). Et M. Gillet ajoute : « Les Romains reconnaissaient le crédit et la faveur, *gratiam*. Mais le législateur ne saurait écrire ces mots ; sans honte, que dans des états corrompus, où l'on trafique de tout, même de la puissance publique » (2). Le crédit qui repose sur la confiance est le seul qui soit appréciable, le seul qui puisse être mis en société ; encore faut-il qu'il soit accompagné de la coopération active, du concours sérieux de celui qui en est investi; car autrement ce serait tromper les tiers, qui en donnant leur confiance à telle personne, ne l'ont pas accordée au nom, mais seulement aux œuvres et aux qualités de l'individu.

Il n'est pas nécessaire que l'apport des associés soit d'égale valeur, car l'inégalité des mises est compensée par l'inégalité dans les bénéfices et les pertes. Il n'est pas nécessaire non plus que les mises soient de choses identiques; souvent l'association des objets les plus divers donne les résultats les plus avantageux. Mais, par contre, la mise peut consister en une seule et même chose, appartenant à plusieurs personnes, qui forment entre elles une société.

A propos des apports, se présente une question d'une haute importance. Il s'agit de savoir, si, dans une société, où l'un des associés apporte des capitaux, et l'autre son industrie, les capitaux entrent pour la propriété ou seule-

_____

(1) Discours ou Corps législ. — (2) Id.

ment pour la jouissance? Nous supposons, bien entendu
que le contrat est muet sur ce point. L'intérêt de cette question est des plus grands ; car en admettant que les capitaux
entrent dans la société pour la propriété, on donne à l'associé qui n'a apporté que son industrie, le droit de venir
prendre part au partage de ces fonds. De grandes controverses s'étaient élevées, à ce sujet, dans l'ancien Droit, où
la majorité des auteurs admettait que les capitaux n'entraient dans la société que pour la jouissance ; opinion soutenue aujourd'hui par plusieurs auteurs. L'opinion de
M. Duvergier (1) nous parait toutefois préférable. Cet auteur, d'accord avec M. Troplong, (2) veut qu'en général,
ce soit la propriété qui doive être réputée mise en commun,
« parceque, l'énonciation d'une chose impliquant naturellement, si la portée n'en est pas limitée, le domaine entier
de cette chose, et non pas seulement une partie, la déclaration d'apport, faite sans réserve, implique l'abandon de
tous les droits dont cette chose peut être l'objet. » Ajoutons
cependant, qu'avant tout, c'est là une question d'intention,
qu'il faut examiner quelle a été la volonté des parties et
prendre surtout en considération la valeur relative des capitaux et de l'industrie ; car la volonté de restreindre l'étendue de la mise à la jouissance peut résulter des circonstances, et n'a pas besoin d'être nécessairement expresse.

Le second caractère distinctif du contrat de société est
celui que l'art. 1832 indique par ces mots : *dans la vue de
partager le bénéfice qui pourra en résulter.* La société doit
avoir pour but de faire un bénéfice, et pour condition de
le partager entre les associés. Il en était déjà ainsi dans

(1) Duvergier, n° 201. — (2) Troplong, n° 122 s.

l'ancien Droit, où Pothier disait : « Il est de l'essence de la société que les parties se proposent de faire un gain ou profit » (1). Et si les jurisconsultes romains n'ont pas spécifié expressément ce caractère dominant de la société, les nombreuses lois du titre *pro socio*. D. montrent assez toutefois que ce signe distinctif ne leur a pas échappé.

De quelle nature doit être ce bénéfice ? Ce bénéfice doit être pécuniaire, ou appréciable en argent. Le mot bénéfice répond ici, en effet, au mot latin *lucrum*, l'émolument appréciable en argent. Ainsi, les avantages moraux, les jouissances d'affection, les distractions intellectuelles, ne sauraient entrer en ligne de compte. Cependant il n'est pas nécessaire que ce bénéfice soit une somme d'argent ; il peut consister en tout autre avantage, pourvu que cet avantage soit appréciable en argent. C'est le cas de la société de ces deux voisins, qui s'associent pour acheter un terrain vide, afin que personne, en bâtissant sur ce sol, ne puisse venir nuire à la vue, dont jouissent leurs maisons (2). Pothier donne aussi le nom de société à la convention de deux voisins, qui s'associent pour acheter en commun un équipage, et pour en jouir, chacun à leur tour (3). Dans ces deux exemples, l'utilité ou l'agrément, qu'ont eu en vue les parties, est parfaitement appréciable en argent, et ne saurait entacher de nullité l'association qui est formée.

Ce caractère distingue la société d'une foule d'autres associations, telles que les communautés religieuses, et toutes ces sociétés qui se forment dans un but philantropique, ou en vue de favoriser les sciences, les arts ou les lettres : associations qui n'ont pas pour but de réaliser des

(1) Pothier, nº 12. — (2) D, pro socio, L. 52, p. 13. — (3) Pothier, nº 133.

bénéfices, mais seulement de satisfaire des jouissances, autres que celles que procure l'intérêt pécuniaire. Ne sont pas non plus des sociétés, dans le sens des art. 1832 et suiv., les *tontines*, ces réunions de rentiers qui conviennent que les rentes dues aux prémourants profiteront aux survivants. Ici, il n'y a pas de bénéfice résultant de l'exploitation des fonds ; les capitaux sont toujours les mêmes, et s'il y a une *alea*, cette *alea* ne roule pas sur les capitaux et leurs produits, mais seulement sur la vie des membres de ces fausses sociétés. Il en est de même des Compagnies d'assurances mutuelles contre l'incendie, la grêle, les épizooties. Le but de ces associations, n'est pas un partage de bénéfices ; c'est au contraire, la répartition entre tous les associés, des pertes survenues à l'un ou à quelques-uns d'entre eux. Nous ne parlons pas toutefois des Sociétés d'assurances à prime, véritables sociétés, qui tendent à la réalisation d'un bénéfice ; ni de ces associations, qui se forment dans le double but de se préserver d'un danger, et de faire des bénéfices, comme les sociétés de navigation et les Compagnies de dessèchement.

Mais il ne suffit pas que la société ait pour but de réaliser un bénéfice ; il faut, en outre, que ce bénéfice soit *fait en commun*. C'est l'idée que renferment ces expressions de l'art. 1832, *dans la vue de partager...* ; on ne partage, en effet que ce qui est commun. Vinnius disait déjà, *lucri in commune faciendi causa*. Aussi la Cour de Cassation a-t-elle annulé avec raison, en tant que société, la convention par laquelle deux personnes qui possédaient une usine en commun, avaient stipulé que chacune d'elles exploiterait tour à tour cet usine, pour son compte particulier (1). Dans l'es-

(1) Req., 2 janv. 1812.

pèce, en effet, les parties ne participaient point à un avantage commun ; le profit était parfaitement distinct et séparé.

Enfin les bénéfices réalisés doivent être partagés. (art. 1832). La nécessité du partage ne saurait être mise en doute, en présence de l'art. 1855, qui annulle, comme léonine, la convention qui donnerait à l'un des associés la totalité des bénéfices. Mais ici le mot *partager* est pris dans son acception la plus large : il signifie toute participation aux avantages de la société, même une participation conditionnelle. Le droit éventuel, conféré à un des associés, de ne prendre part aux bénéfices, que sous la condition d'un événement futur et incertain, constituerait un mode de participation suffisant pour remplir les conditions de la loi.

Le partage des bénéfices supposant implicitement qu'il a été fait un partage des pertes, puisque le bénéfice n'est que l'excédant du gain sur la perte, il était inutile d'en parler ; aussi l'art. 1832 est il muet sur ce point. Du reste, comme le dit Doneau, *le dommage suit la règle du gain, c'est un sous-entendu nécessaire.* Et ajoute M. Bouteville, « comme très-certainement, les parties ont eu principalement eu vue d'obtenir et de partager des bénéfices, il est difficile de ne pas trouver exacte la définition de la loi (1). »

Maintenant que nous avons esquissé les traits caractéristiques de la société, comparons-la à certains contrats, qui semblent par fois se confondre avec elle ; le contraste achevera de nous la faire bien connaître.

Mettons d'abord en parallèle la Communauté et la So-

_____

(1) Discours au Corps lég.

ciété, et voyons en quoi elles sont différentes, et en quoi elles sont semblables. En principe, toute société suppose une communauté, mais la réciproque est loin d'être vraie, toute communauté ne suppose pas une société. La communauté est donc le genre, et la société l'espèce. Mais quel est le véritable signe qui différencie la société de la communauté? Ce signe consiste-t-il, comme le croit Pothier, dans cette circonstance, que la société est un contrat, tandis que la communauté n'est qu'un quasi-contrat? Non : car la communauté peut-être conventionnelle, de même que la société. C'est ce qui arrive, lorsque des personnes, dans l'indivision, usent de la faculté que leur donne l'art. 815, (Code Napoléon), et conviennent de proroger la communauté qui existe entre elles. C'est ce qui arrive encore lorsque plusieurs personnes achètent une chose en commun, sans avoir l'intention de former une société. La différence fondamentale, c'est que la communauté est un état passif, qui n'implique aucune action, tandisque la société se sert de la communauté, comme moyen, pour faire un bénéfice et le partager. Dans la société, le point dominant est l'utilité commune; dans la communauté, au contraire, chacun agit pour soi. A cette différence, nous pouvons en ajouter d'autres, qui en sont les conséquences. 1° Dans la communauté, chacun conserve son individualité; tandisque la société donne naissance à un être collectif, distinct des associés, et ayant des droits et des obligations qui lui sont propres. 2° La communauté, paralysant l'activité industrielle, et engendrant souvent la discorde et la haine, est traitée avec peu de faveur par le législateur, qui limite à cinq ans la convention de proroger l'indivision. La durée de la société, au contraire, est laissée à la libre volonté des parties. 3° Dans la communauté, chacun veille pour ses affaires personnelles, chacun ne représente que soi, à moins d'un mandat exprès ; et le communiste le moins diligent n'a, contre le plus actif, aucun recours à exercer. Mais dans la société, le mandat tacite est toujours présumé, et l'associé qui s'oblige, engage de plein droit ses co-associés, à moins que l'acte accompli ne lui ait été interdit par l'acte de la société, ou ne dépasse les limites de l'administration. Entre associés règne une parfaite égalité, et l'intérêt particulier est toujours subordonné à l'intérêt commun ; aussi l'associé rapporte-t-il à la masse, ce qu'il a reçu des débiteurs devenus depuis insolvables. 4° La mort d'un communiste est sans influence sur la durée de la communauté, qui continue de subsister avec les héritiers du défunt. La mort d'un associé dissout, au contraire, la société, à moins toutefois de convention contraire. 5° La communauté n'engendre que l'action en partage, (*communi dividundo* ou *familiæ erciscundæ*) ; tandisque la société donne, en outre, naissance à l'action *pro socio*, dont la nature et les effets ont été expliqués dans la partie consacrée aux sociétés romaines.

Mais des doutes peuvent s'élever sur la question de savoir, si les parties ont entendu former entre elles, une société ou une simple communauté ; comment alors les éclaircir ? En règle générale, on doit supposer que les parties ont voulu simplement être en communauté, à moins que l'acte ne porte avec lui la présomption implicite d'une société ; car la société emporte des engagements trop sérieux, pour qu'on puisse l'admettre, sans une intention évidente de la part des contractants.

La société diffère aussi essentiellement de l'association

conjugale. Cette dernière, en effet, n'est qu'une union de personnes, ayant pour base l'affection, pour objet la création d'une famille, pour but l'indivision des intérêts ; tandis que la société n'est qu'une union de capitaux, ayant l'intérêt pour objet, et le partage des bénéfices pour but final.

Dans leur application ordinaire, la société et le mandat sont profondément distincts. Mais, souvent dans la pratique, certaines combinaisons les rapprochent, et il est quelquefois si difficile de distinguer leur caractère prédominant, que, pour le même cas, Ulpien donne deux solutions différentes (D. *pro socio*, L. 44). Il s'agit, dans cette loi, de savoir, s'il y a société ou mandat salarié, dans le fait de donner à Primus une pierre précieuse pour la vendre, avec la condition que s'il la vend 1000 francs, il remettra la somme entière, tandis que s'il la vend davantage, il conservera le surplus. Ulpien ne voit là une société qu'autant que l'intention des parties est bien manifeste. Dans le doute, il regarde cette convention comme un mandat salarié, puisque la société ne se présume pas. Cette solution nous paraît parfaitement logique. Qu'on ne vienne pas prétendre que cette négociation ne saurait jamais être une société ? Ne trouvons-nous pas ici tous les éléments de la société ? Qui empêche, en effet, de soumettre la part d'un des associés dans les bénéfices, à de certaines conditions ? Ne suffit-il pas, si l'on en croit Pothier (1), qu'il y ait seulement *espérance de bénéfices* ? Puis, n'y a-t-il pas ici apport réciproque ? L'un apporte sa chose, et l'autre son industrie : c'est une espèce de commandite.

Le louage d'industrie n'est pas aussi sans avoir quelques

(1) Pothier, n° 13.

ressemblances avec la société. Dans ces deux contrats, le but est à peu près le même ; le travailleur et l'associé qui apporte son industrie, veulent tous deux obtenir le prix de leurs soins ; aussi parfois n'est-il pas facile de distinguer la société du louage. C'est ce qui a lieu notamment lorsqu'il s'agit de savoir quel est le contrat que fait le fabricant, qui donne à un de ses commis, au lieu d'appointements fixes, une part dans les bénéfices. Question, d'ailleurs, qui peut s'élever, à l'égard de tout mandataire salarié, auquel il est alloué, au lieu d'une somme fixe, une partie du gain de l'opération dont il est chargé. Mais, à notre avis, il n'y a là qu'une question de fait, qui doit être jugée d'après les circonstances ; *implicitam facti quæstionem*, dit Julien. Disons toutefois qu'en général, ce ne sera qu'un louage d'industrie. La position précaire du commis, son infériorité à l'égard du chef, son isolement vis-à-vis des tiers, ne permettent pas, en effet, de donner à une telle convention le nom de société.

Quant au louage de choses, il est par lui-même bien distinct de la société. Aussi est-il difficile de les confondre, à moins que des conventions particulières ne viennent rendre insensibles, ou même combler les différences qui existent entre ces deux contrats ; comme il arrive dans le cas de bail partiaire et dans celui de bail à cheptel, qui ne sont que des espèces de sociétés (1).

La société et le prêt semblent également quelquefois se confondre. Il en était déjà ainsi dans l'ancien Droit, où l'alliance entre ces deux contrats était des plus fréquentes. Le fameux système des trois contrats (*contractus trium*), imaginé par les casuistes pour échapper à la prohibition de

_____

(1) Morelot, *Dictée d'un prof.*, t. 3, p. 206 s.

l'usure, n'était, en effet, qu'un ingénieux mécanisme, dont la société était le pivot. Sous le Code, les différences qui séparent le prêt et la société étant souvent effacées par des clauses accessoires, il n'est pas sans quelques difficultés de se décider. Comme, par exemple, dans le cas où un individu prête des fonds à un négociant, moyennant une part dans les bénéfices. Ce bailleur de fonds est-il un prêteur ou un associé? Grandes variations dans la jurisprudence : en cette matière, les mêmes faits se prêtent à des interprétations fort diverses. Mais pour ne pas s'égarer, le juge doit, avant tout, prendre en considération l'intention des parties et leur bonne foi, sans oublier toutefois la maxime de Cujas, *in dubio non videtur societas.*

La société et la vente sont deux contrats, dont les différences sont nombreuses. Cependant il est un point où ces deux contrats se rapprochent. La société, comme la vente, emporte d'ordinaire, aliénation des mises au profit de l'être moral. Aussi arrive-t-il souvent que, pour éviter les droits d'enregistrement, qui sont plus élevés pour la vente que pour la société, les parties enveloppent une vente réelle sous les dehors d'une société fictive. C'est alors aux tribunaux et aux employés de l'enregistrement à déjouer la fraude, et à rendre à la convention son nom véritable. Observons, d'ailleurs, qu'il est valablement permis, dans certains cas, de recourir à la société pour se défaire d'une chose qu'on ne peut vendre. Tous les jours, en effet, on voit des propriétaires d'usines ou de manufactures, fatigués de chercher d'introuvables acquéreurs, se débarrasser de leurs établissements, en les mettant en société en commandite par actions. La société, corps moral, devient propriétaire, et eux restent simples actionnaires.

Enfin, le prêt à grosse aventure, a aussi avec la société
une assez grande analogie. Cependant il s'en sépare en plusieurs points importants. Dans le prêt à grosse aventure,
rien n'est mis en commun, ni chose ni industrie. Ici, point
de bénéfices communs à partager, et si le prêteur reçoit un
profit supérieur aux intérêts légaux, c'est simplement le
prix des risques qu'il court. Quant à la communauté d'intérêts qui existe entre le prêteur et l'emprunteur, c'est plutôt une solidarité de risques qu'une communauté véritable.
Notons cependant que ces deux contrats peuvent se trouver
réunis. Les parties peuvent très-bien, en effet, convenir
qu'en cas d'heureuse arrivée, le capital sera remboursé au
prêteur, qui alors n'aura droit qu'à une part des bénéfices.
Cette convention, au dire d'Emerigon, était très-fréquente
dans l'ancien Droit (1).

Nous venons de voir quels sont les éléments essentiels
du contrat de société, ajoutons, pour être complet, que
lorsque la société est légalement constituée, elle donne
naissance à un corps moral, être collectif qui a ses droits
et ses obligations, son actif et son passif. Déjà en droit
romain, la société avait ce caractère, du moins la société
vectigalis, qu'on plaçait sur la même ligne que les muni-
cipes, les décuries et les successions vacantes : *hæreditas
personæ vice fungitur, sicuti municipium et decuria et societas* (2). Ces mêmes principes se retrouvent aussi dans
les sociétés tacites du moyen âge, à qui personne ne con-
teste une personnalité distincte de celle de leurs membres.
C'est en vain que M. Toullier (3), se fondant sur le silence
de la loi, prétend *qu'une telle prétention confond toutes les*

(1) Emerigon, t. 2, p. 393. — (2) D. *de Fidej.*, L. 22. — D. *de bonor.
poss.*, L. 3. — (3) Toullier, t. 12, n° 82.

idées. Si le Code ne s'est pas expliqué sur ce point, d'une manière précise, il reconnaît du moins, dans un grand nombre de ses dispositions, que la société est une personne morale. Que MM. Vincens et Fremery (1) établissent une distinction entre les sociétés civiles et les sociétés commerciales, et ne reconnaissent qu'à ces dernières une individualité propre ! La doctrine de la personnalité des sociétés remonte au droit Romain ; et aux yeux des jurisconsultes de Rome, comme aux nôtres, cette personnalité fondée sur la nature même du contrat, doit s'appliquer indistinctement à toutes les sociétés. Qu'on lise, du reste, les articles du titre des sociétés, partout, et surtout dans l'art. 1859, on verra le droit de l'être moral planer sur le droit des individus et le condamner à la subordination. Puis pourquoi établir une différence aussi grande entre deux espèces de sociétés, qui présentent entre elles les plus étroits rapports, et dont les règles sont, en grande partie, communes ? Mais objecte M. Fremery, il ne doit pas appartenir aux parties de créer des corps moraux ; ce droit n'est réservé qu'au gouvernement seul. L'objection est juste ; seulement M. Fremery confond les êtres moraux publics, tels que les corporations, les communes, avec les êtres moraux privés, tels que les sociétés civiles. Sans doute, le concours de l'autorité est nécessaire pour la création des premiers ; mais pour les seconds, ils sont complètement indépendants. La jurisprudence et la doctrine se sont, au surplus, prononcées dans ce sens (2), et une foule d'arrêts viennent confirmer notre opinion, entre autres celui du 8 novembre

---

(1) Vincens, *des soc. par act.*, p. 6 et. — Fremery, *Etudes du dr. comm.*, ch. 4, p. 30.— (2) Duranton, t. 17, n° 334, 338. — Pardessus, t. 4, n° 1089. — Delamarre et Lepoit., t. 2, p. 468. — Troplong, n° 58. — Cass., 8 nov. 1836.

1836, dont voici un considérant : « la société civile est comme la société commerciale, un être moral dont les intérêts sont distincts de ceux de chacun des membres. »

Observons toutefois que cette personnalité distincte attribuée à la société n'est qu'une fiction, dont il ne faut pas exagérer les effets, et que bien que la société soit propriétaire du capital social, les associés restent au fond co-propriétaires par indivis de tout ce qui compose ce capital. Aussi lorsque la fiction vient à cesser avec les causes qui l'avaient créée, les individualités, un instant dans l'ombre, reparaissent-elles avec toute leur force.

De nombreuses conséquences résultent de la personnalité de la société. Ainsi, 1° un associé ne peut compenser avec la société, ce que lui doit son co-associé, alors même que ce dernier serait le gérant de l'association ; puisque comme le dit très-bien Paul, ce n'est pas le gérant qui agit, mais seulement la société, *corpus societatis agit, non ille* (1). 2° La faillite de la société n'entraîne pas, nécessairement et de plein droit, la faillite des associés. Il en est toutefois autrement, en matière de société en nom collectif. 3° Les créanciers sociaux ont sur l'actif un droit, que les créanciers personnels de chaque associé ne peuvent leur disputer. 4° Les créanciers personnels des associés n'ont pas le droit de faire saisir et de vendre les effets de la société ; ils sont obligés d'attendre la liquidation, à moins que le capital social n'ait été divisé en actions. Car, dans ce cas, l'action étant la propriété distincte de l'associé, ses créanciers peuvent parfaitement la saisir et la vendre. 5° La femme qui épouse un membre d'une société, n'a pas hypothèque sur

(1) D. pro socio, L. 65.

les biens que son mari a dans la société. 6° Observons enfin, que comme personne civile, la société a, au lieu où est le siége de son principal établissement, un domicile social, où elle exerce ses droits et où elle remplit ses obligations. L'art. 59 (Cod. de Proc.) ne fait, en effet, aucune distinction entre les sociétés civiles et les sociétés commerciales. Maintenant en quel lieu se trouve le principal établissement d'une société? C'est là une question de fait, qui dépend des circonstances; question, qui du reste est facile à résoudre, puisque en thèse générale, les statuts prennent le soin de déterminer eux-mêmes le lieu où la société aura son siége social.

SECTION II.

But et objet de la société.

Jusqu'à présent nous avons étudié le contrat de société au point de vue des éléments qui le caractérisent : examinons-le, à présent, au point de vue de son objet et de son but.

La société embrasse dans son domaine toutes les opérations possibles, qui ont pour but de procurer un gain. « Le contrat de société, dit M. Treilhard, a une étendue plus vaste que les autres contrats, puisqu'il peut embrasser, dans son objet, tous les engagements et toutes les conventions. Tout ce qui est licite est dans son domaine; il ne trouve de limites que dans une prohibition expresse de la loi. (1) » C'est ce qu'édicte l'art. 1833, en déclarant que l'objet de la société doit être licite, c'est-à-dire non con-

(1) Exposé des motifs.

traire aux lois, à l'ordre public et aux bonnes mœurs. *Rerum inhonestarum nulla est societas*, enseignent les jurisconsultes romains (1). Rien de plus rationnel; n'est-il pas juste, qu'il ne soit pas parmis de s'associer pour faire le mal ou violer les lois? Aussi doit-on regarder comme nulles et de nul effet ces sociétés, qui, comme les associations formées pour l'usure, la contrebande, la prostitution, ou pour empêcher la concurrence des acheteurs dans les adjudications, ont un but immoral et illicite. Sont également nulles ces sociétés qui mettent en exploitation, ce que la morale et la loi, déclarant inexploitable, excluent du domaine privé. Ainsi est sans aucun effet la société formée pour l'acquisition et l'exploitation d'un office. Il est vrai qu'une telle société était permise en Italie (2) et dans l'ancien Droit : *il échet souvent*, dit Loyseau, *que deux personnes s'associent pour acheter en commun un office de valeur, à certaines conditions dont ils s'accordent ensemble* (3). Mais alors les offices étaient vénaux. Dans le droit actuel une semblable société est nulle de plein droit, car l'adjonction d'une société à un office surexcite l'ardeur du gain, et fait dégénérer en une exploitation une fonction qui ne doit être exercée qu'avec probité et désintéressement. C'est vainement qu'on oppose la loi du 28 avril 1816. Cette loi n'a pas, rétabli la vénalité des offices, telle qu'elle existait autrefois. Aujourd'hui, il est vrai, il est permis de mettre un prix à la présentation de son successeur; mais la vénalité n'est pas rétablie pendant la durée de l'office. La finance ne devient vénale, qu'au moment où la fonction cesse, de sorte que la vénalité ne coincide ja-

(1) D. pro socio, L. 57. — (2) Deluca, *de soc, offic.*, Disc. 12, n° 17.—
(3) L. 3, ch. 1C, n° 11.

mais qu'avec la vacance. Cette doctrine est consacrée par une jurisprudence constante (1), sauf peut-être quelques variations, en ce qui concerne les agents de change et les courtiers. Disons toutefois qu'il n'y aurait rien d'illicite dans la combinaison, qui sans associer le cédant à l'exploitation de l'office, lui permettrait de se payer, de son prix de vente, au moyen d'un partage des bénéfices (2). Ici ne se rencontrent pas ces rapports d'égalité, cette intervention continuelle, qui entravent la liberté de la fonction, et rendent contraires à la loi et à la morale, les sociétés dont nous venons de parler. Il en serait de même de la convention par laquelle un avoué rémunérerait les services de son clerc, par une participation aux bénéfices de l'étude (3).

Lorsqu'une société est formée avec un objet illicite, quels sont les effets de cette société ? La règle générale se trouve dans la maxime romaine, *nulla doli communicatio est*, le dol ne se communique pas, c'est-à-dire que le gain, comme la perte, reste personnel et ne se partage point. Dans cette société l'action *pro socio* ne saurait exister ; et les associés n'ont aucune action les uns contre les autres. C'est à tort que M. Toullier (4) pense qu'on doit faire fléchir cette sévérité, à l'égard de certaines sociétés, qui, comme les sociétés de contrebande, ne sont illicites que par la force de certaines lois arbitraires ; et qu'il faut appliquer aux relations des associés, les principes du contrat de société. Cette distinction nous paraît contraire à l'esprit

---

(1) Duvergier, no 59 s. — Troplong , no 89 s. — Delangle, t. I , no 108. — Paris , 2 janv. 1838. — Rennes , 29 déc. 1830. — Paris, 15 juill, 1843. — Cass., 24 août 1841, etc., etc. — (2) Toulouse , 14 nov. 1835. — (3) Montpellier, 23 août 1833. — Riom, 22 juill. 1842. — (4) Toullier, no 126 s.

comme au texte de la loi. Aussi n'accordons-nous, dans tous les cas, aucune action aux associés ; pas même l'action en revendication des capitaux qui ont servi à la spéculation. Le versement ayant eu une cause illicite, la répétition ne peut en être exigé. « Il suffira, disent MM. Delamarre et Lepoitevin (1), que l'associé détenteur de la mise des autres contrebandiers, appelé par eux en restitution de leur mise, dise aux juges : *j'ai reçu, mais pour faire la contrebande ;* et nul tribunal ne prendra connaissance d'une telle affaire, autrement que pour la punition des coupables. » Et sur une objection de M. Duvergier (2), qui veut que, loin d'invoquer la convention, on la considère comme n'ayant, jamais existée, et comme ne devant produire aucun effet, ces savants auteurs ajoutent : « sans doute, le demandeur n'ira pas déclarer au juge avoir fait une mise pour la contrebande ; mais le défendeur le lui apprendra ; son aveu sera indivisible et alors que deviendra la demande ? y faire droit, ce serait donner une prime d'encouragement à la fraude. Facile de dire qu'on regarde la société comme n'ayant pas existé ; son existence est un fait, et les faits ne s'abolissent pas : *facta pro infectis haberi non possunt.* »

Il nous parait superflu de faire observer que si la société illicite ne donne naissance, entre les contractants, à aucune action, il en est de même, à plus forte raison, entre les associés et les tiers.

SECTION III.

Forme et preuve du contrat de société.

Nour avons vu que le consentement suffisait à la per-

(1) *De la commission*, t. 1, n° 51. — (2) Duvergier, n° 31.

fection du contrat de société. Mais pour la preuve de la
convention il ne saurait être suffisant. Ici, conformément
au droit commun, en matière de contrats et d'obligations,
il faut un écrit, au-delà d'une certaine somme. C'est ce
qui résulte de l'art. 1834 qui, rappelant la disposition
générale de l'art. 1341, supprime les nombreuses sociétés
tacites de l'ancien Droit, où tout moyen logique était bon
pour prouver l'existence de la convention, quelle que fut
la somme dont il s'agissait. « Toutes sociétés, dit cet
article, doivent être rédigées par écrit, lorsque leur objet
est d'une valeur de plus de cent cinquante francs. La
preuve testimoniale n'est point admise contre et outre le
contenu en l'acte de société, ni sur ce qui serait allégué
avoir été dit avant, lors et depuis cet acte, encore qu'il s'a-
gisse d'une somme ou valeur moindre de cent cinquante
francs. » L'objet dont parle l'art. 1834 est la valeur de
toutes les mises réunies. Ce principe est général et s'applique à toutes les sociétés civiles, même aux sociétés faites
en foire par les gens de la campagne ; sociétés que le projet du Code dispensait de la preuve écrite. Quant aux sociétés, dont l'objet est d'une valeur inférieure à cent cinquante francs, la preuve peut en être faite par témoins.

Mais la loi n'attache aucune forme sacramentelle à l'é-
crit qu'elle exige, au-delà de cent cinquante francs. Que
l'acte soit authentique ou sous seing-privé, avec date certaine ou sans date, peu lui importe, elle va même jusqu'à
permettre la preuve par correspondance. Elle n'exige
qu'une seule chose, c'est que la preuve soit littérale, et ne
repose point sur le témoignage plus ou moins sincère
des parties. Lorsque cette condition est remplie, la forme
est pour elle de peu d'importance. Aussi gardons-nous de

croire, en présence des termes absolus de l'art. 1834, que l'écriture soit le seul mode de la preuve. Cet article ne fait pas de la société un contrat parfait seulement par l'écriture ; il ne fait que rappeler le droit commun. Et il ne repousse ni les commencements de preuve par écrit, appuyés de témoignages oraux , ni les interrogatoires sur faits et articles, ni le serment.

Remarquons que le Code n'a trait ici qu'à la preuve de la société. Quant à la preuve de l'exécution ou de l'inexécution du contrat, elle peut être faite par témoins. Remarquons aussi que l'art. 1834 ne concerne que les parties contractantes, et ne s'applique pas aux tiers, qui n'ont qu'une chose à prouver , c'est que les associés avec qui ils ont traité agissaient comme membres d'une société ; preuve qui peut se faire par tous les moyens possibles, puisque en cette matière, les juges ont une souveraine appréciation. On comprend facilement du reste que les tiers ne soient pas placés sur la même ligne que les associés. Car il n'a pas été dans leur pouvoir d'obliger ces derniers à constater par écrit leurs conventions sociales. Au surplus l'art. 42. C. Com., qui est le complément du Code Civil, en cette matière, ne saurait laisser aucun doute sur ce point.

CHAPITRE II.

DES DIVERSES ESPÈCES DE SOCIÉTÉS.

De même que dans le Droit romain et dans l'ancien Droit, les sociétés civiles se divisent, sous le Code Napoléon, en deux grandes classes. « Les sociétés, dit l'art. 1835, sont universelles ou particulières. » La source de cette distinction est prise dans l'étendue des choses mises en société.

SECTION PREMIÈRE.

Des sociétés universelles.

Dans l'ancien Droit, et surtout dans la période féodale, nous avons vu les sociétés universelles couvrir le sol de la France, et répandre l'aisance au sein des classes pauvres. Aujourd'hui ces sociétés ne sont plus qu'un fait bien rare. L'esprit de notre siècle, esprit d'indépendance et de liberté, n'a pas pu sympathiser avec le régime de subordination qui caractérisait ces associations ; et les sociétés universelles sont tombées dans l'abandon et dans l'oubli.

Le Droit romain reconnaissait deux espèces de sociétés universelles : la société universelle de biens (*universorum bonorum*), et la société universelle de gains (*universorum quœ ex quœstu veniunt*). A ces deux sociétés, l'ancien Droit avait ajouté, la communauté entre époux, et celle qui se continuait entre l'époux survivant et les héritiers du prédécédé. Le Code Napoléon reconnait aussi deux espèces de sociétés universelles : la société universelle de biens présents et la société universelle de gains. Mais aujourd'hui, à la différence de ce qui se passait autrefois, la société universelle de biens, ne comprend plus que les biens présents. Quant aux sociétés universelles de biens futurs, elles sont bannies de notre droit. Le législateur n'a pas voulu, qu'à la faveur d'une société fictive, on pût contrevenir à la sage disposition qui prohibe les donations de biens à venir. Puis, craignant de fréquentes inégalités dans les apports, il a pensé avec raison, que de telles sociétés dégénéreraient souvent

en sociétés léonines. Aussi déclare-t-il nulle la société universelle de biens présents et futurs, que contractaient valablement, sous l'empire des lois romaines, un citoyen pauvre
et le citoyen le plus opulent, quelle que fût d'ailleurs l'i-
négalité de leur patrimoine et de leurs espérances (1).

Sociétés universelles de biens. « La société de biens présents, porte l'art. 1837, est celle par laquelle les parties
mettent en commun tous les biens meubles et immeubles
qu'elles possèdent actuellement, et les profits qu'elles pourront en tirer. Elles peuvent aussi y comprendre toute autre
espèce de gains ; mais les biens qui pourraient leur avenir
par succession, donation ou legs, n'entrent dans cette société que pour la jouissance : toute stipulation tendant à y
faire entrer la propriété est prohibée, sauf entre époux,
et conformément à ce qui est réglé à leur égard. » Comme
on le voit, cet article se divise en trois parties ; dans la
première, la loi nous montre ce que la société comprend de plein droit ; dans la seconde, ce qu'elle peut
comprendre en vertu de conventions spéciales ; dans la troisième enfin, ce qui lui est défendu d'embrasser.

1° La société comprend de plein droit les biens meubles
et immeubles que possèdent les parties, lors de la convention : ce sont les mises qui forment le capital social. Elle
comprend, en outre, les profits ultérieurs de ces biens,
c'est-à-dire *les fruits* des mises. Quant à l'industrie des associés, et aux profits qui peuvent en résulter, ils n'entrent
dans la société, qu'en vertu d'une clause spéciale.

Mais à quels moyens reconnaître les biens présents des
biens à venir ? A deux signes principaux, à la possession ou
au titre. Tout bien possédé légalement par un associé, avant

(1) D. pro socio, L. 5, p. 1.

la société, est présumé bien présent, sauf preuve contraire.
Et tout titre antérieur au contrat est suffisant pour donner
à la société la propriété de la chose qu'on lui apporte. Ainsi
l'immeuble acheté, avant la société, sous une condition
suspensive, qui ne se réalise qu'après la formation de l'association, est un immeuble social, quoique la possession
réelle de cet immeuble soit postérieure à la société, car
l'accomplissement de la condition rétroagit dans le passé,

2° Voyons maintenant ce que la volonté des parties peut
faire entrer dans la société. Aux termes de l'art. 1837
2°, les parties peuvent mettre en commun tous les gains
venant de leurs biens propres, de leur industrie ou de leurs
économies. Ce n'est alors qu'un mélange des deux sociétés
universelles; mélange qui se règle par les principes propres à ces deux associations.

3° Quant à ce qui est défendu à la société d'embrasser,
ce sont les biens échus par donation, legs ou succession.
Le législateur a voulu par là empêcher le rétablissement des
sociétés de tous biens, présents et futurs, qui ne sont per-
mises qu'entre époux. Mais remarquons que la prohibition
ne concerne que *la propriété* des bien échus par donation,
legs ou succession, et non pas la *jouissance* de ces biens. Les
dangers qui ont fait bannir les sociétés universelles de tous
biens présents et futurs, ne sauraient être à redouter,
lorsque la *jouissance* seule est mise en société.

Lorsque les parties forment une société de biens présents
et à venir, le contrat est-il nul pour le tout, ou reste-t-il
valable en ce qui concerne les biens présents? M. Duranton,
invoquant (1) la maxime : *utile per inutile non vitiatur,*

(1) Duranton, t. 17, n° 353 s.

scinde la convention et n'annule que ce qui est illégal. Mais d'accord avec M. Duvergier et Troplong (1), nous annulons le contrat dans son entier. Une société contient en effet, un enchaînement de conventions que les parties ont combinées dans le but d'établir entre elles, une loi d'égalité de gains et de pertes; or, si vous scindez la convention, pour la laisser subsister en partie, vous faites autre chose que ce que les parties ont voulu et vous outrepassez vos pouvoirs. Sans doute la loi est maîtresse de faire tomber un contrat qui la blesse; mais elle n'a pas le droit de faire subir aux parties une convention mutilée, une convention qui n'est plus la leur. Puis pourquoi, dans le silence de l'art. 1837 sur l'effet de la nullité, ne pas recourir au principe général contenu dans l'art. 1172 C. N.

L'actif de cette société étant connu, il est facile de déterminer le passif. La société est grevée, de plein droit, des dettes que chaque associé a contractées avant la société, dettes qui, comme le dit très-bien Pothier, *sont une charge présente des biens présents* (2). Ce n'est, du reste, que l'application de la maxime : *bona non dicuntur, nisi deducto œre alieno*. Elle supporte aussi les dettes contractées, depuis la formation du contract, relativement aux biens sociaux. Mais elle n'est tenue ni des dépenses personnelles à chaque associé, ni de celles que rendent nécessaires l'entretien des enfants et l'établissement des filles, sauf cependant convention contraire. S'il en était autrement dans les sociétés tacites du moyen âge, cela tenait à des motifs particuliers, qui ne se retrouvent plus dans nos sociétés modernes.

Sociétés universelles de gains. « La société universelle

(1) Duvergier, nº 103. — Troplong, nº 276. — Pothier, nº 37.

de gains renferme tout ce que les parties acquerront par leur industrie, à quelque titre que ce soit, pendant le cours de la société : les meubles que chacun des associés possède au temps du contrat, y sont aussi compris ; mais leurs immeubles personnels n'y entrent que pour la jouissance seulement (art. 1838). » Dans le Droit romain, cette société ne comprenait ni les immeubles, ni les meubles des parties : elle ne renfermait que les profits acquis par le commerce ou l'industrie des associés. Mais le Code a préféré se rapprocher du droit coutumier, et faire rentrer dans l'actif social, non-seulement les profits, mais encore les meubles que les associés possédaient au jour du contrat. N'allez pas croire, toutefois, que le rapprochement soit complet ! Dans l'ancien droit, les sociétés tacites s'enrichissaient de tous les meubles à venir, quels qu'ils fussent, même de ceux qui provenaient d'une donation ou d'un legs. Tandis que sous le Code, la société n'a droit qu'aux meubles acquis par suite d'industrie ou de commerce : Quant à ceux qui proviennent d'une succession, ils restent propres à celui qui les reçoit.

Le mot *gain* répond ici au mot *quæstus*, que Paul définit ; *qui ex operâ cujusque descendit* (1), et signifie le lucre acquis par un titre de commerce, par exemple, par achat ou par louage, et généralement par tout travail, appliqué à quelque objet que ce soit. Peu importe que cet objet fasse ou ne fasse pas partie des apports sociaux. Voilà pourquoi la société a le droit de jouir de tous les profits que procurent les immeubles ; ces profits résultent tous, en effet, ou d'une location ou d'un travail appliqué à ces

(1) D. pro socio, L. 8.

biens. Mais remarquons que la société n'a cependant sur ces immeubles aucune action réelle. Ces biens ne sont grevés d'aucune servitude au profit du corps moral ; ce qui entre dans la société, ce n'est point un démembrement de la propriété, c'est seulement le gain, le profit. Aussi est-il permis à chaque associé d'aliéner les biens qui lui sont propres, sans avoir besoin du consentement de ses co-associés ; pourvu toutefois qu'il reste dans les limites de la bonne foi et d'une gestion fidèle. Le droit de la société, c'est-à-dire la jouissance qui lui est due, se trouve alors transportée, soit sur la chose reçue en échange, soit sur le prix de vente, dont les intérêts viennent tomber dans la caisse commune.

La société universelle de gains est celle qui est formée, lorsque les parties ne se sont pas expliqué sur l'espèce de société qu'elles voulaient contracter (art. 1839). Cette interprétation légale de la volonté des parties est des plus sages. Il est juste, en effet, que la société universelle de tous biens présents, dont les conséquences sont beaucoup plus graves que celles de la société universelle de gains, puisque cette société emporte l'aliénation des immeubles, ne soit admise qu'autant qu'il apparaît clairement que telle a été la volonté des contractants. Ulpien disait déjà : *Si non fuerit distinctum, videtur coita esse universorum quæ ex quæstu veniunt* (1).

La société, renfermant tous les acquêts que feront ultérieurement les parties, comprend nécessairement l'achat d'un immeuble, fait par un associé, en son nom personnel. Il est hors de doute que cet immeuble doit être commu-

(1) D. pro socio, L. 7.

niqué à la société; mais devient-il social de plein droit? En d'autres termes, la société devient-elle propriétaire *ipso facto*, ou n'a-t-elle qu'une action personnelle, pour forcer l'associé à apporter à la masse le bien qu'il vient d'acquérir? Cette question a un immense intérêt, au point de vue des actions dont jouit la société, lorsque l'immeuble vient à être revendu à un tiers. La société n'a-t-elle alors qu'une action personnelle contre l'associé vendeur; ou bien a-t-elle contre le tiers acquéreur l'action en revendication? Le jurisconsulte Paul, dans la loi 74. D. *pro socio*, nous dit que la chose *entre dans le domaine* de l'acheteur, qui n'est tenu qu'à en *faire part à la société*. Cette solution nous paraissant parfaitement juste, nous n'accordons à la société qu'une action personnelle contre l'associé vendeur. L'intérêt des tiers, qui n'ont connu que celui avec qui ils ont traité, exige, en effet, que l'immeuble acquis par l'un des associés, ne devienne pas social de plein droit.

Le passif de cette société est facile à établir. Comme elle a tous les meubles présents, elle supporte toutes les dettes mobilières existantes, *dettes qui suivent le mobilier, et en sont une charge* (1). Elle comprend aussi les dettes que chaque associé contracte, dans l'intérêt social; ainsi que les dépenses d'entretien et de nourriture des associés et de leurs familles, dépenses qui ne sont que la charge naturelle des gains et des revenus qui tombent dans la caisse sociale.

Entre quelles personnes peuvent se former les sociétés universelles. L'expérience ayant démontré que les sociétés universelles déguisaient fréquemment des libéralités indirectes, que la loi prohibe entre certaines personnes, le lé-

(1) Pothier, n° 52.

gislateur édicte, dans l'art. 1840, que : « nùlle société universelle ne peut avoir lieu qu'entre personnes respectivement capables de se donner ou de recevoir l'une de l'autre, et auxquelles il n'est point défendu de s'avantager au préjudice d'autres personnes. » *Donationis causâ societas recte non contrahitur ;* l'idée de société exclut l'idée de donation, enseignait la loi romaine (1). « Ne serait-il pas, en effet, inconvenant et dérisoire, dit M. Treilhard, de tolérer indirectement ce qu'on ne peut faire directement. Il ne faut donc pas que, sous les fausses apparences d'une société, on puisse, en donnant réellement, éluder la prohibition de la loi, qui a défendu de donner, et que ce qui est illicite devienne permis, en déguisant sous les qualités d'associés, celles de donateur et de donataire (2). » Mais dans cet article, le législateur a commis une méprise inexplicable, en appliquant la présomption de fraude à toutes les sociétés universelles, aux sociétés universelles de gains, comme aux sociétés universelles de tous biens ; présomption qui ne peut se justifier à l'égard des premières, auxquelles le projet laissait la plus entière liberté.

Ceci posé, quel est le véritable sens de l'art. 1840 ? En présence des termes absolus de la loi, MM. Duvergier et Delvincourt enseignent (3), que l'existence d'héritiers à réserve conduit au delà de la réduction des avantages provenant de la société, et qu'elle annule la société, comme s'il y avait incapacité réciproque. Tel n'est point selon nous l'esprit de cet article : que dit, en effet, l'art. 1840 ? Il dit que la société universelle ne peut avoir lieu *qu'entre personnes auxquelles il n'est pas défendu de s'avantager au préjudice d'au-*

<hr/>

(1) D. pro socio, L. 5. — (2) Discours au Corps législatif. — (3) Duvergier, no 113 s. — Delvincourt, t. 3.

tres personnes. Or a-t-il été jamais défendu à une personne, qui a des héritiers à réserve, d'avantager autrui, dans la limite de la qualité disponible ? La société n'est donc pas nulle dans ce cas ? Et elle ne doit donner naissance à une action en réduction, qu'autant que les avantages qui en résultent dépassent la quotité disponible. Il en était déjà de même dans l'ancien droit, où jamais la société universelle n'a été défendue aux personnes qui avaient des enfants. Puis pourquoi mettre une nullité là où la loi sur les Successions et les Donations n'a mis qu'une cause de réduction ? C'est ce que fait cependant M. Duvergier. Que devient alors l'intention du législateur, qui, comme le dit le tribun Bouteville, *a eu en vue de mettre le titre des sociétés en parfait accord avec les lois sur les successions, donations et testaments.* (1) Ecoutez, au surplus, les paroles de Cambacérès, lors de la discussion de l'article qui nous occupe : « Si la société donne quelque avantage à l'autre associé, on le réduira à la portion disponible. » Aussi nous parait-il impossible de ne pas donner à l'art. 1840 le sens restreint que lui donne la majorité des auteurs et la jurisprudence.

Lorsque la société universelle, contractée au mépris de la loi, a été révoquée, on ne suit dans la liquidation de la communauté de fait, qui a existé entre les parties, que les conventions sociales, qui sont l'expression des rapports légaux entre associés. Quant aux stipulations qui tendent à établir quelques inégalités entre les associés, on n'en tient aucun compte, et on procède au partage, d'après les règles de l'équité.

(1) Fenet, t. 11; p. 187.

SECTION II.

De la société particulière.

Les sociétés particulières ont un objet d'une variété infi-
nie : elles sont aussi fréquentes que sont rares les sociétés
universelles. Aussi est-ce en elles que se concentre presque
tout l'intérêt du contrat de société. Ces sociétés sont défi-
nies par les art. 1841 et 1842. « La société particulière,
dit l'art. 1841, est celle qui ne s'applique qu'à certaines
choses déterminées, ou à leur usage, ou aux fruits à en
percevoir. » Et l'art. 1842 ajoute : « le contrat par lequel
plusieurs personnes s'associent, soit pour une entreprise
désignée, soit pour l'exercice de quelque métier ou profession, est aussi une société particulière. » Ainsi est particulière toute société, qui ne rentre pas dans la classe des
sociétés universelles, alors même qu'elle embrasse toute
une branche d'opérations.

Les sociétés particulières se divisent en deux grandes classes, en sociétés civiles et en sociétés commerciales. Cette distinction est fort importante, car les lois et usages du commerce
dérogent en plusieurs points aux principes de la société civile. Les sociétés commerciales sont celles qui sont formées pour faire des actes de commerce, c'est-à-dire les actes qu'énumèrent les art. 632, 633 C. C. Toutes les autres
sociétés sont des société civiles. Comme on le voit, ce qui
différencie ces deux espèces de sociétés, c'est la nature des
opérations qu'elles se proposent.

Parmi les sociétés civiles figure en première ligne, les
Sociétés fromagères, ces associations, (usitées surtout
en Franche-Comté) qui ont pour objet la fabrication en

commun du fromage. Il en est de même de la société contractée pour l'exploitation d'une mine, peu importe du
reste la forme donnée à l'association, car l'exploitation, qui
est l'œuvre de la société, n'est pas plus un acte de commerce que l'opération que font deux propriétaires qui s'associent pour vendre les produits de leurs biens. Mais observons qu'une telle société peut cependant devenir commerciale, lorsque telle est l'intention des parties. Les associés
sont, en effet, parfaitement libres de renoncer au bénéfice
de la loi du 21 Avril 1810, qui, dans son art. 32, dit formellement, que *l'exploitation d'une mine n'est pas consi-
dérée comme un commerce*. Et lorsque, par une déclaration
expresse, ils ont commercialisé une entreprise, qui par
elle-même a le caractère civil, leur volonté doit être
respectée, si la nature de l'opération ne répugne pas à cette
transformation. Signalons aussi parmi les sociétés civiles,
les sociétés formées pour acheter et revendre des immeubles, pour utiliser un talent de l'esprit, pour tirer parti
d'une propriété littéraire, etc etc.

CHAPITRE III.

DES ENGAGEMENTS DES ASSOCIÉS ENTRE EUX.

Envisageant, dans ce chapitre, les effets de la société,
par rapport aux associés, nous nous occuperons des obligations réciproques que le contrat engendre entre les
parties. Ces obligations sont sanctionnées par l'action pro
socio. Mais dans notre Droit, cette action a perdu deux de
ses caractères les plus curieux. Aujourd'hui l'associé personnel est tenu indéfiniment, et non plus seulement dans

la mesure de ses facultés, (bénéfice de compétence). Et nous n'avons plus d'édit du préteur, qui mette au nombre des personnes notées d'infamie, l'associé condamné en vertu de l'action *pro socio*.

SECTION PREMIÈRE.

Commencement et durée de la société.

La société, étant une personne civile, a, par conséquent sa naissance et sa fin. Elle commence au moment même du contrat, lorsque les parties n'ont pas, par une clause expresse, fixé son point de départ à une autre époque (1843). Parfaite par le seul consentement, elle n'a pas à attendre sa perfection de la tradition : aussi produit-elle tous ses effets, dès que le contrat se trouve formé. Elle a dès lors un actif, un passif, et tous les droits ainsi que toutes les obligations d'une personne civile. Elle a même, avons-nous dit, un domicile social.

Ce commencement de la société est un instant qu'il importe de connaître. Les tiers ont, en effet, beaucoup d'intérêt, à savoir à partir de quel jour la société fonctionnera comme personne morale. Il en est de même du moment où la société doit finir. Aussi voyons-nous l'art. 43 C. C. imposer aux commerçants le devoir de publier l'époque où la société doit commencer et celle où elle doit finir. Cette dernière époque est celle qui a été fixée par l'acte social. Dans le silence des parties, la loi donne des présomptions, qui évitent toutes difficultés. « S'il n'y a pas de convention sur la durée de la société, elle est censée contractée pour toute la vie des associés, sous la modification portée en l'art. 1869; où, s'il s'agit d'une affaire dont la durée soit limitée, pour tout le temps que doit durer cette affaire (art. 1844). » La modification portée en l'art. 1869 est le cas de la renonciation de l'un des associés.

SECTION II.

Des obligations des associés envers la société.

La première obligation de tout associé est de fournir la mise qu'il a promise; principe formulé par le §. 1er de l'art. 1845, qui veut que chaque associé soit débiteur envers la société de tout ce qu'il a promis d'y apporter. « Il est évident, dit Pothier, que chacun des associés est débiteur à la société de tout ce qu'il a promis d'y apporter (1). » Cette première obligation se résout en une obligation de donner ou en une obligation de faire ; puisque nous savons que l'apport peut consister, soit dans la propriété ou la jouissance d'une chose, soit dans l'industrie d'un associé. Dans le premier cas, c'est-à-dire lorsque l'apport promis consiste en argent ou en immeubles, la propriété de la mise se trouve transférée de plein droit à la société, par la seule puissance de la convention; car l'obligation de donner rend le créancier propriétaire (art. 1138). Et comme les fruits suivent le sort de la propriété, ils appartiennent à la société, à partir du moment même du contrat : *in societatibus fructus communicandi sunt* (2). Dans le second cas, au contraire, c'est-à-dire lorsque la mise est industrielle, la société n'a pour obliger l'associé à réaliser son apport, qu'une simple action en dommages-intérêts (art. 1142).

Pour satisfaire à cette obligation, l'associé est obligé de

---

(1) Pothier, no 110. — (2) D. de usuris, L. 38, p. 9.

faire à la société, la délivrance de la chose qu'il a promise.
Et de même qu'un vendeur, il est soumis à toutes les règles
que le Code a édictées, touchant l'obligation de livrer.
Ainsi il est garant de l'éviction. « Lorsque l'apport, dit
l'art. 1845 2°, consiste en un corps certain, et que la société en est évincée, l'associé en est garant envers la société,
de la même manière qu'un vendeur l'est envers son acheteur. » « Le contrat de société étant, de même que le contrat de vente, un contrat commutatif, l'associé, qui par
le contrat de société, promet d'apporter à la société quelque
corps certain et déterminé, contracte envers la société, la
même obligation de garantie, en cas d'éviction de ce corps
certain qu'il a apporté à la société, qu'un vendeur contracte
envers l'acheteur (1). » Cette garantie due par l'associé,
n'est point toutefois la même que celle que doit le vendeur;
elle en diffère sur plusieurs points qui dérivent de la force
des choses. Ainsi, par exemple la société, ne pourra pas,
en cas d'éviction, demander la restitution du prix, comme
le ferait un vendeur, puisqu'elle n'a rien payé; elle récla-
mera seulement des dommages-intérêts, ou la résolution
du contrat, selon l'importance de la chose dont elle sera
privée. Et, dans ce cas, l'associé ne sera pas admis, pour
échapper à l'action en garantie, à remplacer les choses
frappées d'éviction, par des choses de même nature; car
ce serait modifier la convention primitive, et déplaire peut-
être aux associés, qui n'ont eu en vue que la mise première. Si cependant l'apport dont la société se trouve
évincée, consiste en objets destinés à être vendus, comme
le consentement des associés a plutôt porté sur le prix de

(1) Pothier, n° 113.

ces choses que sur les choses elles-mêmes, l'associé qui les a apportés pourra parfaitement les remplacer par des objets semblables. Remarquons que l'art. 1845 limite la garantie au cas où l'apport consiste en un corps certain ; il suit de là qu'elle n'est pas due, lorsque la mise a pour objet une universalité de biens. La raison en est facile à saisir. Qu'importe à l'associé que l'universalité qu'il a promise augmente ou diminue, son obligation sera toujours remplie, en apportant cette universalité, telle qu'elle existera au moment de la livraison, puisque son engagement ne repose sur aucun objet particulier. Aussi Pothier disait-il : « Dans les sociétés universelles de tous biens, il n'y a pas lieu à la garantie en cas d'éviction de quelqu'un des héritages dont l'un des associés était possesseur, lors du contrat de société : car, dans ces sociétés, c'est l'universalité de ces biens, et non aucun héritage déterminé, que chaque associé s'oblige d'apporter à la société (1). »

Les mêmes règles s'appliquent lorsque la mise dont la société est évincée, consiste dans la jouissance de la chose apportée. L'associé est toujours un vendeur ; c'est de plus un nu-propriétaire ; et la société doit être garantie, comme dans le cas de vente d'un usufruit.

D'après le droit commun, les intérêts ne courent que du jour de la demande. Cette règle que Pothier (n° 115) appliquait à l'associé en retard de verser la somme qu'il avait promise, n'est pas admise par le Code, qui, contrairement au principe général énoncé en l'art. 1153, édicte dans son art. 1846 1° que : « l'associé qui devait apporter une somme dans la société, et qui ne l'a point fait, devient,

(1) Pothier, n° 111.

de plein droit et sans demande, débiteur des intérêts de cette somme, à compter du jour où elle devait être payée. » La nature même du contrat de société met, pour ainsi dire, l'associé en demeure, à partir du moment où la somme promise doit être versée. Car une société ne se forme pas pour laisser ses capitaux dans l'oisiveté ; son but est de les faire fructifier. Les mêmes motifs justifient la dérogation au droit commun que porte l'art. 1846, *in fine*, en exigeant que l'associé soit, en outre, condamné à des dommages-intérêts, lorsque son retard a causé du préjudice à la société. En thèse générale, lorsqu'il s'agit du paiement d'une somme, les dommages-intérêts résultant du retard, ne consistent jamais que dans les intérêts fixés par la loi.

Les principes que nous venons d'exposer reçoivent aussi leur application, lorsque l'associé emprunte des sommes à la société. « Il en est de même, dit l'art. 1846 2°, à l'égard des sommes qu'il a prises dans la caisse sociale, à compter du jour où il les en a tirées pour son profit particulier. » Aux yeux de la loi, un tel emprunt n'est pas plus favorable que le cas de retard dans le paiement de la mise. Et dans le doute, la présomption est que ces sommes ont été prises pour les besoins particuliers de l'associé. Reste toutefois à ce dernier le droit de prouver que cet argent à été employé dans l'intérêt commun.

Comment se réalise l'apport industriel ? L'art. 1847 prend soin de nous l'expliquer : « Les associés qui se sont soumis à apporter leur industrie à la société, lui doivent compte de tous les gains qu'ils ont faits par l'espèce d'industrie qui est l'objet de cette société. » L'associé apportera donc à la société, tous les bénéfices que lui aura procurés l'industrie qu'il a promise. Quant à ceux qui proviendront d'une autre industrie, ils lui resteront propres. C'est ce qu'enseigne Pothier (n° 120), lorsqu'il parle de la société de ces deux cordonniers, dont l'un *avait le talent d'enseigner à chanter à des oiseaux.* « Ce dernier, dit-il, ne sera pas obligé de compter à la société des gains qu'il aura faits, en enseignant à chanter à des oiseaux, pendant qu'il travaillait; parce que ce n'est pas cette espèce d'industrie, mais seulement celle qui est relative à son art de cordonnier, qu'il a promis d'apporter à la société. » Remarquons que notre article ne s'applique point aux Sociétés universelles de tous gains. Dans ces Sociétés, il n'y a pas lieu de distinguer entre les gains de diverses espèces d'industries, puisque la société a droit à tous indistinctement

La seconde obligation d'un associé, est de veiller et de pourvoir au bien de la société, et de ne point préférer ses intérêts personnels aux intérêts sociaux. Ces principes sont consacrés par l'art. 1848, qui dispose que : « Lorsque l'un des associés est, pour son compte particulier, créancier d'une somme exigible, envers une personne qui se trouve aussi devoir à la société une somme également exigible, l'imputation de ce qu'il reçoit de ce débiteur, doit se faire sur la créance de la société et sur la sienne dans la proportion des deux créances, encore qu'il eût, par sa quittance, dirigé l'imputation intégrale sur sa créance particulière : mais s'il a exprimé dans sa quittance que l'imputation serait faite en entier sur la créance de la société, cette stipulation sera exécutée. » Si l'associé ne doit pas porter préjudice à la société, il a toujours mission de faire son avantage. Toutefois ce partage proportionnel ne se fera qu'autant que la créance de la société sera exigible; car cette imputation n'est qu'un paiement, et nous savons que le paiement d'une dette non échue ne peut être exigée. Ici le législateur ne résout malheureusement qu'un cas particulier, emprunté à Pothier (n° 121); pour les autres, il les laisse à l'appréciation du juge : de là de sérieuses difficultés. Appliquera-t-on, par exemple, l'art. 1848 au cas, où, la société ayant un gérant, c'est un simple associé qui touche le montant de sa créance? Evidemment non. L'associé non administrateur n'est pas tenu d'agir dans l'intérêt social, et il n'a pas à imputer une partie de la somme qu'il reçoit, sur la créance de la société, créance qu'il ignore peut-être. Sa bonne foi, dans ce cas, est intacte, puisqu'il n'a fait que se renfermer dans le rôle que lui trace l'acte de société. La solution sera la même, lorsque l'imputation viendra du débiteur lui-même. Voilà deux créances : l'une, celle de la société, ne produit aucun intérêt, l'autre, celle de l'associé, est au contraire productive d'intérêts, ou a pour sureté une hypothèque. Le débiteur, en faisant son paiement, impute toute la somme sur la créance de l'associé et l'éteint; l'associé viendra-t-il, dans ce cas, partager avec la société? M. Duranton le pense (1). Mais pourquoi sacrifier l'intérêt privé au dépens de l'intérêt social? L'associé a-t-il quelques reproches à se faire? Puis, que donnera la société en échange de ce qu'elle recevra? Rendra-t-elle à l'associé une créance productive d'intérêts ou garantie par une hypothèque? Ne vaut-il pas mieux, en présence de résultats aussi contraires à l'équité, dire avec M. Pardessus (2) que l'associé aura le droit de conserver toute la somme. Car, ce que l'art. 1848 a voulu redresser,

---

(1) Duranton, t. 17, n° 101. — (2) Pardessus, n° 1016.

c'est seulement l'imputation égoïste faite par l'associé. Quant à l'imputation faite par le débiteur, qui use de son droit, la loi n'avait pas à s'en occuper. Enfin, appliquerons-nous cet article au commanditaire, qui ne peut ni ne doit s'occuper de l'administration de la société? C'est de toute impossibilité; et les règles de la commandite doivent l'emporter ici sur le Code civil, car il serait injuste et illogique de vouloir que le commanditaire pût s'occuper du recouvrement d'une créance sociale, lorsque son immixtion dans les affaires de la société, est punie d'une peine aussi sévère que la solidarité.

Mais si l'associé est obligé de partager avec la société les sommes qu'il a reçues des débiteurs communs, la réciproque est loin d'être vraie. La société qui touche, par les mains de son gérant, le montant de sa créance, n'est jamais obligée d'en faire part à celui des associés qui est créancier du même débiteur. On justifie cette décision, en disant que la société n'a pas envers les associés les mêmes obligations, que ceux-ci ont envers elles; et qu'elle n'est point chargée du soin de veiller à leurs intérêts.

Après avoir dans l'art. 1848, traité le cas, où la société et l'un des associés ayant un débiteur commun, ce dernier reçoit un paiement de ce débiteur, le Code, dans l'art. 1849, s'occupe du cas où un associé reçoit sa part entière d'une créance sociale. Cet article emprunté aux lois romaines et à Pothier, ordonne à l'associé de rapporter à la masse ce qu'il a perçu de la créance, ne voulant pas qu'il y puisse prendre part, avant que la société n'en ait elle-même fait le partage. Aux termes de la loi : « lorsque l'un des associés a reçu sa part entière de la créance commune, et que le débiteur est devenu depuis insolvable, cet associé est tenu de rapporter à la masse commune ce qu'il a reçu, encore qu'il eût spécialement donné quittance *pour sa part.* » L'associé, dans cette hypothèse devait exiger le paiement de la créance pour le compte de tous, et il n'a pas pu préférer son intérêt particulier à celui de la société. Aussi doit-il rapporter à la masse, ce qu'il a touché de la créance sociale, *alors même qu'il a déclaré recevoir pour sa part.* Il n'est pas, en effet, en son pouvoir, de s'approprier une chose commune. Qu'on ne dise point que les autres associés ont à s'imputer de n'avoir pas été assez vigilants ! Le principe d'égalité et de fraternité qui doit régner entre les membres d'une même association, exige qu'un associé rapporte ce qu'il a reçu de plus que ses co-associés : *quasi iniquum fit, ex cadem societate, alium plus alium minus consequi* (1). Il en est autrement, en matière de communauté. Le communiste, qui a reçu sa part, n'a pas à la partager avec les autres membres de la communauté.

La troisième obligation de tout associé, est de répondre du dommage, que son dol ou sa faute a causé à la société. Il doit même répondre du dommage causé *par son omission* (2). « Chaque associé, porte l'art. 1850, est tenu envers la société des dommages qu'il lui a causés *par sa faute*, sans pouvoir compenser avec ces dommages les profits que son industrie lui aurait procurés dans d'autres affaires. » Mais de quelle faute parle notre article : est-ce seulement de la faute légère, ou même de la faute très-légère ? En Droit romain, nous l'avons vu, l'associé ne répondait que de la faute légère, *ce qui déjà avait été l'objet de beaucoup*

(1) D. pro socio, L. 63, p. 5. — (2) Pothier, n° 124.

de controverses; culpa autem non ad exactissimam dili-
gentiam dirigenda est, dit Gaïus. Il suffisait qu'il apportât
aux affaires sociales les soins qu'il donnait aux siennes.
Tant pis pour les autres associés ; ils ne devaient s'en
prendre qu'à eux, du choix qu'ils avaient fait. Dans l'ancien Droit il en était de même : « chacun des associés, dit
Pothier (n° 124), n'est tenu à cet égard que de la faute
ordinaire, et non de la faute la plus légère. On ne peut
exiger de lui, que le soin dont il est capable, et qu'il
apporte à ses propres affaires. » « Toutefois , ajoute
ce jurisconsulte, un associé ne pourrait pas s'excuser
de sa négligence crasse, alors même qu'il apporterait
cette négligence à ses propres affaires. Car si on n'exige
pas d'un associé, pour les affaires de la société, le soin
le plus exact qu'ont dans leurs affaires les plus habiles
pères de famille , c'est qu'il peut n'être pas capable de
ce soin. Mais chacun est présumé capable du soin ordinaire,
qu'apportent à leurs affaires les personnes les moins intelli-
gentes : et lorsqu'il n'apporte pas ce soin, on présume que
c'est par une paresse volontaire et condamnable, dont à la
vérité il n'est comptable à personne pour ses propres affaires,
mais dont il est comptable à ses associés, lorsqu'il a eu
cette paresse pour des affaires communes. » Le Code n'a
pas innové, et aujourd'hui l'associé n'est également tenu
que de sa faute légère. Cette interprétation est conforme
aux principes du Droit moderne, en matière de faute, et a
pour elle la jurisprudence et la majorité des auteurs.
MM. Delamarre et Lepoitevin établissent cependant une distinction entre les sociétés civiles et les sociétés commerciales, et ils pensent, qu'en matière commerciale, l'associé
doit être tenu de la faute très-légère. « L'esprit des lois du

commerce, disent-ils, diffère essentiellement de l'esprit des lois civiles. Celles-ci transigent avec l'insouciance trop ordinaire au commun des hommes : on le conçoit; c'est même une nécessité. Il n'en peut-être ainsi des obligations commerciales..... celui qui s'en charge doit à la chose commise non pas seulement les soins qu'il apporte à ses propres choses, mais les soins que la loi romaine exige de l'emprunteur à usage : *exactissimam diligentiam custodiendæ rei præstare compellitur ; nec sufficit ei eamdem diligentiam adhibere, quam suis rebus adhibet, si alius diligenter custodire potuerit* (D. de oblig. et act. L. I. p. 4)(1).» Mais malgré toute l'autorité que méritent ces savants auteurs, nous nous permettrons de repousser cette distinction arbitraire, et de nous en rapporter à Straccha, l'un des fondateurs de la jurisprudence commerciale, qui constate qu'en matière de faute, le droit commercial n'est point distinct du droit civil. Le système de la responsabilité repose, du reste, sur des principes trop généraux, pour n'être applicable qu'à une seule classe d'individus.

Observons que l'associé qui doit des dommages à la société, ne peut point les compenser avec les profits que son industrie a procurés dans d'autres affaires. Ces profits ne lui appartiennent pas; ils sont à la société; dès lors la société ne lui doit rien, et la matière manque à la compensation. Ulpien disait déjà : *non compensatur compendium cum negligentia* (2).

SECTION III.

Des obligations de la société envers les associés.

La société, avons-nous dit, devient propriétaire des apports,

(1) *Traité de la commission*, t. 3, p. 11. — D. pro socio, l. 26.

lorsque c'est la propriété même qui a été mise en commun, et dès lors l'associé n'a plus sur la chose qu'il a versée, que des droits éventuels que le partage déterminera, à la dissolution de la société. Mais il n'en est pas de même, lorsque c'est la jouissance qui est mise en commun. L'associé reste alors propriétaire de sa chose, et, créancier de la société; il reprend en nature cette chose, dont la communauté n'a eu que l'usufruit. Propriétaire, il supporte seul la perte ou la dégradation qui survient par cas fortuit ou par force majeure, en vertu de la maxime : *res perit domino*; et il n'a droit à une indemnité, qu'autant que la perte ou la dégradation est le fait de la société. A lui seul incombe tous les risques : « Si les choses, est-il dit dans l'art. 1851 1°, dont la jouissance seulement a été mise dans la société, sont des corps certains et déterminés, qui ne se consomment point par l'usage, elles sont aux risques de l'associé propriétaire. »

Cette règle générale souffre cependant plusieurs exceptions. Ces exceptions, au nombre de quatre, sont énumerées dans le deuxième alinéa de l'article 1851, et reçoivent leur application, lorque la volonté des parties n'en a pas ordonné autrement.

Première exception. *Les choses qui se consomment par l'usage, sont aux risques de la Société.* Rien de plus naturel. Comme la société ne peut jouir des choses fongibles, qu'en les consommant, l'associé, qui en donne la jouissance, est forcé par cela même d'en transférer la propriété et de ne conserver que le droit d'exiger, à l'expiration du contrat, des choses de pareille quantité et qualité. Il cesse donc d'être propriétaire pour devenir simple créancier, et il n'a plus, dès lors, à subir les conséquences de la maxime :

res perit domino. En mettant les capitaux aux risques de la société, la loi, reproduisant l'opinion de Pothier, a tranché dans le sens de l'affirmative, la question de savoir, si l'associé qui n'apporte que son industrie, doit supporter sa part dans la perte des sommes apportées ; question des plus controversées dans l'ancien Droit.

Deuxième exception. *Les choses qui se détériorent en les gardant, périssent pour la société.* Il en est autrement en matière d'usufruit, (art. 589) et en matière de bail (art. 1755), où la vétusté pèse sur le nu-propriétaire et le bailleur. Mais, en matière de société, l'associé n'est pas présumé avoir eu l'intention de conserver la propriété de choses, qu'il retrouvera peut-être hors de service, à la dissolution de la société. Simple créancier de la valeur des objets, qu'il a mis en société, il n'a droit qu'à une somme fixe, réglée lors de la formation du contrat. Il peut toutefois, si bon lui semble, reprendre la chose elle-même ; c'est ce qui résulte, par *a contrario*, du dernier alinéa de notre article, ainsi conçu : « Si la chose a été estimée, l'associé ne peut répéter que le montant de son estimation. »

Troisième exception. *Les choses destinées à être vendues sont aux risques de la société.* Cette destination implique, en effet, l'abandon de la propriété, et fait supposer que l'associé n'a voulu mettre dans la société, que la jouissance de la somme provenant de la vente.

Quatrième exception. *Les choses mises dans la société, sur une estimation portée par un inventaire, périssent pour la société.* On présume que les parties n'ont fait cette estimation, que pour rendre la société débitrice du prix de la chose, et non pas de la chose elle-même. L'estimation fait loi, et l'associé ne peut rien réclamer au delà, alors même qu'il prétendrait que les choses n'ont pas été portées à leur juste valeur. Il n'a pas, comme le vendeur, le droit de demander la résolution du contrat, pour lésion de plus des sept douzièmes, car il n'a pas subi l'empire de la nécessité, et s'il a accepté l'estimation, il l'a fait volontairement, confiant dans les bénéfices futurs que ferait la société. Cette disposition n'est qu'une application de la maxime : *œstimatio facit venditionem*, maxime générale en cette matière, et qui s'applique aussi bien aux immeubles qu'aux meubles. L'article 1851 ne fait pas, en effet, la distinction qu'établit l'article 1551, dans le cas de dot remise au mari ; il applique la règle, même lorsque les objets estimés sont des immeubles.

L'article 1852 continue à s'occuper des créances de l'associé contre la société ; créances qui trouvent ici leur cause dans la participation de cet associé à la gestion des affaires sociales. Cet article énumère trois causes diverses d'actions : 1° les déboursés faits pour la société : 2° les obligations contractées de bonne foi : 3°, les pertes inséparables de la gestion. « Un associé, est-il dit, a action contre la société, non-seulement à raison des sommes qu'il a déboursées pour elle, mais encore à raison des obligations qu'il a contractées de bonne foi, pour les affaires de la société, et des risques inséparables de la gestion. » N'est-il pas, en effet, de toute justice, que l'associé qui agit dans l'intérêt social, et qui n'est que le mandataire de la société soit complètement rendu indemne. N'est-ce pas également logique et rationnel, que celui que la loi déclare responsable de tout dommage causé à la société, soit, à son tour, indemnisé de tout ce qu'il perd, en exécutant fidèlement son mandat.

1° Tout associé, même l'associé industriel, qui a employé

6

ses propres fonds dans l'intérêt de la société, a droit au remboursement des sommes prêtées. Peu importe que les dépenses soient devenues plus tard inutiles; la société n'en devra pas moins le remboursement, si dans le principe, elles ont été utiles ou nécessaires. L'associé a droit, en outre, aux intérêts de ces sommes, à partir du jour où elles ont été employées; c'est un mandataire, à qui on doit appliquer les principes de l'article 2001. Il n'y a là, du reste, qu'une juste réciprocité : si l'associé, qui puise dans la caisse sociale, est, aux termes de l'article 1846, débiteur de plein droit des intérêts des sommes qu'il a prises, n'est-il pas équitable, qu'il puisse réclamer les intérêts des avances qu'il a faites sur ses propres fonds. Puis, comme le dit Paul, (1) si au lieu de faire, de ses propres deniers, les avances nécessaires, il avait emprunté à intérêt, la société serait obligée de payer ces intérêts; or pourquoi n'en serait-il pas de même ici. Ajoutons enfin qu'en employant son argent pour la société, l'associé s'est privé du profit qu'il aurait pu en retirer, en le plaçant avec avantage; il est donc dès lors, tout naturel que la société répare le préjudice causé.

2° En second lieu, tout associé à le droit de se faire indemniser des engagements qu'il a contractés dans l'intérêt social; alors même que son intervention a été complétement inutile. Mais il faut qu'il ait été de bonne foi, et qu'il n'ait pas dépassé la ligne de ses attributions. Les raisons sont ici les mêmes que pour les déboursés.

3° Enfin tout associé a droit à une indemnité, pour les pertes qu'il a subies, par suite des risques inséparables de

(1) D. pro socio, L. 67, p. 2.

sa gestion. Les risques inséparables de la gestion, sont les hasards, les cas fortuits auxquels l'associé n'a été soumis que parce qu'il s'occupait des affaires de la société. « La société, dit Pothier, devant avoir tout le profit qui résulte de cette gestion, il est équitable qu'elle supporte tous les risques : *ibi lucrum, ibi et periculum esse debet* (1). » Cette indemnité due à l'associé, dans les trois cas que nous venons d'examiner, est supportée par chaque associé, proportionnellement à ses droits dans la société ; de sorte que l'associé créancier supporte aussi une partie de la perte. Et lorsque l'un des débiteurs devient insolvable, la perte se répartit entre tous les associés solvables, y compris, bien entendu, l'associé créancier.

SECTION IV.

Des parts de chaque associé dans le gain et dans la perte.

La société a pour but de réaliser un bénéfice et de le partager ; malheureusement souvent ce but n'est pas atteint, et au lieu de bénéfices, la société n'a que des pertes à offrir aux membres qui la composent. Selon quelles proportions ce partage de profits ou de pertes doit-il être fait ? Selon les proportions que les associés ont eux-mêmes déterminées, dans leurs conventions sociales : ou dans le silence des parties, selon les règles que trace la loi elle-même dans son article 1853.

Dans l'ancien Droit, la détermination des parts, était l'objet de vives controverses. Les uns voulaient l'égalité absolue, conformément au sentiment d'Ulpien (2) ; les

(1) Pothier, n° 128. — (2) D. pro socio, L. 29.

autres voulaient l'égalité proportionnelle. Pothier (n° 73) prenant un juste milieu, demandait qu'on distinguât si la valeur était apparente, comme lorsque la mise consiste en argent ou en objets estimés, ou si elle était incertaine. Dans le premier cas, il pensait que les parts devaient être proportionnées aux apports ; tandis que l'égalité absolue devait prévaloir dans le second. Le Code a sagement mis un terme à toutes ces discussions, en adoptant le système de l'égalité proportionnelle. « Lorsque l'acte de société dit l'art. 1853 1°, ne détermine point la part de chaque associé dans les bénéfices ou pertes, la part de chacun est en proportion de sa mise dans le fonds de la société. » On suppose que les mises ont été évaluées par les parties elles-mêmes. Si elles ne l'ont pas été, ce sera aux tribunaux à en faire l'estimation. Ce premier paragraphe ne s'occupe que des mises corporelles : quant à celles qui consistent en industrie, elles sont régies par le deuxième paragraphe qui dispose que : « à l'égard de celui qui n'a apporté que son industrie, sa part dans les bénéfices ou dans les pertes est réglée comme si sa mise eût été égale à celle de l'associé qui a le moins apporté. » D'où il suit que dans une société de deux personnes, la part de l'associé industriel est égale à celle de l'autre associé. Pourquoi assigner à l'associé industriel la part la plus faible ? « C'est, dit M. Bouteville, pour lui donner le sage avertissement de ne jamais négliger de stipuler lui-même ses intérêts et de faire régler son sort (1). »

Mais la loi ne détermine ainsi la contribution aux pertes et la participation aux bénéfices, qu'autant que les parties

(1) Discours au tribunat.

n'ont pas elles-mêmes réglé leur position. Les associés,
nous le savons, peuvent fixer eux-mêmes, leurs droits respectifs ; sur ce point, ils ont toute liberté ! Cependant
comme cette liberté ne pouvait rester sans limites, la loi,
tout en faisant une large part à la libre volonté des parties,
a cru devoir poser certaines barrières, au delà desquelles
se trouve l'abus. Dans son art. 1855, elle frappe de nullité
la société, dans laquelle, l'un des associés s'attribue tous
les profits, en ne laissant aux autres que les soins et les
chances de pertes ; société que l'usage a flétri du nom de
société léonine, par une ingénieuse allusion à l'apologue
qu'Ésope, Phèdre et Lafontaine (1), ont fait sur le danger
des sociétés formées avec un plus puissant que soi. « On
n'a pas pu marquer plus fortement, s'écrie M. Treilhard (2),
les vices d'une pareille société ; c'est d'une part la force,
de l'autre la faiblesse, et il ne peut y avoir entre elles aucun
traité, parce qu'il ne peut y avoir ni liberté, ni consentement. Or la société est un contrat consensuel, et la loi ne
peut voir de consentement véritable, dans un contrat de
société, dont un seul recueillerait tout le profit, et dont
l'intérêt commun des parties ne serait pas la base. » Cet
article est ainsi conçu : « La convention qui donnerait à l'un
des associés la totalité des bénéfices, est nulle. Il en est de
même, de la stipulation qui affranchirait de toute contribution aux pertes, les sommes ou effets mis dans le fonds
de la société, par un ou plusieurs associés. » Pour calculer
les bénéfices ou la perte, on n'envisage pas isolément les
résultats des opérations qu'a faites la société, puisque ces
résultats doivent se compenser les uns les autres ; on ne

(1) Phèdre, L. 1, f 5. — Lafontaine, L. 1, f. 6. — (2) Discours au Corps
législatif. — (3) Vinnius, *ad Inst*, L. 3, t. 16, p. 2.

s'attache qu'au résultat définitif : *lucrum non particularim æstimatur, sed in summâ summarum.* Comme on le voit, d'après les termes de l'art. 1855, la loi distingue deux espèces de sociétés léonines : la société léonine de bénéfices, et la société léonine de pertes. Nous allons nous occuper successivement de chacune de ces sociétés.

L'attribution exclusive des bénéfices à l'un des associés, enlève à la société un de ses éléments essentiels, l'espoir d'une participation aux bénéfices, faits en commun. Aussi le législateur proscrit-il une semblable convention, sans exiger cependant une égalité parfaite dans les bénéfices, pour ne pas rendre illusoire la liberté qu'il accorde aux parties. Les associés ont donc plein pouvoir d'agir à leur gré, pourvu qu'ils ne donnent pas à l'un d'eux, la part du lion. Ainsi, ils peuvent ne point mesurer la part dans les bénéfices ou les pertes, sur la mise apportée à la société. Cette convention n'a, du reste, rien d'injuste, puisque la proportion étant la même dans les bénéfices et dans les pertes, l'équilibre ne cesse pas d'exister. Ils peuvent aussi stipuler que l'un d'eux aura une part différente dans les bénéfices et dans les pertes, qu'il aura, par exemple, les deux tiers des bénéfices, et qu'il ne supportera que le tiers des pertes. En l'absence de dispositions prohibitives, il faut laisser aux parties le droit d'acheter, par un juste sacrifice, l'adjonction d'un associé, qui, par son crédit et son habilité, peut causer la fortune de la Société. Qu'on ne nous oppose point les art. 1811 et 1521, qui veulent que la contribution aux pertes soit proportionnée à la participation aux bénéfices ? Ces articles doivent être renfermés dans les cas qu'ils prévoient. Du reste, en matière de société, la situation n'est plus la même, et la règle se trouve dans l'art. 1855, qui permet toute convention, qui ne donne pas à l'un des associés, la totalité des bénéfices, ou ce qui est la même chose, un bénéfice ridicule. Rien n'empêche non plus les associés de convenir que l'un n'aura droit qu'à une somme fixe, sans pouvoir prendre part au partage. L'incertitude qui règne sur les résultats futurs empêche de dire que ce mode d'attribution soit un avantage. Et cette assignation d'une somme fixe est valable, alors même qu'il a été convenu que la somme sera payée à tout événement, c'est-à-dire, que la société fasse ou ne fasse pas de bénéfices. Nous supposons toutefois que l'associé est toujours tenu des pertes qui peuvent affecter le capital. Tout associé ne peut-il pas, en effet, vendre valablement à son co-associé, sa part dans l'espérance du gain, moyennant une somme fixe, payable, quels que soient les résultats de l'entreprise. Ce n'est là d'ailleurs que le pacte d'*assurance du bénéfice*, si souvent pratiqué au moyen âge; pacte qui ne porte aucune atteinte aux prohibitions de l'art. 1855. Ici l'assuré n'a point la totalité des bénéfices; l'assureur reçoit l'équivalent de l'assurance par l'espérance des bénéfices plus considérables. Et puisque cette assurance ne porte que sur le gain, les sommes mises dans la société restent toujours soumises aux pertes qui peuvent les affecter. Il n'y a donc pas là un contrat léonin. Il est également permis de convenir que l'un des associés prélèvera sur les bénéfices, l'intérêt de sa mise, et viendra ensuite partager le surplus dans les proportions convenues. Le choix d'une alternative dans le mode de partage peut aussi être laissé à l'une des parties contractantes. Enfin la participation aux bénéfices peut être subordonnée à une condition à l'égard de l'un des associés, et être pure et

simple à l'égard d'un autre. On peut, par exemple, valablement stipuler que l'un des associés n'aura part aux bénéfices, qu'autant que les profits s'élèveront à telle somme.
On peut même convenir que la totalité des bénéfices appartiendra au dernier survivant. Nous n'avons pas, en effet,
ici, un pacte léonin; nous n'avons qu'un avantage aléatoire
et commutatif. Chaque associé est présumé avoir échangé
la part qu'il aurait eue, contre la chance d'avoir le tout.
Et comme ses probalités sont égales, la réciprocité fait
disparaître toute injustice.

La seconde espèce de société léonine est la société léonine
de pertes, c'est-à-dire celle qui affranchit de toute contribution aux pertes les *sommes* ou *effets* apportés en commun.
Car s'il est de l'essence de la société, qu'il y ait pour tous
les associés participation aux bénéfices, il est également de
son essence qu'il y ait participation aux pertes. Aussi le
2° § de l'art. 1855 frappe-t-il de nullité une semblable
convention, convention que, déjà dans l'ancien droit, Balde
regardait comme usuraire : *hoc pactum sapit usurariam
conventionem* (1). Mais remarquons que le code ne flétrit
du nom de société léonine, que la société qui affranchit de
toute contribution aux pertes *les sommes ou effets* apportés
par les associés. Suit-il de là, que l'associé, qui n'apportera
que son industrie, aura le droit de stipuler qu'il ne partici-
pera point aux pertes? Oui, disent les jurisconsultes romains; une telle stipulation n'a rien d'illicite, surtout
lorsque l'industrie de cet associé est très-précieuse. Pur jeu
de mot! Dans ce cas l'exemption des pertes n'est qu'apparente, puisque les bénéfices ne se calculent que déduction

(1) Sur la loi 1, C, pro socio, n° 29.

faite des pertes; et que les sommes qui reviennent à l'associé sont d'autant plus faibles, que les pertes ont été plus considérables. On ne peut donc pas dire que sa mise soit affranchie de toute contribution aux pertes. Il en est de même aujourd'hui. Seulement cet associé pourra stipuler une somme fixe, quelles que soient les pertes sociales. Cette convention, parfaitement valable, était, si l'on en croit Emérigon, des plus fréquentes dans le commerce maritime, « Les gens de mer, dit cet auteur, pour ne pas s'exposer à voir leurs peines infructueuses, sont assez dans l'usage de recevoir des pacotilles qu'ils se chargent de gérer moyennant un tant pour cent, qui leur est acquis, à tout événement, quand même les pacotilles donneraient de la perte (1). »

A ce sujet se présente une question difficile. L'article 1855 est-il applicable au cas, où l'exemption de contribution aux pertes, par le capital ou l'effet mis en société, est le prix d'un abandon, à peu près équivalent, fait par l'associé, qui s'est réservé cet avantage ? Cette question est complexe et en comprend deux autres. Il s'agit d'abord de savoir si un associé peut se rendre assureur envers son coassocié, du capital apporté par ce dernier dans le fonds social, et des bénéfices futurs. Puis, s'il peut, du moins, assurer le capital seul, sans assurer les bénéfices. La première question est résolue négativement par la majorité des auteurs, qui ne voient dans cette assurance qu'un pacte suspect d'usure. « Ces deux assurances du capital et du profit font qu'il y a autre chose qu'une société (2). » « Il ne faut pas être bien clairvoyant, dit Pothier (nos 22, 25), pour s'apercevoir que cette convention, dans la vérité, ne

(1) Emerigon, *Traité des Assurances*, t. 2, p. 399. — (2) Savary, Parères, no 21.

contient autre chose qu'un prêt à intérêt, qui doit dans le for extérieur, aussi bien que dans le for de la conscience, être déclaré usuraire. » Mais, continue ce jurisconsulte, la solution est différente dans la seconde hypothèse. « Ce contrat est très-légitime, pourvu que le prix de l'espérance du gain soit égal au prix du risque de la perte dont il le charge. » Pourquoi, en effet, puisqu'il est permis à un associé de se prémunir contre les dangers, en se faisant assurer à un tiers, lui refuser le droit de donner la préférence à son co-associé. « Le contrat d'assurance ne détruit pas le contrat de société, comme le prétend l'auteur des Conférences, puisque un contrat de société peut être valable, quoique l'un des associés ne doive supporter aucune part de la perte (ce qui est bien assurer ce qu'il y a apporté), pourvu qu'il ait donné à ses co-associés, qui se sont chargés du risque de la perte, quelque chose d'équivalent au prix de ce risque. » Il est vrai que l'article 1855 est muet sur ce point; mais, à son défaut, on peut se fonder sur l'article 1851, qui permet de stipuler la reprise d'une chose fongible ou d'une somme mise dans la société pour la jouissance seule. Du reste, le deuxième paragraphe de l'article 1855 ne défend pas une assurance partielle du capital ou des effets mis dans la société; il permet même la clause qui dispense un associé de toute contribution aux dettes, au delà de sa mise : clause qui est de droit commun dans la société en commandite.

Lorsqu'un acte de société contient une clause léonine, la nullité frappe le contrat dans son ensemble, et non pas seulement la convention illicite : *talem societatem nullam esse* (1). Cela est fondé en raison. La loi, avons-nous dit,

_____

(1) D. pro socio, L. 29.

peut parfaitement annuler un contrat qui viole les règles du droit et de l'équité ; mais elle ne peut point, remplissant le rôle des parties, reconstituer ce contrat sur des bases nouvelles.

Quelquefois les parties ne règlent pas elles-mêmes les parts de chacun; elles conviennent de s'en rapporter, à cet égard, soit à l'une d'elles, soit à un tiers. Une telle convention est parfaitement valable. Mais le règlement que doit faire le tiers ou l'associé choisi, est-il inattaquable? Aux yeux des jurisconsultes romains, l'arbitre désigné n'était pas un arbitre souverain, dont la décision ne pouvait pas être attaquée; aussi permettaient-ils aux associés de faire redresser ce règlement, toutes les fois qu'il n'avait pas été fait *secundum arbitrium boni viri* (1). Le code a reproduit ces idées, et dans son article 1854, il dispose que : « si les associés sont convenus de s'en rapporter à l'un d'eux ou à un tiers, pour le règlement des parts, ce règlement ne peut être attaqué, s'il n'est évidemment contraire à l'équité. Nulle réclamation n'est admise à ce sujet, s'il s'est écoulé plus de trois mois depuis que la partie qui se prétend lésée a eu connaissance du règlement, ou si ce règlement a reçu de sa part un commencement d'exécution. » Ce dernier alinéa élève deux fins de non recevoir contre la réclamation des parties lésées : la première n'est qu'une prescription abrégée; la seconde est un acquiescement. Lorsque l'arbitre choisi vient à mourir avant d'avoir rempli sa mission, la société est nulle de plein droit, puisque son existence était subordonnée à une condition, qui ne peut plus s'accomplir : *societas ipso jure nulla est*. Il en est de même lorsque l'ar-

(1) D. pro socio, l. 76 s.

bitre refuse de fixer les parts. Remarquons que cet arbitre doit être désigné au moment même du contrat; les parties ne pourraient pas se réserver de le nommer plus tard; car il y aurait alors une condition potestative, qui rendrait nulle la convention.

SECTION V.

De l'administration de la société.—Des pouvoirs de chaque associé.

L'administration de la société est réglée, tantôt par la convention, tantôt par la loi elle-même. Dans le premier cas, l'administration est généralement confiée à un ou plusieurs gérants, dont nous allons exposer les droits et les devoirs; en nous occupant d'abord, du cas où un seul gérant a été choisi.

Le gérant est nommé, soit par le contrat de société, soit par un acte postérieur. Comme les effets de ces deux modes de nomination ne sont pas les mêmes; il importe de les distinguer. 1° Lorsque la gestion est donnée par les statuts, elle fait partie des conditions du contrat; et le gérant, irrévocable *ad nutum*, peut agir à son gré, pourvu que ce soit sans fraude: l'administration est son domaine, où il ne doit pas être troublé. Nous n'allons pas, toutefois, jusqu'à prétendre que si la gestion inhabile du gérant statutaire vient à compromettre la prospérité de la société, les associés seront forcés de rester tranquilles spectateurs de leur ruine. Non. Indépendamment des moyens que leur offrent les statuts sociaux, ils auront, pour conjurer le danger, le véto, la révocation motivée, et la dissolution de la société. Le associés peuvent, en effet, s'opposer aux actes du gérant, en motivant leur opposition, soit sur la faute lourde, qui, en général, est assimilée à la fraude, soit même sur la faute moyenne. Cela résulte de l'article 1850, qui veut que tout associé, (ce qui comprend aussi le gérant) soit tenu envers la société des dommages occasionnés par sa faute. Or si l'administrateur, qui rend ses comptes, doit répondre, vis-à-vis de ses co-associés, de sa faute moyenne ; pourquoi ne serait-il pas permis à ces derniers d'empêcher que cette faute fût commise? Ne vaut-il pas mieux prévenir le mal que d'avoir à le réparer? Les associés peuvent, en second lieu, révoquer le gérant, pour causes légitimes. Cette révocation peut même être demandée par un seul des associés. Lui refuser ce pouvoir, serait l'obliger à user du droit que lui donne l'article 1871, de demander la dissolution de la société, et rendre ainsi les résultats plus désavantageux, puisque la révocation du gérant n'entraîne pas nécessairement la dissolution de la société. Les causes légitimes sont l'infidélité, la mauvaise administration, la dissipation, etc. Lorsque des contestations s'élèvent sur la légitimité des causes de révocation, c'est aux tribunaux civils ou commerciaux, suivant la nature de la société, à vider le différend. Les associés peuvent enfin demander la dissolution de la société ; mais ce moyen extrême ne doit être employé qu'à la dernière extrémité. 2 Lorsque l'administration a été donnée postérieurement à l'acte de société, le gérant n'est plus qu'un simple mandataire, révocable *ad nutum* ; à moins qu'il n'ait été nommé pour remplacer un gérant statutaire ; car, dans ce cas, il n'y a qu'une simple substitution de personnes. La nomination de ce gérant se fait à l'unanimité ; la majorité des associés ne suffirait pas pour déroger à la convention sociale, faite sous la condition tacite, que l'administration serait organisée, conformément à l'article 1859.

Pouvoirs du gérant. Les pouvoirs du gérant sont ceux d'un mandataire revêtu d'une procuration générale (art. 1988). « Ces pouvoirs, dit Pothier (n° 66), lorsque les parties ne s'en sont pas expliquées, renferment, par rapport aux biens et aux affaires de la société, ce qu'a coutume de renfermer une procuration générale, qu'une personne donne à quelqu'un pour administrer ses biens : car celui des associés à qui on a donné cette administration, est comme le procureur général de ses associés, pour les biens et affaires de la société. » Ces pouvoirs doivent toutefois être accommodés à certaines règles particulières au contrat de société. C'est le gérant qui vend les choses vénales et périssables; quant aux immeubles de la société, qui ne sont pas destinés à être vendus, ils sont en dehors de ses attributions. C'est lui qui fait tous les achats nécessaires ; et comme la nécessité d'acheter conduit souvent à la nécessité d'emprunter, c'est lui qui fait les emprunts. Mais ces emprunts ne doivent pas être excessifs, il faut qu'ils *n'emportent pas*, dit Coquille, *grande ou bonne partie de la substance des parsonniers ;* car alors ce n'est plus un acte d'administration, mais bien une acte de disposition. En droit romain, il était déjà hors de doute que le gérant pouvait emprunter, pour les fins légitimes de son mandat (1). C'est aussi le gérant, qui loue et afferme les immeubles de la société ; qui prend à bail ceux qui lui sont nécessaires, qui nomme les employés, qui reçoit le paiement des sommes dues, qui poursuit les débiteurs et qui fait tous les actes conservatoires. C'est enfin lui qui paie les lettres de change, et en général toutes les dettes de la so-

---

(1) D. *de exercit. act.*, l. 1, p. 8.

ciété. Mais il n'a pas le droit d'hypothéquer les immeubles
sociaux, lorsqu'il ne trouve pas à emprunter sous la seule
signature sociale. Le pouvoir d'hypothéquer n'est pas cor-
rélatif au pouvoir d'emprunter, mais seulement à la capacité de vendre. L'art. 2124 exige, en effet, que celui qui
hypothèque un immeuble, soit capable de l'aliéner. Or le
gérant n'a le droit d'aliéner que les immeubles destinés à
être vendus. D'ailleurs, la nécessité de recourir à une pareille extrémité prouvant, par elle seule, que le crédit de
la société est fortement ébranlé, il importe alors que les
associés soient consultés sur les moyens à prendre pour
pourvoir aux besoins de l'administration. Il ne peut pas
non plus faire des donations, qui diminuent l'actif social, à
moins que ces donations ne soient modiques et à titre de
gratification. « Les donations de bienséance et ordinaires
ne lui sont pas interdites (1). » Il ne peut également pas,
en thèse générale, transiger ou compromettre, sans l'avis
de ses co-associés. Nous supposons, bien entendu, que la
transaction et le compromis ont en vue des choses dont le
gérant n'a pas la disposition : quant à celles dont il peut
librement disposer, elles peuvent valablement être l'objet
d'une transaction ou d'un compromis, puisqu'il lui est
même permis de les aliéner. Enfin le gérant n'a pas le
droit de faire, de son chef, des innovations sur les immeubles de la société, alors même qu'il les juge utiles et
avantageuses ; car ce sont là des actes de propriété : l'art.
1859 § 4, lui est applicable, comme à tout associé. Nous
ne comprenons pas toutefois sous le nom d'innovations,
les simples réparations, ni les changements qui ne tiennent
qu'à la destination de la chose.

(1) Pothier, n° 69.

En ce qui concerne les actions à exercer au nom de la société, les pouvoirs du gérant sont soumis à une distinction nécessaire. En matière personnelle et possessoire, le gérant d'une société civile, peut plaider sans procuration. Il reste, au contraire, sans pouvoir en ce qui touche les actions réelles, c'est-à-dire les actions dont l'issue peut entraîner la perte des choses dont l'aliénation lui est interdite. Il serait absurde, dit Ulpien (1), *cui alienatio interdicitur, permitti actiones exercere.* Lorsque les actions sont intentées contre la société, on se réfère au droit commun, et le gérant ne peut défendre aux actions immobilières, qu'avec la procuration de ses co-associés. Mais en matière commerciale, il est d'usage de donner au gérant des pouvoirs plus étendus, et de lui permettre de représenter seul, sans pouvoirs spéciaux, la société, dans toutes les instances où ses intérêts sont engagés.

La société peut avoir plusieurs gérants; c'est ce qui arrive toujours lorsque les opérations sociales sont nombreuses et étendues. Comment alors se règlent les pouvoirs respectifs de chacun? Les art. 1857, 1858 nous renseignent sur ce point. Chaque gérant à le pouvoir de faire séparément tous les actes d'administration, à moins que les fonctions de chacune n'aient été déterminées dans l'acte de société, ou qu'il n'ait été stipulé que l'un n'agirait point sans l'autre (art. 1857). S'il a été stipulé que l'un des administrateurs ne pourrait rien faire sans l'autre, un seul, ne pourrai pas, sans une nouvelle convention, agir en l'absence de l'autre, lors même que celui-ci serait dans l'impossibilité actuelle de concourir aux actes d'administra-

(1) D, *de jure deliber.*, l. 7, p. 3.

tion (art. 1838). Dans ce dernier cas , l'opposition d'un seul arrêterait l'opération , alors même que cette opposition serait faite de mauvaise foi. Il ne resterait alors aux aux autres administrateurs , qu'à provoquer la dissolution de la société, et à actionner l'opposant en dommages-intérêts. Si l'administration a été partagée, chaque gérant doit se renfermer dans les fonctions, qui lui ont été départies. Ces règles s'appliquent aussi aux sociétés commerciales ; seulement dans ces dernières tous les gérants sont solidaires.

Lorsque la société est administrée par un ou plusieurs gérants, l'associé qui n'est pas administrateur, ne peut aliéner ni engager les choses, même mobilières, qui dépendent de la société (art. 1860). Le propriétaire seul a le droit d'aliéner et d'engager sa chose, et ici le propriétaire c'est la société, et non pas un de ses membres, dépourvu de mandat. Mais il ne suit pas, par *a contrario*, que l'associé administrateur ait le droit absolu de vendre et d'engager les choses sociales. Nous avons vu, en effet, que le gérant d'une société n'avait le droit d'aliéner, que les choses mobilières, dont la destination était d'être vendues, et qu'en général, il ne pouvait point disposer du patrimoine commun. Observons cependant que si l'associé non administrateur est incapable de vendre le fonds social, il peut, du moins, vendre sa part dans les effets de la société. Le Code n'a pas reproduit, il est vrai, la restriction qu'apportait Pothier (n° 89), en ajoutant à l'art 1860, les mots, *si ce n'est pour la part qu'il y a* ; mais il en a conservé l'esprit. En donnant, dans l'art. 1861 , à l'associé le droit de s'associer un tiers dans sa part, ne lui permet-il pas implicitement, de disposer des choses sociales, pour la portion qui lui revient.

7

Seulement, cette vente sera subordonnée aux chances du partage. Ainsi elle sera nulle, si la chose vendue ne tombe point dans le lot du vendeur ; et l'acheteur ne pourra prendre possession de la part vendue, qu'autant qu'il n'en résultera pas quelque trouble pour la société.

L'article 1859 s'occupe du cas où les associés n'ont pas pourvu à l'administration de la société, par la nomination d'un ou de plusieurs gérants. Et tout en respectant la volonté des parties de ne pas se donner de chef, il prévient les difficultés qu'entraîne souvent l'égalité, en définissant les droits et les devoirs de chacun. « A défaut de stipulations spéciales sur le mode d'administration, l'on suit les règles suivantes : 1° Les associés sont censés s'être donné réciproquement le pouvoir d'administrer l'un pour l'autre. Ce que chacun fait, est valable, même pour la part de ses associés, sans qu'il ait pris leur consentement ; sauf le droit qu'ont ces derniers, ou l'un d'eux, de s'opposer à l'opération, avant qu'elle soit conclue. 2° Chaque associé peut se servir des choses appartenant à la société, pourvu qu'il les emploie à leur destination fixée par l'usage, et qu'il ne s'en serve pas contre l'intérêt de la société, ou de manière à empêcher ses associés d'en user selon leur droit. 3° Chaque associé a le droit d'obliger ses associés à faire avec lui les dépenses, qui sont nécessaires pour la conservation des choses de la société : 4° L'un des associés, ne peut faire d'innovations sur les immeubles dépendants de la société, même quand il les soutiendrait avantageuses à cette société, si les autres associés n'y consentent. » Chacune de ces règles mérite un examen particulier.

1re *règle.* Lorsque l'action n'a été donnée à personne, elle appartient à tous. Chaque associé est censé avoir reçu de

ses co-associés, mandat d'administrer, et de faire, sous le
contrôle de tous, l'avantage de la société. Ce mandat tacite
embrasse tout ce qui entre dans le cercle d'une procuration
générale, acheter, vendre les choses vénales, payer, recevoir, louer, etc. Et tous ces actes réfléchissent contre la société, en obligeant de plein droit chaque associé, pour sa
part et portion, comme s'il avait concouru ou consenti à
l'opération. Mais comme cette réflexion de l'acte d'un seul,
sur le patrimoine de tous, ne repose que sur une simple
présomption, elle cesse et s'efface devant l'expression d'une
volonté contraire. C'est pourquoi l'art. 1859, appliquant la
maxime *in re pari potiorem causam esse prohibentis constat* (1), permet aux associés, ou à l'un d'eux, de s'opposer à
tout acte d'administration non consommé. Cette opposition
n'est soumise à aucune forme sacramentelle; elle n'est
assujettie qu'à la condition d'être faite en temps opportun,
c'est-à-dire avant la fin de l'affaire. Car, une fois l'opération
terminée, les associés sont présumés avoir approuvé cet
acte d'administration, et ne sont plus recevables à en faire
plus tard la critique. Lorsqu'un seul des associés s'oppose
à une opération, les autres membres de l'association sont
appelés à se prononcer, et l'opposition ne reste sans effet,
qu'autant qu'elle n'a pas la majorité des voix. Cette majorité se forme par têtes, quel que soit le nombre des actions
dont on est porteur. En cas de partage, comme il y a doute,
on s'abstient; peu importe, du reste, qu'il y ait deux ou
plusieurs opinions; on applique toujours la maxime *in re
pari*..., sans avoir, comme le veut M. Pardessus (n° 979), à
recourir à des arbitres, ou a continuer la délibération, jus-

(1) D. *Comm. divid.*, L. 28.

qu'à ce que l'avis le plus faible en nombre, se soit réuni à l'un des deux plus forts.

Mais qu'arrivera-t-il, si l'associé méprisant l'opposition de ses co-associés, passe outre et accomplit l'acte contesté? Il supportera seul la perte qui pourra en résulter, et de plus il sera passible de dommages-intérêts. Quant aux tiers de bonne foi avec qui il aura traité, il seront à l'abri de toute action. Les discussions entre associés ne les regardent pas et le contrat passé, malgré l'opposition de l'un des membres de la société, est, à leur égard, parfaitement valable.

Comme tout mandat implique l'obligation de rendre compte, l'associé qui, en vertu du mandat tacite de ses co-associés, aura fait des actes de gestion, devra en rendre compte à qui de droit.

2° *règle*. Chaque associé a le droit de se servir des choses sociales; c'est là une suite de la fraternité, qui doit exister entre associés. « Chacun des associés, enseigne Pothier (n° 84), peut se servir des choses appartenant à la société, pourvu qu'il les fasse servir aux usages auxquels elles sont destinées, et qu'il n'en use pas de manière à empêcher ses associés d'en user à leur tour pareillement. » Ce droit n'est cependant pas sans limites, il est subordonné à trois conditions, qui le renferment dans des bornes assez étroites. Aux termes de l'art. 1859, l'associé doit : 1° conserver à la chose sa destination; 2° ne pas s'en servir contre l'intérêt de la société; 3° ne pas empêcher le droit collatéral de ses co-associés. Ces restrictions sont toutes fondées sur le principe, qu'une chose n'est pas mise dans la société pour le service personnel des associés, et que l'intérêt de la société doit dominer l'intérêt individuel et l'exclure, quand il est de

besoin, Lorsque les parties ne s'entendent pas pour régler
cette jouissance individuelle, on recourt à l'équité des tribunaux.

3e *règle*. Tout associé a le droit d'obliger ses co-associés
à faire avec lui les dépenses nécessaires pour la conservation
des choses sociales. Cette règle n'a pas besoin d'explication.
Chaque associé devant contribuer aux dépenses nécessaires
pour entretenir et converser les choses de la société, il
était logique de permettre au plus diligent de prendre l'ini-
tiative. En cette matière, l'opposition n'est plus possible,
comme pour les actes d'administration; et l'associé ne peut
se refuser à contribuer aux dépenses, qu'autant que ces
dépenses ont pour objet des travaux d'embellissement ou
des additions voluptuaires.

4e *règle*. Un associé ne peut faire de son chef, sur les
immeubles sociaux, des innovations qui en altèrent la nature. Car ces innovations dépassant la limite des actes d'administration, on retombe dans l'application de la maxime
in re pari... Faisons remarquer qu'ici la majorité ne saurait lier la minorité, et que l'opposition d'un seul suffirait
pour empêcher l'innovation; car cette opposition aurait
pour elle l'autorité de la convention, l'état qui a servi de
base au contrat de société.

Lorsqu'une société existe entre plusieurs individus, elle
ne peut point s'adjoindre un nouveau membre, sans le consentement de tous les associés. Cette adjonction, étant une
dérogation à l'acte de société, exige pour sa validité, l'adhé-
sion unanime de tous les sociétaires. Mais rien n'empêche
un associé d'associer un tiers à sa part, ainsi qu'aux chances
de gain ou de perte qu'elle emporte. « Chaque associé, dit
l'art. 1861, peut sans le consentement de ses associés, s'asso-

cier une tierce personne relativement à la part qu'il a dans la société : il ne peut pas, sans ce consentement, l'associer à la société, lors même qu'il en aurait l'administration. » Ce tiers, que l'on désigne sous le nom de *croupier*, parce qu'il chevauche en croupe sur son partner, devient l'associé de l'associé primitif, mais reste complètement étranger à la société : *socii mei socius , non est meus socius.* On a dès lors deux sociétés distinctes, deux sociétés existant l'une à côté de l'autre, et cependant parfaitement indépendantes. Nous ne saurions admettre , en effet, l'opinion de M. Duvergier (1), qui prétend que l'associé et son croupier ne forment entre eux qu'une simple communauté. Ces deux sociétés parallèles engendrent des rapports excessivement curieux; car si l'action *pro'socio* n'existe pas entre le croupier et les associés primitifs, elle existe du moins avec réciprocité , d'une part, entre l'associé du croupier et les associés primitifs, de l'autre, entre ce même associé et son croupier.

De là les conséquences suivantes : 1° Si le croupier ne peut point, de son chef, exercer contre les associés de son associé, aucune action tendant au partage des bénéfices; ceux-ci, de leur côté, ne peuvent point intenter contre lui aucune action, tendant à lui faire supporter sa part des pertes. 2° Le croupier, qui, préposé par son associé, aux opérations relatives à sa gestion, a fait quelques gains, n'a pas à compter avec les associés de son associé; alors même que ces gains proviennent des effets de la société. Les associés primitifs peuvent seulement exiger de leur co-associé le rapport à la masse des profits ainsi obtenus. Quant à ce

---

(1) Duvergier, n° 375.

dernier, il a, à son tour, action contre son croupier pour le contraindre au partage de ces bénéfices. 3° Le croupier, qui, par sa faute, cause quelques dommages à la société, n'est pas en butte à l'action directe des associés. Son partner seul est tenu de réparer le dommage, et de supporter les conséquences d'une immixtion dont il est cause : *Difficile est negare culpâ ipsius admissum* (1) ; peu importe, du reste, que le croupier soit ou en soit pas solvable. Et, dans ce cas, l'associé ne peut point opposer en compensation, jusqu'à due concurrence, les profits que son croupier a procurés à la société. Car le fait du croupier, étant considéré comme le fait de l'associé lui-même, rentre sous l'application de l'article 1850, qui veut, que celui des associés, qui cause un dommage à la société, soit tenu de le réparer, sans pouvoir compenser avec ces dommages les profits que son industrie aurait procurés dans d'autres affaires. « Toutefois, pense Pothier (n° 93), il aurait action contre *son croupier*, pour se faire rendre raison de la faute par lui commise; il pourra même demander à exercer cette action avant de défendre à celle de ses co-associés : *Item certum est, nihil vetare, priusquam inter eum, qui admiserit, et cum, qui admissus fuerit, societatis judicio agi, quam agi incipiat inter cæteros, et eum, qui admiserit* (2). Mais si les associés primitifs n'ont pas d'action directe contre le croupier, ils ont du moins l'action indirecte que donne l'article 1166. Ils ont également l'action civile en dommages-intérêts, de l'art. 1382, Cod. Nap.

Faisons observer, que si l'associé doit faire raison à ses co-associés, du gain ou de la perte provenant du fait de son

---

(1) D. pro socio, L. 23. — (2) Id , L. 22.

croupier, il doit de même faire raison à son croupier, non-seulement du dommage causé par son propre fait, mais encore du dommage causé par la faute de ses co-associés; « parce que, dit Pothier (n. 94), l'action que cet associé a pour raison de ce dommage, contre ses associés qui l'ont causé, est une action dépendante du droit qu'il a pour sa part en la société, à laquelle part il a associé ce tiers, et qui tombe, par conséquent, dans la société particulière, qu'il a contractée avec ce tiers. » C'est ce qu'enseigne aussi Gaïus (2); *ex contrario factum quoque sociorum debet ei præstare, sicuti suum, quia ipse adversus eos habet actionem.* Mais si les co-associés sont insolvables, l'associé sera-t-il quitte envers son croupier, en lui cédant son action, ou devra-t-il être garant de cette insolvabilité ? Malgré l'autorité de M. Merlin (1), qui décide, que le croupier ne doit pas subir la perte causée à son cédant par l'insolvabilité des associés primitifs ; nous pensons avec MM. Duvergier (2) et Troplong que, puisque l'associé n'est tenu que *quia actionem habet*, s'il communique à son croupier le bénéfice de cette action, il ne lui doit rien de plus, et n'est tenu envers lui à aucune garantie. Pourquoi, en effet, obliger le cédant à indemniser le croupier d'un dommage dont il n'est point cause ? Le croupier est-il fondé à se plaindre de ce que son cédant s'est donné pour associés des personnes indignes de confiance ? Non, la société principale existait au moment où la sienne a pris naissance, et en l'acceptant telle qu'elle était, il s'est interdit le droit de faire aucune réclamation.

Reste maintenant à fixer la position du croupier vis-à-vis

(1) Quest. de d., v° *Croupier.* — (2) Duvergier, n° 380. — Troplong, n° 762.

des tiers, c'est-à-dire vis-à-vis des créanciers de la première
société, et des créanciers personnels de l'associé cédant.
D'abord les créanciers de la société primitive n'ont aucune
action directe contre lui, puisqu'il ne s'est personnellement
engagé envers eux, ni par lui-même, ni par fondé de pouvoir. Ils n'ont que l'action que leur donne l'art. 1166, c'est-
à-dire l'action du cédant : action que le croupier a également contre les débiteurs sociaux.

Quant aux créanciers personnels du cédant, ils ne sont
sans droit, qu'autant que la société du croupier a date
certaine, avant leurs saisies et oppositions sur la part sociale de leur débiteur. Et dès que cette condition
existe, le croupier n'a plus à craindre leurs concours,
puisqu'il est co-propriétaire du cédant, sur la part de ce
dernier, dans la société principale.

Enfin, un associé peut distribuer la part qu'il a dans la
société, entre plusieurs croupiers. On a alors autant de
sociétés distinctes, qu'il y a de croupiers, car tous ces croupiers ne sont point associés les uns des autres.

CHAPITRE IV.

DES ENGAGEMENTS DES ASSOCIÉS ENVERS LES TIERS.

Ce chapitre contient le développement de l'importante
matière des droits des tiers contre la société. Et comme il
n'est pas sans de grandes difficultés, il importe de distinguer les divers cas, dans lesquels les associés sont obligés
envers les tiers. Trois cas, peuvent se présenter : l'un des
associés contracte en son propre nom, ou il contracte au
nom de la société, ou enfin, tous les associés contractent
conjointement.

1ᵉ *Cas.* Lorsque l'un des associés contracte avec un tiers, en son nom privé, il s'oblige seul ; et le tiers ne peut exercer aucune action directe contre les autres associés, alors même que l'obligation a tourné au profit de la société. La société, étant ici une tierce personne, n'est pas plus soumise à une action directe, que ne le serait tout autre individu, à qui l'associé aurait remis les sommes empruntées. Le prêteur n'a pas dû s'enquérir de ce que l'emprunteur ferait des fonds prêtés, et comme il n'a suivi la foi que de celui avec qui il a traité, il n'a de recours que contre lui. C'est là le système des lois romaines et de Pothier (1); système que le Code a résumé dans son art. 1864. Cet article exige, en effet, pour que l'obligation réfléchisse contre la société, le concours des deux conditions suivantes : 1° Que l'obligation ait été contractée au nom de la société; 2° Que la chose ait tourné au profit de cette dernière. Or, se contenter d'une seule de ces conditions, serait refaire la loi et non pas l'appliquer. Les tiers n'auront même pas l'action directe de *in rem verso*, car la présomption, qui sert de base à cette action, ne se rencontre pas, dans l'espèce qui nous occupe. Qu'était-ce, en effet, que l'action de *in rem verso?* C'était une action accordée à celui qui avait traité avec un fils de famille ou un esclave, contre le père ou le maître, lorsque le père ou le maître avait profité de l'obligation. On présumait que le tiers avait contracté plutôt avec ce père ou ce maître, qu'avec le fils ou l'esclave. Or, ici en est-il de même? « Certainement non, dit M. Troplong (2), l'associé n'est pas une personne diaphane. S'il se cache pour figurer en son propre et privé

---

(1) D. *De rebus creditis,* L. 16. — — *De pactis,* L. 27. — *Pro socio,* L. 82. — Pothier, n° 105. — (2) Troplong, n° 777.

nom, nulle transparence n'autorise à voir, à travers sa personne, la société comme intéressée à l'affaire. » Pourquoi donc forcer la pensée des lois romaines, en étendant l'action de *in rem verso*, au-delà des cas qu'elle prévoit? Les tiers n'auront contre la société que l'action que leur donne l'art. 1166, c'est-à-dire l'action qu'exerce le créancier, du chef de son débiteur, contre les débiteurs de ce dernier. Lorsqu'il y a doute sur la question de savoir si c'est en son nom privé, ou au nom de la société, que l'associé a contracté, on décide généralement que l'associé est censé avoir voulu traiter en son propre nom ; parce qu'une qualité accidentelle doit céder à la qualité principale, et qu'on est toujours présumé contracter pour soi-même, plutôt que pour autrui.

2ᵉ *Cas.* L'associé contracte au nom de la société, suivra-t-il nécessairement que ses co-associés seront obligés? Non, autrement les sociétés seraient impossibles. Il faudra, en outre, que la société ait donné à cet associé, le pouvoir de l'obliger par ses engagements. C'est ce qui résulte des articles 1862 et 1864, ainsi conçus : « Dans les sociétés autres que celles de commerce, les associés ne sont pas tenus solidairement des dettes sociales, et l'un des associés ne peut obliger les autres, si ceux-ci ne lui en ont conféré le pouvoir. (1862). » « La stipulation que l'obligation est contractée pour le compte de la société, ne lie que l'associé contractant et non les autres, à moins que ceux-ci ne lui aient donné pouvoir, ou que la chose n'ait tourné au profit de la société (1864). » Il faut donc, pour que la société soit liée par les engagements de l'associé :

1° L'emploi du nom social ; peu importe, du reste, la formule employée : en cette matière, il n'y a pas de

termes sacramentels : 2° Le pouvoir de l'employer ; ce
pouvoir n'a besoin d'être exprès, qu'autant que l'acte à
accomplir excède les limites de l'administration. En l'absence de l'une ou de l'autre de ces deux conditions, l'associé, qui a contracté avec les tiers, est seul obligé, et la société n'est point engagée, à moins que la chose n'ait tourné
à son profit. Car alors, on est dans les véritables termes de
l'action de *in rem verso*, et les tiers peuvent agir directement contre la société, sans avoir à prouver autre chose
que le versement, dans la caisse sociale, des sommes empruntées.

Dans quelles proportions l'obligation contractée réfléchit-
elle sur les co-associés ? Les articles 1862 et 1865, qui
répondent à la question, ne sont qu'une application de la
maxime, qu'une obligation n'est solidaire, que lorsque le
titre donne expressément le droit de poursuivre chacun des
débiteurs pour le tout.

Nous connaissons l'article 1862, voyons l'article 1863.
Aux termes de cet article, « les associés sont tenus envers
le créancier, avec lequel ils ont contracté, chacun pour une
somme et part égales, encore que la part de l'un deux
dans la société fût moindre, si l'acte n'a pas spécialement
restreint l'obligation de celui-ci, sur le pied de cette dernière part. Chaque associé est donc tenu pour une part virile, c'est-à-dire pour une somme égale. Peu importe, du
reste, que les intérêts sociaux soient différents ; peu importe même que l'un des associés ait, dans l'acte de société,
limité sa responsabilité à la perte de sa mise ; tous ces arrangements sont pour les tiers *res inter alios actas*, et les
associés sont, dans tous les cas, tenus jusqu'à concurrence
d'une part virile. Pour que la dette se divisât, à l'égard des

tiers, et se répartit sur le pied des conventions sociales, il faudrait que l'acte d'obligation le dit formellement, ou que la société ne fût tenue qu'en vertu de l'action de *in rem verso*. Dans ce dernier cas, en effet, l'article 1863 cesse d'être applicable, et le créancier ne doit diriger son action contre les associés, que proportionnellement à leur part sociale. Décider autrement serait étendre les effets de l'action de *in rem verso*, puisque cette action est fondée sur le profit que la société a retiré du contrat, et que ce profit ne peut être pour chaque associé, qu'en proportion de la part qu'il a dans cette société (1).

3ᵉ *Cas.* Lorsque les associés contractent tous ensemble, tous alors sont obligés; mais chacun n'est tenu que pour une part virile. La solidarité n'ayant lieu de plein droit qu'en matière commerciale, il faudrait pour que les associés fussent solidaires, une stipulation expresse. D'ailleurs les créanciers n'ont pas à se plaindre; en contractant avec tous les associés, ils ont dû savoir que chacun n'avait qu'une part dans la société, et par conséquent, ils n'ont pas dû compter sur un recours solidaire.

Les créanciers sociaux, pouvant se trouver en concours avec les créanciers personnels des associés, il importe de régler les droits de chacun. Chose facile, lorsqu'on admet, comme nous l'avons fait, que la société civile est une personne morale, ayant un patrimoine distinct des biens personnels des associés. Car, dès lors, on est forcé de convenir, que les créanciers sociaux doivent, sur les biens de la société, être préférés aux créanciers des associés. N'ont-ils pas, en effet, une action directe contre la société, leur dé-

(1) Considérant d'un arrêt de Cass., 18 mars 1824.

bitrice ? N'ont-ils pas également le droit de saisir ses biens? Tandis que les créanciers des associés n'ont droit à rien, avant le désintéressement des créanciers sociaux, puisqu'ils n'ont qu'une part de l'actif, qui reste, après le prélèvement des dettes. Quant aux biens personnels des associés, comme ils sont le gage commun de tous les créanciers, les créanciers particuliers n'ont sur ces biens aucun droit de préférence.

CHAPITRE V.

DE LA DISSOLUTION DE LA SOCIÉTÉ.

Le Code, empruntant la division de Pothier (n° 139, s.) énumère cinq causes de dissolution de la société. Cette énumération n'est autre que celle d'Ulpien (1); seulement l'ordre en est renversé. Aux termes de l'article 1865 : « La société finit : 1° par l'expiration du temps pour lequel elle a été contractée ; 2° par l'extinction de la chose ou la consommation de la négociation ; 3° par la mort naturelle de quelqu'un des associés ; 4° par la mort civile, l'interdiction ou la déconfiture de l'un d'eux : 5° par la volonté qu'un seul ou plusieurs expriment de n'être plus en société. » Reprenons une à une chaque cause de dissolution.

1° *Expiration du temps.* La société finit par l'expiration du temps, pour lequel elle a été contractée. Ce mode opère de plein droit, et la société se dissout alors même que l'opération n'est pas terminée. Peu importe, du reste, que le terme ait été fixé par l'indication d'une date fixe ou par

(1) D. pro socio, L. 63, p. 10.

celle d'un événement futur ; peu importe même qu'il n'ait été déterminé que d'une manière implicite. Dans tous les cas, la société finit d'elle-même, à la date fixée, ou au moment où l'événement s'accomplit ; sans qu'il soit besoin, à moins d'une clause contraire, qu'il intervienne aucune déclaration de la part des associés. Mais la dissolution de la société peut être arrêtée par la volonté des parties, maîtresses de renoncer à leurs droits. Pour cela, il faut le consentement unanime des associés; la volonté de la majorité ne pourrait prévaloir, même sur la volonté d'un seul. Il faut, en outre, pour la prorogation de la société, remplir les mêmes formalités, que pour la constitution primitive. C'est ce qui résulte de l'esprit de l'art. 1866. Pris à la lettre, cet article semble signifier que l'acte de prorogation doit être parfaitement semblable à l'acte de société. Tel n'est point pourtant le véritable sens de la loi. Le législateur en disposant que : « la prorogation d'une société à temps limité ne peut être prouvée que par un écrit revêtu des mêmes formes que le contrat de société », a simplement voulu dire, que les règles sur la preuve de la formation de la société devaient être appliquées à sa prorogation. Aussi, permet-il de prouver la prorogation d'une société établie par acte authentique, non-seulement par acte sous seing-privé, mais encore par le serment, l'aveu des parties, et même par témoins, lorsque l'objet de la société n'excède pas 150 fr. Remarquons, que, lorsque la société est prorogée, on n'a pas une nouvelle société, c'est la même qui continue d'exister sans interruption, entre les mêmes personnes, pour le même objet, et avec les mêmes moyens.

Si la société à temps limité peut-être prorogée au delà

du temps fixé, elle peut aussi finir avant l'expiration du
terme. Mais ici, comme pour la prorogation, le consentement unanime des associés est nécessaire, toutes les fois
qu'on ne rentre pas sous l'application de l'art. 1871, qui
édicte que : « la dissolution des sociétés à terme ne peut
être demandée par l'un des associés, avant le terme convenu, qu'autant qu'il a de justes motifs, comme lorsqu'un
autre associé manque à ses engagements, ou qu'une infir-
mité habituelle le rend inhabile aux affaires de la société,
ou autres cas semblables, dont la légitimité et la gravité
sont laissées à l'arbitrage des juges. » Le motif le plus grave
est l'inexécution des engagements, motif qui, du reste,
est une cause de dissolution, non-seulement du contrat de
société, mais encore de tous les contrats synallagmatiques.
Que cette inexécution soit volontaire ou involontaire, peu
importe, les associés peuvent, dans tous les cas, demander
la dissolution de la société. Seulement les effets varieront
suivant les hypothèses : dans la 1re, la résolution du contrat
sera toujours accompagnée de dommages-intérêts, et elle
ne pourra jamais être demandée par celui qui aura manqué
à ses engagements : dans la 2me, au contraire, l'associé malheureux pourra, lorsqu'il y aura intérêt, demander
lui-même la cessation de la société, sans encourir aucune
peine. Cette dernière hypothèse rentre, du reste, dans la
seconde cause de dissolution, dont parle l'art. 1871.

2° *Extinction de la chose.* La société finit, en second
lieu, par l'extinction de la chose : *neque enim ejus rei quœ
jam nulla sit quisquam socius est.* (1). C'est ce qui arrive,
dit Pothier, (n° 140) « lorsque deux paysans voisins ont

(1) D. pro socio, L. 63, p. 10.

acheté en commun une âne pour porter vendre au marché leurs denrées ; il est évident que si l'âne vient à mourir, la société de cet âne, qui était entre eux, sera finie. » Tout ce qui prive la société de cette chose, ruine financière, dépossession par expropriation forcée, se trouve compris dans le 2me § de l'art. 1865, complété par l'art. 1867, qui n'en est que la suite. Une perte partielle peut aussi amener la cessation de la société, lorsque cette perte est d'une importance telle qu'elle rend la chose impropre à l'objet de l'association. Mais si elle ne fait que diminuer les bénéfices, l'association continue, à moins qu'il n'ait été convenu que la société serait dissoute, lorsque le fonds social viendait à être réduit à un chiffre déterminé. Dans ce cas, si ce chiffre est atteint, la dissolution doit être prononcée.

L'article 1867 dispose pour le cas où la perte survenue porte précisément sur la mise de l'un des associés. « Lorsque l'un des associés a promis de mettre en commun la propriété d'une chose, la perte survenue avant que la mise en soit effectuée, opère la dissolution de la société par rapport à tous les associés. La société est également dissoute dans tous les cas par la perte de la chose, lorsque la jouissance seule a été mise en commun, et que la propriété en est restée dans la main de l'associé. Mais la société n'est pas rompue par la perte de la chose dont la propriété a déjà été apportée à la société. » Comme on le voit, cet article distingue entre le cas où la propriété de la chose a été apportée à la société, et celui où la jouissance seule a été mise en commun. Il établit également, dans la 1re hypothèse une sous-distinction nécessaire. Ou la chose est entrée dans la société, et sa perte n'entraîne pas la dissolution, pourvu qu'elle ne forme pas, à elle seule tout le capital social, ou

8

qu'elle ne soit pas une chose principale, sans laquelle la société ne puisse désormais atteindre son but. Ou bien, lors de la perte, cette chose était encore dans le patrimoine de l'associé; dans ce cas, son extinction met fin à la société. Nous supposons toutefois que la mise de l'associé consiste en un corps certain; car si elle n'a pour objet que des choses déterminées seulement par leur espèce, la perte qui survient est sans effet sur la durée de l'association : *genera non pereunt*. Le point essentiel est donc de savoir si la mise a été ou n'a pas été versée. Quand donc la mise est-elle censée versée? par conséquent, à partir de quel moment la perte de cette mise cesse-t-elle d'entraîner la dissolution de la société? Sur cette question, les auteurs sont loin d'être unanimes. Selon les uns, l'art. 1867 exige la tradition de la chose pour rendre la société propriétaire; selon les autres, au contraire, cet article laisse le contrat de société, sous l'empire du droit commun, exprimé par les art. 711. 1138. et 1583 du Code civil. De ces deux opinions, la dernière nous semble la meilleure. L'art. 1867 ne fait, en effet, que confirmer le principe d'après lequel la propriété se transmet par la puissance de la convention. Et si M. Pardessus (n° 988) est d'un avis contraire au nôtre, c'est sans doute pour ne s'être pas rappelé la distinction qui existe entre les promesses faites *in præsenti*, et les promesses *in futurum*. Les premières ont pour conséquence de transférer immédiatement la propriété de la chose promise, et sont régies par le dernier § de l'art. 1867; tandis que les secondes, qui reportent à un temps à venir, cette translation, rentrent seules sous l'application du § 1er. Dans la seconde hypothèse, lorsque la jouissance seule a été mise en commun, la perte de la chose entraîne la dissolution de la société, *dans tous les cas*, c'est-à-dire soit que la perte ait précédé, soit qu'elle ait suivi la livraison de cette chose. Ces mots cependant ne vont pas jusqu'à signifier que la société se dissoudra, même lorsque les choses éteintes seront de celles qui se consomment par l'usage, qui se détériorent en les gardant, qui sont destinées à être vendues, ou qui ont été mises dans la société sur une estimation ; car nous avons vu que toutes ces choses sont aux risques de la société.

La société finit aussi par la consommation de la négociation. Ce point ne saurait faire de difficulté. Il est évident qu'une société ne peut subsister sans une affaire qui en soit l'objet ; or quand le but est atteint, la société n'ayant plus de cause, doit nécessairement finir. Cette seconde cause de dissolution n'opère pas de plein droit, d'après les principes de l'art. 1138 ; elle doit être prononcée sur la demande des associés.

3ᵐᵉ. *Mort naturelle de l'un des associés.* « La société, soit qu'elle soit universelle, soit qu'elle soit particulière, soit qu'elle soit indéfinie, soit qu'elle ait été contractée pour un certain temps limité, finit de plein droit, par la mort de l'un des associés (1). » Une société, qui est formée *intuitu personæ*, en considération des qualités des personnes avec lesquelles on s'associe, ne peut en effet subsister, lorsque ces qualités cessent d'exister. Aussi l'association est-elle dissoute, même entre les associés survivants. « Je ne dois pas, ajoute Pothier (n° 146), être obligé, lorsque l'un de mes associés est mort, à demeurer en société avec les autres, parce qu'il se peut faire que ce ne soit que par la considération des qualités personnelles de celui qui est

(1) Pothier, n° 144.

mort, que j'ai voulu contracter la société. » Toutefois le
principe que la société finit par la mort de l'un des associés
n'a pas été reçu, dans notre droit français, avec un respect
aussi superstitieux que dans le droit romain, où l'on frap-
pait de nullité la convention par laquelle on stipulait qu'a-
près la mort d'un associé, la société continuerait avec ses
héritiers (1). Sous le Code une clause semblable est parfaitement valable (art. 1868), et elle produit tous ses effets,
quel que soit le titre en vertu duquel les héritiers se présentent, et quel que soit aussi le nombre de ces héritiers;
à moins que la convention ne se soit expliquée sur ces
points. Cette stipulation se supplée même souvent par la
nature des choses; c'est ce qui arrive dans les sociétés de
cheptel, de bail à colonage, *de fromagerie*, et dans les
sociétés anonymes. A défaut de convention, les héritiers
n'ont droit qu'au partage de la société, eu égard à la situation de cette société, lors du décès de leur auteur; et
ils ne participent aux droits ultérieurs, qu'autant qu'ils
sont une suite nécessaire de ce qui s'est fait avant la mort
de l'associé auquel ils succèdent. Seulement les associés
survivants peuvent les admettre au lieu et place du défunt.
Ils peuvent également, si les statuts le permettent, continuer entre eux la société primitive. (art. 1868).

Les effets de la dissolution de la société, par la mort de
l'un des associés, peuvent être appréciés sous un triple
aspect: 1° Par rapport aux héritiers du défunt; 2° par rapport aux associés survivants; 3° par rapport aux tiers.

1° A l'égard des héritiers, il faut distinguer entre les
actes accomplis avant le décès et ceux survenus depuis. Les
premiers sont des faits acquis, sur lesquels la mort de l'as-

(1) D. pro socio, L. 59.

socié n'a aucune influence, et tous les droits et obligations qui en résultent, passent instantanément sur la tête des héritiers. Les seconds, au contraire, sont naturellement étrangers à l'association. Aussi l'héritier du défunt ne peut-il entreprendre aucune opération, pour le compte de la société. Seulement il peut, il doit même, terminer celles que son auteur a commencées ; car il rentre sous l'application de l'art. 2010, qui enjoint aux héritiers du mandataire, de donner avis au mandant de la mort de leur auteur, et de pourvoir, en attendant, à ce que les circonstances exigent. Toutefois cette obligation n'est pas absolue ; elle cesse à l'égard de l'héritier mineur, ou du sexe féminin, qui ne saurait être appelé à l'administration de la société. Elle cesse aussi lorsque l'opération commencée exige, par sa nature, une aptitude spéciale.

2° Entre les membres de la société, les effets de la dissolution diffèrent, selon que les associés ont, ou n'ont pas, connu le décès de leur co-associé. Dans le premier cas, les opérations qui suivent la mort de cet associé, restent propres à ceux qui les ont faites ; dans le second, l'ignorance produit les mêmes effets que dans le mandat (art. 2008), et valide ce qui a été fait pour le compte de la société ; aussi les bénéfices ou les pertes de ces opérations sont-ils communiqués entre tous.

3° Quoique vis-à-vis des tiers, la société n'existe plus, en principe, à compter du jour de sa dissolution ; si ces derniers ont ignoré le décès de l'associé, leur ignorance et leur bonne foi viennent à leur secours, et la société réputée toujours exister à leur égard, est engagée envers eux : *Neque enim debent decipi contrahentes* (1). On applique ici

(1) D. *De inst. act.*, L. 11, p. 5.

les principes du mandat, qui établissent que la cessation du mandat ne peut être opposée aux tiers, qui, dans l'ignorance de cette cessation, ont traité de bonne foi avec le mandataire. C'est au mandant à s'imputer d'avoir choisi un mandataire infidèle. Or, comme les mêmes motifs existent en matière de société, puisque les associés ont, eux aussi, à s'imputer d'avoir conféré à l'un d'entre eux un pouvoir dont il était capable d'abuser, il est juste d'appliquer la même peine.

Nous n'avons pas à parler ici des droits acquis avant la dissolution, soit à la société contre les tiers, soit aux tiers contre la société. Ces droits continuent de subsister avec la même force entre les associés ou leurs héritiers et les tiers ; et la dissolution de la société ne saurait leur porter aucune atteinte.

4me. *Mort civile. — Interdiction ou déconfiture.* — La mort civile ayant été abolie par la loi du 31 mai 1854, nous n'avons pas à nous en occuper. L'interdiction de l'un des associés met fin à la société, car elle lui enlève la coopération personnelle, sur laquelle elle avait compté, pour lui substituer l'action d'un tuteur, qui, pour elle est un étranger. Que l'interdiction ait pour cause la démence, ou qu'elle résulte d'une condamnation pénale, peu importe ; l'incapacité civile est toujours la même. Assimilons à l'interdiction, la nomination d'un conseil judiciaire, qui, sans avoir des effets aussi étendus que l'interdiction, exerce cependant une grande influence sur la capacité du demi-interdit.

La société finit aussi par la déconfiture de l'un de ses membres, ou par la faillite, s'il est commerçant : *Bonis a creditoribus vendilis unius socii distrahi societatem Labeo ait* (1). Cet état, en effet, brise l'égalité entre les associés, fait tomber sur les solvables le poids des dettes, et trouble la société par l'intervention des créanciers du failli. Mais cette cause de dissolution n'est cependant pas d'ordre public ; on peut y déroger dans l'acte de société et convenir que la déconfiture ou la faillite de l'un des associés ne fera point cesser la communauté. Les associés peuvent même, s'il y va de leur intérêt, rester en société avec celui d'entre eux qui est tombé en faillite ou en déconfiture. L'art. 1865 est fait dans leur intérêt ; et ils peuvent renoncer au bénéfice de la loi. Quant aux créanciers de l'insolvable, ils n'ont pas à se plaindre de cette convention ; puisque la société les fait jouir des droits de leur débiteur. Appliquons à ce mode de dissolution tout ce que nous avons dit de l'influence de la mort naturelle sur la société.

5me. *Volonté qu'un seul ou plusieurs expriment de n'être plus en société.* — La cinquième et dernière cause de dissolution est la volonté de l'une des parties. C'est là un caractère qui distingue la société des autres contrats, où la dissolution n'a lieu que du commun consentement des contractants. La cause de cette puissance attribuée à la volonté d'un seul sur la volonté de tous est dans ce principe de droit, qui ne permet pas à l'homme de se lier pour toute sa vie (art. 1780) ; principe d'ordre public auquel les parties ne peuvent point déroger. Aussi, tout associé peut-il demander la dissolution d'une société illimitée, sans avoir à rendre compte des motifs qui le font agir.

Mais pour que la volonté d'un seul puisse mettre fin à la société, il faut que la renonciation ne soit, ni de mauvaise

_____

(1) D. pro socio, L. 65, p. 1.

foi, ni intempestive. C'est ce qui résulte de l'art. 1869, ainsi conçu : « La dissolution de la société par la volonté de l'une des parties ne s'applique qu'aux sociétés dont la durée est illimitée, et s'opère par une renonciation notifiée à tous les associés, pourvu que cette renonciation soit de bonne foi, et non faite à contre-temps. » A moins cependant que les parties n'aient stipulé dans leurs statuts, que chacun pourrait se retirer à son gré, alors même que sa retraite serait inopportune. Une telle convention serait parfaitement valable, et n'aurait rien de contraire aux lois. « La renonciation n'est pas de bonne foi lorsque l'associé renonce pour s'approprier à lui seul le profit que les associés s'étaient proposé de retirer commun. » (1870, § 1er.) Ainsi, est de mauvaise foi, la renonciation de cet associé, qui, après avoir formé avec d'autres personnes une société de tous biens, renonce au moment où une succession est sur le point de lui échoir. « La renonciation est faite à contre-temps lorsque les choses ne sont plus entières, et qu'il importe à la société que sa dissolution soit différée. » (1870, § II). Comme si, dit Pothier (n° 151), ayant contracté avec vous une société de commerce, je voulais dissoudre la société dans un temps où il est de l'intérêt de la société de garder les marchandises que nous avons achetées en commun et d'attendre le temps favorable de les revendre. » Pour juger si une renonciation est faite à contre-temps, il faut considérer l'intérêt commun de la société et non pas l'intérêt de celui qui renonce : *hoc ita, si societatis interest non dirimi societatem : semper enim non id quod privatim interest unius ex sociis servare solet, sed quod societati expedit* (1). En cas de contestation, l'appréciation

1) D. pro socio, L. 65.

de l'opportunité ou de l'inopportunité de la renonciation est abandonnée à la sagesse du juge, qui prend conseil des circonstances.

Faisons observer que lorsque la renonciation, est admise elle n'a de valeur, à l'égard des associés, qu'autant qu'elle est notifiée à tous (1869) ; aussi est-il prudent de la faire par écrit.

La renonciation, faite de mauvaise foi ou à contre-temps, est frappée d'une nullité relative; de telle sorte que si l'affaire, qui a excité la convoitise du renonçant, est reconnue mauvaise, la société peut le prendre au mot et laisser cette affaire à son compte, si, au contraire, elle est bonne, elle peut le forcer à lui en communiquer les profits. De même, si la société a fait de mauvaises opérations, elle peut forcer le renonçant à venir contribuer aux pertes; si elle en a fait de bonnes, elle peut les garder pour elle seule. C'est ce que décide Paul en disant *socium a se, non se a socio liberat* (1).

CHAPITRE VI.

DU PARTAGE DES SOCIÉTÉS.

Lorsque la société finit, la personne civile s'éteint, il ne reste plus alors que de simples communistes et une masse indivise à partager. Comment se fait ce partage? L'art. 1872 répond à la question. « Les règles concernant le partage des successions, la forme de ce partage, et les obligations qui en résultent entre les cohéritiers, s'appliquent aux parta-

(1) D. pro socio, L. 65, p. 6.

ges entre associés. » Mais l'assimilation est loin d'être aussi complète, que veut bien le dire l'art. 1872. Et dans le partage des sociétés, il existe plusieurs points qui méritent d'être signalés.

Dans notre Droit français, on ne distingue plus entre la liquidation de la masse, liquidation qui s'opérait en Droit romain par l'action *pro socio*, et la division de cette masse, à laquelle on arrivait par l'action *communi dividundo*. Notre action en partage embrasse tout à la fois les prestations personnelles, la division et l'attribution des lots.

La première opération de tout partage de société est la liquidation. Disons toutefois que cette opération n'est pas essentielle ; rien n'empêche, en effet, les associés de répartir tout d'abord entre eux, les biens, les créances et les dettes. Seulement pour prévenir mille difficultés, il vaut mieux déterminer préalablement la masse partageable. Dans les sociétés civiles, cette liquidation se fait par tous les associés réunis. Dans les sociétés de commerce, comme cette opération est toujours très-longue et très-compliquée, elle est confiée à un ou plusieurs administrateurs.

Dans toute liquidation, on commence par terminer, pour le compte de la société, les opérations commencées au moment de la dissolution. Puis on procède à l'extinction du passif. Les associés, pour éviter tout recours et tout embarras, ont presque toujours intérêt à dégager préalablement les valeurs actives des liens du passif. Cette marche n'a cependant rien d'obligatoire. Ils peuvent, s'ils le préfèrent, laisser à chacun le paiement de la portion des dettes qui lui incombe, ou convenir que tel associé paiera telle dette, et tel associé telle autre ; ou même que l'un des associés paiera toutes les dettes. Seulement ces divers arrangements ne peuvent pas être opposés aux créanciers, qui sont libres d'agir contre chaque associé, suivant les droits que leur donnent les art. 1862, 1863 et 1864. On fait ensuite le compte de tout ce dont chacun des associés est créancier ou débiteur envers la masse ; compte qui comprend non seulement ce qui est dû par la société à chaque associé, lors de la dissolution, et *vice versâ*, mais aussi ce qui a pu être dû depuis, par la communauté à chacun des associés, et réciproquement par chaque associé à la communauté. Ce compte terminé, on fait compensation, jusqu'à due concurrance, de ce qui est dû à chaque associé, avec ce qu'il doit à la société, et le résultat est porté à la masse, soit à l'actif, soit au passif de la société. Puis l'on procède à la composition de la masse, où l'on fait entrer, non seulement les choses matérielles, meubles ou immeubles, mais aussi toutes les choses incorporelles, appréciables en argent, telles que brevets, procédés industriels, enseigne et clientelle.

La masse partageable étant ainsi formée, on procède au partage entre tous les ayants-droit, conformément aux conventions sociales, qui déterminent la part de chacun, ou à défaut de conventions, proportionnellement aux mises. Pour ce partage, on suit les règles du partage des successions, sauf toutefois quelques dispositions, que la nature des choses et la différence des situations rendent ici inapplicables. Ainsi, en matière de société, l'art. 819, qui prescrit l'apposition des scellés ne saurait recevoir son application. Cette opération, loin d'être nécessaire, serait souvent préjudiciable à la société. Il en est de même de l'art. 815 qui dispose que nul n'est tenu de rester dans l'indivision; car les mêmes principes sont reproduits dans les art. 1865.

§ 5 et 1869, avec l'accommodement que nécessitait le caractère du contrat de société. Ecartons aussi l'art. 841, qui établit le retrait successoral ; les raisons qui l'ont fait admettre n'existent pas ici, et l'intérêt des familles n'a rien à redouter de l'intervention d'un étranger au partage d'une succession. Ecartons également l'art. 882, qui déclare non recevable à attaquer un partage consommé, le créancier d'un co-partageant, qui n'a pas formé opposition à ce que le partage soit fait hors de sa présence. En matière de société, on n'a pas à veiller au repos des familles, que troublerait l'action en nullité des créanciers. Ecartons enfin l'art. 792, qui punit les héritiers qui ont diverti ou recélé quelques objets de la succession, en les privant de toute part dans les dits objets. Cet article ne saurait s'appliquer au cas de redressement de comptes d'associés, pour omission ou double emploi (1). Mais à part ces exceptions on retombe complétement dans tout ce qui a trait à la forme et aux effets du partage des successions.

« L'effet du partage, dit Pothier (n° 179), est de dissoudre la communauté qui était demeurée entre les ci-devant associés, après la dissolution de la société. Et ce partage ne fait autre chose que déterminer les parts indéterminées, que chacun des co-partageants avait dans la communauté qui était entre eux, aux seules choses échues au lot de chacun. » Comme on le voit, ce partage n'est, à l'imitation du partage des successions, que simplement déclaratif.

Disposition relative aux sociétés de commerce.

« Les dispositions du présent titre, dit l'art. 1873, ne

(1) Angers, 22 mai 1851 (Aff. Blanchard).

s'appliquent aux sociétés de commerce, que dans les points qui n'ont rien de contraire aux lois et usages du commerce » Cet article nous montre que le droit civil est la loi primordiale de la société commerciale, et qu'il ne faut s'en écarter que lorsque les lois ou usages du commerce le proclament formellement. Cette précaution était du reste inutile. « Les lois du commerce, dit M. Locré (1), étant une dérogation au droit commun, il est hors de doute, qu'en tout ce qui n'est pas excepté, les commerçants comme les autres citoyens sont soumis au droit civil. L'ordonnance de 1673 avait suivi la même marche, et personne ne s'est plaint de son silence à cet égard. »

QUATRIÈME PARTIE
DES SOCIÉTÉS COMMERCIALES
ART. 18. — 63 C. C.)

CHAPITRE PREMIER
DISPOSITIONS GÉNÉRALES.

Entre tous les contrats du droit commercial, le contrat de société est celui qui est l'objet de plus d'espérance et de faveur de la part de notre époque fortement préoccupée de ses intérêts matériels. « Notre siècle systématiquement sensualiste (*disait le doyen de cette école, dans un de ses rapports annuels*), ne demande à l'esprit que des

(1) T. 1, p. 91.

calculs, dédaigne, repousse tout ce qui ne se traduit pas en applications pratiques d'une utilité immédiate au bien-être physique actuel, et tend ainsi à matérialiser l'intelligence même. L'industrie, cette idole du jour, a le sceptre du monde. »

La matière des sociétés commerciales est aujourd'hui des plus compliquées. Elle l'était beaucoup moins avant l'introduction de l'écriture et de l'enregistrement. En Italie, on ne connaissait que deux sociétés de commerce, la société collective et la participation, dont la commandite était une branche. Mais depuis ce temps, les sociétés ont été assujetties à des formalités protectrices de la confiance et du crédit. Le cercle des associations s'est élargi avec le cercle des combinaisons commerciales, et le Code a dû ajouter à l'ordonnance de 1673 d'autres catégories.

Les sociétés commerciales sont celles qui font des opérations de commerce, c'est-à-dire un de ces actes énumérés dans les art. 632 et 633 Code Com. Elles se règlent par le droit civil, par les lois et usages du commerce, et par les conventions des parties (art. 18). Aujourd'hui ces sociétés sont au nombre de trois : « la loi, dit l'art. 19, reconnaît trois espèces de société de commerce, la société en nom collectif, la société en commandite et la société anonyme. » Ajoutons à cette énumération incomplète, la participation que le législateur, dans l'art 47, qualifie du nom *d'association en participation*, voulant par là éviter toute confusion entre cette société et les trois premières ; et la société à *responsabilité limitée*, que la loi du 23 mai 1863, vient d'introduire et d'organiser.

Quelles sont les règles et les effets de chacune de ces sociétés ? C'est ce que nous allons tâcher de faire ressortir.

CHAPITRE II.

DE LA SOCIÉTÉ EN NOM COLLECTIF.

La société en nom collectif, appelée autrefois société *générale* ou *libre*, est celle que contractent deux personnes ou un plus grand nombre, pour faire le commerce sous une raison sociale (art. 20). C'est de toutes les sociétés commerciales, celle qui impose les obligations les plus étroites. Ici, en effet, tous les associés sont obligés solidairement envers les tiers ; caractère distinctif de cette société, et le seul qui lui appartienne exclusivement.

SECTION PREMIÈRE

De la raison sociale,

La raison sociale est le nom de la société, *le nomen sociale*, comme l'appelle Casarégis ; c'est la désignation de l'individualité collective, et dans le sens le plus étendu, la manifestation de la société. C'est de ce nom que signe la société dans les engagements qu'elle prend, c'est sous ce nom que les assignations sont données et que les inscriptions sont prises. Ne confondons point toutefois ce nom social avec la désignation qui peut être donnée à un établissement exploité en société (les forges de Franche-Comté), désignation empruntée soit à la nature même de l'établissement, à son objet, soit au lieu où il est situé, comme dans l'exemple précité. Cette désignation n'est pas la raison sociale, c'est seulement l'enseigne de l'exploitation, enseigne, qui est souvent d'une grande valeur vénale, et qui peut être conservée après la dissolution de la société, tandis que la raison sociale, inhérente à la société, s'éteint et meurt avec elle,

Aux termes de l'art. 21, les noms des associés peuvent seuls faire partie de la raison sociale. Le législateur a voulu par là empêcher les personnes qui succèdent au commerce d'un négociant décédé, de le continuer sous le nom du défunt et de se parer d'un crédit trompeur, en s'appropriant une raison sociale éteinte par la mort de celui qui en faisait la valeur (1). C'est ce que confirme un arrêt de la Cour de cassation, qui décide, qu'après le décès du mari, qui avait pris son nom personnel pour raison de commerce, la veuve remariée ne peut continuer, sous la même raison sociale, le commerce avec son second mari (2). Lorsque les associés sont peu nombreux, la raison sociale les signale tous au public (*Robert et Bernard*); mais lorsque la société comprend un plus grand nombre de membres, on se sert d'une formule qui résume en elle les individualités qu'il serait trop long d'énumérer, et on dit *Bernard et C*ᶦᵉ. Cette formule collective, qui a donné à la société dont nous nous occupons, le nom de société en nom collectif, est des plus anciennes dans le commerce; elle remonte au xiiiᵉ siècle (3), où déjà elle annonçait une société en nom collectif, et non pas, comme le prétend M. Fremery, une société en commandite. Si l'on en croit Pothier et Savary, la société en commandite n'aurait fait qu'emprunter cette expression à la société en nom collectif. Cette formule *et C*ᶦᵉ n'est cependant pas sacramentelle; elle peut, dit Casarégis (4), *se remplacer utilement par des faits graves et par la force des*

(1) Regnaud de St. Jean d'Ang., *Discours au C. d'État*. — (2) 28 mar 1838. — (3) Muratori, p. 336. — (4) Disc. 39, nᵒ 14.

choses. Et toute énonciation qui manifeste au public l'existence d'une collection de personnes associées équivaut à une raison sociale.

Dans la société en nom collectif la raison sociale doit nécessairement exister. Nous n'allons pas toutefois jusqu'à prétendre, comme MM. Troplong et Bédarride (1), que la raison sociale soit de l'essence de la société en nom collectif; nous disons seulement que la société en nom collectif *doit* avoir une raison sociale. Mais l'omission de la raison sociale ne ferait pas dégénérer la société en une participation; et les associés ne seraient pas recevables à se prévaloir du défaut, vis-à-vis des tiers, lors d'ailleurs, qu'ils se seraient posés publiquement comme formant une société collective.

La raison sociale ne devant contenir que les noms des associés; qu'arrivera-t-il si le nom d'une personne étrangère s'y trouve inscrit? Plusieurs hypothèses peuvent se présenter. 1° Le tiers a-t-il ignoré l'insertion de son nom? Comme c'est là un fait auquel il n'a pas pris part, aucune conséquence fâcheuse ne peut résulter contre lui; il n'a pas à répondre de l'abus qu'on a pu faire de son nom. Quant aux associés, s'ils ont agi de mauvaise foi et avec une intention frauduleuse, ils pourront être poursuivis, si non comme faussaires, du moins comme coupables d'escroquerie. 2° Le tiers a-t-il, au contraire, autorisé l'insertion? Il est alors tenu solidairement de toutes les dettes de la société; non plus, il est vrai, en qualité d'associé, mais en vertu de l'art. 1382, qui veut que tout individu répare le dommage par lui causé. En se posant

1) Troplong, n° 376. — Bédarride, n° 127.

faussement comme associé, il a induit les tiers dans une erreur dommageable, et dès lors il doit réparer le préjudice que cette erreur a pu causer. La solution est la même, lorsque sans autoriser expressément l'insertion, le tiers a eu connaissance du fait et n'a formulé aucune opposition. Son silence équivalant à une approbation tacite, il est tenu solidairement de toutes les dettes sociales, comme s'il avait donné une autorisation expresse. C'est pourquoi l'associé, qui retiré de la société, souffre que son nom continue à faire partie de la raison sociale, est tenu, à l'égard des tiers, de toutes les obligations de la société, alors même que sa retraite a été notoire (1).

SECTION II.

Des effets des engagements d'une société en nom collectif.

Dans la société en nom collectif, la solidarité est établie entre tous les associés ; solidarité, qui n'est pas simplement l'obligation *in solidum* que la loi impose dans certains cas à certaines personnes, mais bien la solidarité proprement dite, celle qui repose sur la présomption d'un mandat réciproque. C'est là une exception au droit commun, qui, comme le dit très-bien Pothier (n° 96), « est fondée sur la faveur du commerce, afin que les marchands en société aient plus de crédit. » L'intérêt du commerce exigeait, en effet, que la fidèle exécution des engagements fût le plus possible garantie.

Cette solidarité est attachée par la loi elle-même aux obligations de la société en nom collectif ; aussi n'est-il pas nécessaire de la stipuler dans la convention, ni de la

(1) Aix, 16 janv. 1840.

prononcer dans les jugements. Et elle est tellement de l'essence de cette société, que les associés ne pourraient pas s'en affranchir, en insérant dans l'acte social, une clause portant, qu'ils ne seront tenus que chacun pour la part qu'il a dans la société. Une telle stipulation ne pourrait être admise que comme condition réglementaire entre les associés, mais elle ne pourrait être opposée aux tiers, qu'autant que ceux-ci renonçant à leurs droits, l'auraient formellement acceptée. Les associés ne pourraient pas non plus se dégager des liens de la solidarité, par l'abandon de leur intérêt dans la société; car l'obligation solidaire qui pèse sur chacun des membres d'une société en nom collectif est une obligation personnelle et contractuelle.

Mais observons que cette solidarité n'existe que dans les rapports avec les tiers; entre associés, elle n'existe pas. Aussi l'associé, qui a un recours à exercer contre ses co-associés, pour une cause ou pour une autre, ne peut-il agir contre chacun, que pour la part qui doit définitivement tomber à la charge de ce dernier; à moins cependant que la société n'ait traité avec lui, comme avec un tiers : dans ce cas, les associés seraient tenus envers lui comme envers un étranger. La solidarité n'existe pas non plus entre les héritiers d'un associé. Lorsque l'un des associés vient à décéder, ses obligations se divisent en passant à ses héritiers. Ces derniers, considérés en masse, sont tenus de toutes les dettes sociales solidairement avec les autres associés, mais ils n'en sont tenus que chacun pour sa part, car ils ne sont pas solidaires entre eux pour les obligations de leur auteur.

L'article 22, en déclarant les associés solidaires pour tous les engagements de la société, nous montre qu'en première ligne, il y a d'engagé, l'être moral; les associés ne sont, en quelque sorte, que des co-fidéjusseurs solidaires de la société; et par conséquent ils ne sont tenus qu'à son défaut. Les tiers créanciers doivent donc s'adresser d'abord à la société; ils ne pourraient poursuivre personnellement les associés, qu'autant qu'ils auraient épuisé les biens sociaux. Toutefois il n'est point nécessaire d'obtenir contre les associés de nouveaux jugements; ceux qui sont rendus contre la société sont exécutoires de droit contre chacun des membres de l'association.

Que faut-il donc pour que la société soit engagée? « Il suffit, dit l'article 22, qu'un seul des associés ait signé, pourvu que ce soit sous la raison sociale. » On suppose que le signataire a le pouvoir d'engager la société. Il faut donc deux conditions : 1° que l'engagement soit contracté par ceux qui en ont le droit, 2° qu'il soit signé de la raison sociale. Voyons successivement chacune de ces deux conditions.

1° Quelles sont d'abord les personnes qui ont le pouvoir d'obliger la société? Généralement les associés en nom collectif chargent de la gestion un ou plusieurs d'entre eux, soit par une clause du contrat de société, soit par un acte postérieur, publié selon les prescriptions de l'article 42. Comme les explications que nous avons données dans notre troisième partie, sur ces deux modes de nomination et sur leurs effets, ainsi que sur les pouvoirs généraux des gérants, s'appliquent aux sociétés en nom collectif, nous renvoyons au commentaire des articles 1856, 1857 et suivants, nous bornant à examiner une question qui divise la Doctrine. Il s'agit de savoir si les associés peuvent choisir comme gérant, une personne étrangère à la société?

Malgré MM. Malepeyre et Jourdain (1) qui veulent que le gérant soit nécessairement un des membres de l'association, nous pensons, avec MM. Bédarride et Delangle (2), que l'on peut parfaitement placer à la tête de l'administration une personne étrangère à la société. N'est-il pas, en effet, hors de doute, que chacun peut déléguer à un tiers les actes qu'il est capable de faire lui-même ; or pourquoi en serait-il autrement du pouvoir du gérant ? Ici la qualité de gérant appartient de droit, il est vrai, à chaque associé ; mais chacun d'eux peut y renoncer, puisque la gestion peut être réservée à quelques-uns, à l'exclusion des autres. Or, si chacun peut y renoncer, pourquoi tous ne le pourraient-ils point ? Qu'on ne dise pas *qu'on viole alors les principes du contrat de société, en rendant le gérant passible des pertes, sans le faire profiter des bénéfices, qui appartiendraient exclusivement aux associés.* Car ce n'est pas par cela seul qu'on est gérant, qu'on devient passible des pertes. Dans la société en nom collectif, si le gérant contribue, pour sa part, à l'extinction des dettes sociales, ce n'est pas parce qu'il est gérant, c'est seulement parce qu'il est associé. Mais quant au tiers-gérant, comme il est simple mandataire de la société, il ne fera qu'obliger ses mandants, sans s'obliger lui-même. Ce tiers-gérant aura la signature sociale, et agira comme tout autre administrateur, sans être obligé d'indiquer sa qualité de mandataire. Nous supposons, bien entendu, que la société a reçu la publicité prescrite, et que les tiers n'ont pas dû ignorer la qualité de celui avec qui ils traitaient. Il ne sera tenu de dire qu'il agit comme mandataire, que lorsqu'il signera de son propre

---

(1) Malep. et Jourd., p. 124 s. — (2) Bédarr., n° 143. — Delangle, n° 260.

nom. S'il ne le fait pas, les engagements qu'il pourra contracter lui seront personnels, et il n'aura de recours contre la société, qu'autant qu'elle aura profité du contrat. Il est bien évident, en présence de l'article 21, que le nom d'un semblable gérant ne pourra point faire partie de la raison sociale.

A défaut de conventions spéciales sur l'administration de la société, les associés sont censés s'être donnés réciproquement le pouvoir d'administrer l'un pour l'autre; et ce que chacun fait est valable, même pour la part de ses coassociés, sans qu'il ait pris leur consentement. Ce mandat tacite ne s'étend toutefois qu'aux actes qui rentrent dans l'objet de la société.

Lorsqu'un ou plusieurs gérants sont désignés pour administrer la société, eux seuls obligent le corps moral, par les engagements qu'ils contractent sous la raison sociale. Pour les autres associés, ils sont dès lors sans pouvoir; « la nomination d'administrateurs et de gérants, dit Jousse (1), contient implicitement de la part des associés qui ne le sont pas, la renonciation au droit d'agir pour la société. » Et les engagements qu'ils peuvent contracter sous le nom social, ne confèrent aux tiers aucun droit, soit contre la société, soit contre les autres associés.

Les tiers n'ont, du reste, pas à se plaindre; c'était à eux à s'assurer, d'après les publications qui ont été faites des conventions sociales, de la capacité de celui avec qui ils traitaient. Mais si les conventions n'ont pas été publiées, comme les tiers n'ont pas eu la possibilité de s'éclairer, la société sera engagée et les associés seront tenus solidaire-

---

(1) N° 3, sur l'art. 7, t. IV, Ord. 1673.

ment; et cela, alors même que les tiers auraient eu connaissance de la clause, qui interdisait la gestion à l'associé,
avec lequel ils ont traité, car en cette matière, on ne s'attache qu'au fait de la publication; et toute convention
sociale, qui n'est pas publiée, est nulle à leur égard.
La société sera également liée par l'engagement contracté
sous la signature sociale, par l'associé non gérant, lorsque
cet engagement aura tourné à son profit. Et le créancier
pourra intenter contre elle l'action de *in rem verso*, jusqu'à
concurrence du profit qu'elle aura retiré de cette affaire ;
les associés seront aussi solidairement obligés dans la même
mesure. Seulement ce sera au créancier à prouver que la
société a profité de l'obligation, et jusqu'à concurrence de
quelle somme elle en a tiré bénéfice.

Le gérant, qui prend un engagement sous la raison
sociale, oblige solidairement ses co-associés, même lorsqu'il s'approprie le bénéfice de l'opération, ou qu'il applique la signature sociale à des affaires étrangères à la société.
L'obligation étant régulièrement contractée, puisqu'elle
l'est sous la raison sociale, les associés doivent être solidairement tenus. C'était à eux, en effet, à choisir un mandataire plus loyal. C'est ce qu'enseigne Pothier (n° 101) :
« Quoiqu'il (le gérant) ait employé cette somme à ses
affaires particulières, et non à celles de la société, le créancier, qui a son billet signé et Comp¹⁰, peut en demander le
paiement à tous les associés; car ce créancier ne pouvait
pas prévoir l'emploi que l'associé ferait de la somme qu'il
lui a prêtée pour la société. Les associés doivent s'imputer
de s'être associés à un associé infidèle, de même qu'en
pareil cas, un commettant doit s'imputer d'avoir préposé à
ses affaires, une personne infidèle. » Mais il ajoute avec

raison : « Si, par la qualité du contrat, il paraît que l'objet de la convention ne concerne pas les affaires de la société; comme si ce contrat est un marché pour des ouvrages à faire à une maison que la personne possède hors de la société; quoiqu'elle ait signé à ce marché et Comp^ie., cette dette ne sera pas pour cela réputée une dette de société, paraissant par ce qui en fait l'objet, qu'elle ne concerne pas les affaires de la société. » Cette opinion de Pothier résout négativement l'importante question de savoir, si, lorsqu'un associé, débiteur personnel d'un tiers, pour une cause étrangère à la société, souscrit à ce tiers, afin de s'acquitter des billets, sur lesquels il appose la signature sociale, la société est engagée? Le tiers est censé de bonne foi : on suppose qu'il a pu croire que, par suite d'arrangements intervenus entre son débiteur et les associés de ce dernier, la dette est devenue dette sociale. Malgré une jurisprudence à peu près constante, qui décide que la société est obligée, sauf le recours réciproque des sociétaires entre eux. Nous pensons, avec Pothier, et la majorité des auteurs, que dans ce cas la société n'est point engagée, et même que, si le paiement des billets a eu lieu, elle a le droit d'intenter la *condictio indebiti*, pour se faire restituer ce qui a été indûment payé. Qu'on ne vienne point alléguer ici la bonne foi du tiers ? Cette bonne foi est plus que problématique. En recevant en paiement des valeurs sociales, ce tiers savait parfaitement que son débiteur n'avait pas le droit d'agir ainsi. Il a cru son débiteur autorisé à faire ce qu'il a fait ? C'est là une supposition purement gratuite, qu'on ne peut admettre. Autrement il serait trop facile de se créer des titres à une faveur qui n'est due qu'à la véritable bonne foi. Nous ne sommes pas ici dans le cas où un associé puise dans la caisse sociale, pour payer une dette qui lui est personnelle. Dans cette hypothèse, le tiers est parfaitement à l'abri de toute action, de la part de la société, car, en recevant son paiement de son débiteur, il n'a pas à s'informer de l'origine des deniers qu'on lui donne. Mais ici, il en est autrement; le titre, que lui remet son débiteur, contient un engagement qui dépasse les limites des pouvoirs d'un gérant, et c'est à lui, créancier, à s'informer si réellement son débiteur a le droit de contracter un semblable arrangement.

La règle reçoit une deuxième exception, au cas de fraude ou de mauvaise foi, de la part du tiers avec qui le gérant a traité. Il est, en effet, généralement admis que le tiers, qui a su que l'intention du gérant était de s'approprier le bénéfice de l'opération, et qui s'est associé à cet acte d'improbité, ne doit pas être reçu à poursuivre contre la société, ni par suite, contre les associés, l'exécution de l'engagement contracté.

2° En thèse générale, pour que la société soit obligée, il faut que l'engagement ait été contracté sous la raison sociale. Pourquoi, en effet, considérer à la charge de la société, un engagement qui ne porte point son nom, qui, signé d'un nom différent, dépose par lui-même qu'il n'appartient pas à l'association. N'est-il pas juste, du reste, qu'un gérant puisse contracter des engagements individuels, sans que ses co-associés se trouvent exposés à être attaqués. Aussi, Jousse, dit-il (1), « que cette condition (emploi de la raison sociale) est sagement établie, afin que l'associé qui voudrait emprunter de l'argent pour ses af-

_____

(1) N° 3, sur l'art. 7, t. IV, Ord. 1673.

faires particulières, puisse le faire sans obliger solidairement ses co-associés au paiement de cette somme. » Mais, faut-il conclure que, par cela seul, qu'un engagement porte le nom du gérant, au lieu de la raison sociale, le créancier n'est jamais admis à prouver, que cet engagement a été pris dans l'intérêt de la société? Faut-il conclure, en un mot, que, pour que la société soit obligée, et ses membres tenus solidairement, il est nécessaire que l'engagement soit revêtu de la signature sociale? Non, certainement. Dans l'ancien droit cette question était diversement résolue, malgré les termes formels de l'art. 7 du Titre IV de l'ordonnance de 1673, qui, déclarant les associés solidaires, encore qu'il n'y en eut qu'un qui eût signé, ajoutait : « Au cas qu'il ait signé pour la compagnie, et *non autrement.* » Et si, dans la rédaction de l'art. 22 du Code de commerce, le législateur a supprimé les mots *et non autrement,* c'est qu'il a voulu montrer par là, que l'emploi de la raison sociale était exigé moins rigoureusement encore que sous l'empire de l'ordonnance de 1673. Aussi, nous paraît-il hors de doute que la société est obligée, et les associés tenus solidairement, bien que l'associé n'ait apposé sur l'engagement que son nom seul, s'il a déclaré signer, comme représentant de la société, ou en l'absence de toute déclaration, s'il résulte de l'engagement lui-même, qu'il a été contracté, non dans l'intérêt propre et pour le compte personnel du signataire, mais dans l'intérêt et pour le compte de la société; tel serait par exemple, un bail de quelques bâtiments employés au commerce de la société. « Il ne serait pas juste dans ce cas, dit M. Pardessus (n° 1025), que, par défaut d'emploi du nom social, la société soit dégagée des obligations résultant d'une opération qui l'a véritablement concernée. Elle n'est pas plus favorable que tout particulier obligé, dans de semblables circonstances, à tenir les engagements d'une personne qui aurait agi pour lui sans mandat, dès qu'il aurait agréé l'affaire dont ces engagements sont la suite; ou même quand il ne l'aurait pas agréée, si cette affaire avait été bien administrée. » Casarégis, disait déjà : *Socius socium non obligat, nisi in contrahendo expressum fuerit nomen sociale, vel saltem ex facti circumstantiis, aut subjecta materia, illud argui potuerit* (1), admettant ainsi, avec raison, la solidarité, dans le cas même où la preuve que l'engagement avait été contracté, pour le compte de la société, résultait, non de l'acte lui-même, mais des circonstances.

Mais lorsque le gérant traite en son propre nom, sans que rien n'indique qu'il agisse, pour le compte de la société, cette dernière n'est pas engagée, et le créancier n'est pas fondé à se prévaloir du bénéfice que la société a fait, pour agir contre elle par l'action directe de *in rem verso*. Le créancier n'a, dès lors, que l'action indirecte que lui donne l'art. 1166 C. N., puisque, selon les principes du droit, un tiers n'a d'action directe que contre celui avec qui il a contracté. L'art. 1864 C. N. qui porte que, lorsque la chose a tourné au profit de la société, l'action directe doit être accordée au créancier, suppose que l'engagement a été contracté pour le compte de la société et ne saurait recevoir ici son application. Observons toutefois que cette doctrine n'est vraie, que dans les rapports de la société avec les tiers. Dans les rapports d'associé à associé, ce qui est fait privativement par l'un des associés, est réputé fait pour

---

(1) Disc. 39, n° 13.

le compte de la société, lorsqu'il était de l'intérêt de cette dernière que l'opération fût faite à son profit. C'est là une conséquence du principe que les associés doivent toujours subordonner leur intérêt individuel à l'intérêt commun.

Dans le cas où la gestion n'est réservée à personne, l'engagement pris par chacun des associés, en signant de la raison sociale, oblige les autres solidairement. Les associés sont sensés avoir voulu que chacun d'eux pût agir avec des pouvoirs égaux. Appliquons donc à l'associé qui agit, tout ce que nous avons dit, à propos du gérant.

CHAPITRE III.

DE LA SOCIÉTÉ EN COMMANDITE.

La société en commandite offre une des plus ingénieuses et des plus utiles applications du principe d'association. Elle réunit à la plupart des avantages de la société anonyme presque tous ceux de la société en nom collectif : elle engage les capitaux des commanditaires, sans compromettre leur personne; en cela elle participe de la société anonyme; d'un autre côté, le pouvoir qui la dirige est centralisé, comme dans la société en nom collectif; il a par conséquent la force et la liberté d'action si essentielles au succès des opérations industrielles et commerciales (1). Maintenant il est facile de concevoir combien cette espèce d'association peut être avantageuse. La commandite, dit M. Reynaud de S. Jean d'Angely (2), donne un aliment à la circulation, ajoute à son activité, multiplie les liens sociaux par une

(1) Exposé des motifs de la L. 17 juillet 1856. — (2) Exposé des motifs.

communauté d'intérèts entre le propriétaire foncier et le fabricant, entre le capitaliste et l'armateur, entre les premiers personnages de l'Etat et le négociant le plus mo-
deste.

L'origine de la commandite est des plus anciennes ; elle
remonte au milieu du xiie siècle. Les statuts de Pise et de
Florence, rédigés en 1160, font déjà mention de cette société. A cette époque on appelle commandites (*commenda*
du latin *commendare*, prêter une chose, la confier,) toutes
les sociétés, dans lesquelles on confie un capital en nature
ou en argent, à un associé, pour en tirer parti, sous le nom
de ce dernier et pour se partager le bénéfice. Le cheptel,
nommé alors commande de bestiaux, n'est pas autre chose
qu'une commandite. Au moyen âge, le contrat de commande devient une des plus fréquentes combinaisons du
commerce, et l'instrument le plus actif du travail organisé
en société. On confie à un marchand ou à un marin un
fonds en argent ou bien une pacotille, pour en trafiquer
dans les foires de Brie et de Champagne, ou dans les ports
de mer marchands. Le marchand ou le marin a une part
dans le gain, et le bailleur de l'argent ou de la marchan-
dise n'est jamais engagé au delà de ce qu'il a exposé. Mode
d'association qui ne peut manquer de réussir, à une époque
où la prohibition du prêt à intérêt ne laisse guère à ceux
qui ont des capitaux d'autres moyens d'en tirer parti. C'est,
en outre, pour les nobles et les magistrats, que le commerce aurait fait déchoir, un excellent moyen de faire fructifier leurs fonds et d'accroître leur bien-être. Aussi cette
société prend-elle bientôt de rapides développements en
France et surtout en Italie.

Dans cette période, la commandite n'est qu'une affaire

occulte entre le commanditaire et le commandité, seul connu du public, aussi n'a-t-elle point de raison sociale. Ce n'est guère alors qu'une association en participation, comme on l'appelle dans l'école italienne : *commandantes*, dit Casarégis, *non sunt socii, neque, in jure formali, negotii considerantur condomini, sed solum sunt participes* (1).

Mais à l'arrivée de l'ordonnance de 1673, la commandite se détache alors de la participation, et prend le caractère et le rôle d'une société véritable. Cette ordonnance distingue deux espèces de commandites : celle entre un négociant et un particulier, et celle entre négociants. La première est occulte, et n'a pas besoin d'être enregistrée : on veut ainsi laisser aux capitalistes la certitude que leurs personnes ne seront pas connues, et attirer par là de nombreux capitaux. Mais de graves inconvénients résultent de cette concession, qui permet au commanditaire de venir, en cas de faillite du commandité, au marc le franc, avec les autres créanciers. Très-souvent, en effet, on voit le commanditaire se dépouiller, moyennant un léger sacrifice pécuniaire en faveur du commandité, de sa qualité d'associé, qualité que personne ne peut lui reconnaître, et se présenter comme créancier, lors du partage de l'actif. La seconde espèce de commandite n'est pas occulte : la partie qui intéresse le public doit toujours être enregistrée. Toutefois cette société est loin d'être la commandite d'aujourd'hui. Sous l'ordonnance de 1673, les bailleurs de fonds ne sont pas condamnés à l'inaction; chaque associé a son rôle actif et son ministère, chacun agit séparément *nomine privato*, sans s'occuper d'une raison sociale qui n'existe pas. Aussi Sa-

(1) Disc. 29, n° 38.

vary compare-t-il cette société « à ces anciennes républiques
dont la souveraineté résidait dans le peuple, par le suffrage
duquel toutes les choses se faisaient, et dont les plus illustres
particuliers, élus dans les charges publiques, agissaient
chacun à diverses choses, qui se rapportaient toutes à
l'augmentation et à la conservation de la République et du
bien public (1). »

Depuis Savary, la commandite adopte l'usage d'une raison sociale, et va jusqu'à diviser son capital en actions.
(La fameuse banque royale, imaginée par Law, n'était
qu'une société en commandite par actions, sous la raison
sociale Law et Cⁱᵉ.) Elle se prête même à la solidarité, et
nous voyons des sociétés en commandite, comme la Compagnie générale des Assurances de France, afficher les
noms de leurs membres, et les soumettre à la solidarité,
dans la mesure du capital social, et, pour le surplus les
obliger au sol la livre.

Tel est l'état des choses, à l'époque du Code de commerce. La commandite n'est plus nécessairement une opération secrète entre le capitaliste et le marchand ; elle a
agrandi le cercle de ses moyens, et a compris la possibilité
de fortifier la puissance du commerce par le secours d'une
certaine publicité. Mais lors de la discussion du Code, des
discussions se manifestent au sein du conseil d'Etat. Merlin
se rappelant la commandite primitive, refuse à cette société le droit d'avoir une raison sociale, et veut que tout
se fasse sous le nom seul du gérant, comme au temps de
Savary. « La raison sociale, dit-il, est une source de sur-
prise, que l'on ne peut prévenir qu'en la proscrivant. »

(1) T. 1, nᵒ 397.

Non, répond M. Bégouen, « le public ne peut pas être trompé par l'usage qu'on fait d'un nom social. Celui qui forme l'entreprise est toujours obligé de faire enregistrer la société. Si les associés sont solidaires, il le déclare; s'il a, au contraire, un ou plusieurs commanditaires, il ne les nomme pas, mais il déclare quelle est leur mise; et cette déclaration est la seule chose qui importe au public, et forme sa garantie (1). » Ces observations ayant paru parfaitement justes, le législateur abandonne la commandite du moyen âge, et empruntant un peu à tous les systèmes, il exige une raison sociale et permet de diviser en actions le capital de la société.

Aujourd'hui la société en commandite est régie par le Code de commerce, combiné avec la loi du 17 juillet 1856. C'est, aux termes des art. 23 et 26 C. C. la société qui se forme entre un ou plusieurs associés responsables et solidaires, et un ou plusieurs bailleurs de fonds, tenus jusqu'à concurrence de leur mise seulement. Les associés solidaires s'appellent commandités ou complémentaires; les bailleurs de fonds se nomment commanditaires. De cette définition, il suit qu'il est de l'essence de la commandite, qu'il existe au moins un associé responsable, indéfiniment tenu des engagements de la société. Une seule exception avait été apportée à ce principe, en faveur des associés pour les courses maritimes; tous étaient commanditaires. Mais le congrès de Paris ayant aboli la course, cette exception a cessé d'exister (2).

Comme la commandite est une exception à la règle générale qui veut que dans une opération, tous ceux qui y

(1) Procès-verbal du 13 janv. 1807. — (2) Décret, 29 avr. 1856.

prennent part, soient tenus, en cas de non succès, d'en supporter les pertes, quelle qu'en soit l'étendue, il est nécessaire d'en bien déterminer le caractère. Aussi est-ce à celui qui prétend n'être que simple commanditaire, à prouver que telle est bien la qualité que lui attribue le contrat. Dans le doute, on applique le droit commun, et tous les membres de l'association sont considérés comme associés ordinaires, personnellement responsables. Car lorsqu'un contrat de société, qui s'annonce par la raison sociale N. et Cⁱᵉ, ne stipule pas clairement que les bailleurs de fonds ne seront tenus que jusqu'à concurrence de leur mise, la société est présumée collective. Il n'y avait, nous le répétons, que les *sociétés d'armement en course*, qui fussent réputées de plein droit sociétés en commandite. Remarquons toutefois qu'il n'y a pas de termes sacramentels à employer; il suffit que l'intention des parties ressorte clairement de l'ensemble des stipulations. Aussi M. Bédarride a-t-il raison de prétendre (1), que lorsqu'il est dit, dans l'acte de société, que tel associé ne prendra aucune part à l'administration, et ne sera tenu des pertes que jusqu'à concurrence de sa mise, le rapprochement de ces deux clauses prouve suffisamment que cet associé n'est entré dans la société, qu'à titre de commanditaire. Mais ajoute ce savant auteur, et c'est aussi l'avis de M. Pardessus (n° 1028), la clause par laquelle, en sacrifiant sa mise, l'un des associés serait affranchi de toute autre contribution aux pertes, serait moins significative. Souvent, en effet, dans une société en nom collectif, on voit un associé solidaire, faire une semblable convention avec ses co-associés,

---

(1) Bédarride, n° 196.

pour ne point porter, par sa retraite, préjudice à la société.

Si les parties ont elles-mêmes, dans leurs conventions sociales, donné à la société le nom de société en commandite, cette circonstance prouve, par elle seule, que tel est en effet le caractère de la société ; pourvu toutefois que la dénomination employée soit en harmonie avec les stipulations de l'acte. C'est ce que disait déjà Casarégis (1). Autrement s'il apparaît que les parties n'ont eu recours à cette dénomination, que pour se soustraire aux dangers de la société collective, il est du devoir des tribunaux de rendre à la convention son nom véritable. Il faut, enseigne M. Pardessus (n° 1029), qu'aucune stipulation de l'acte de société ou des actes postérieurs, ne rende illusoire la clause qui limite à leur mise, la responsabilité de certains associés. « Vainement, dit-il, celui qui forme une société avec des clauses qui répugnent à la nature de la commandite, déclarerait-il qu'il ne veut être que commanditaire, ses déclarations seraient démenties par la nature de l'acte souscrit. Ce n'est pas la dénomination des actes, mais leur substance qu'il faut considérer. » C'est ce qui arriverait si trois personnes s'associaient, en déclarant qu'elles ne veulent être tenues que jusqu'à concurrence de leur mise. Une telle société ne saurait être une commandite. Les trois associés seraient solidaires et responsables, et la société serait réputée en nom collectif, à moins cependant qu'un gérant n'ait été désigné pour administrer l'association ; car alors ce gérant serait seul responsable et les non-gérants pourraient se dire commanditaires, s'ils n'avaient rien fait qui pût les priver de cette qualité.

(1) Disc. 29, n° 28.

SECTION II.

Des diverses espèces de commandites.

On peut distinguer deux espèces de sociétés en commandite. La première est formée entre deux personnes, l'une gérant responsable, l'autre commanditaire ; c'est la société en commandite pure. La seconde est formée entre plusieurs commandités, et un ou plusieurs commanditaires; dans ce cas, il y a mélange de la société en nom collectif et de la société en commandite pure. On peut encore distinguer la société en commandite simple ou par intérêt, de la société en commandite par actions. La première est la moins usitée ; c'est la société, qui est contractée entre un ou plusieurs associés responsables, et un ou plusieurs bailleurs de fonds, dont les titres ne sont pas sous la forme d'action ; tandis que la société en commandite par actions est constituée au moyen d'un capital divisé en actions. Dans cette société, la mise de chaque commanditaire est cessible, sauf les restrictions apportées par la loi du 17 juillet 1856 ; dans la commandite simple, au contraire elle ne l'est pas, à moins de convention contraire.

Ces deux espèces de commandites ont chacune leurs avantages ; mais la société en commandite par actions est, de nos jours, de beaucoup la plus favorable. « La société en commandite pure, dit M. Wolowski (1), telle qu'elle se pratiquait à une époque où les besoins économiques ne se manifestaient point avec la même insistance, où le concours de quelques hommes suffisait aux entreprises indus-

(1) Revue de législation, t. 7.

trielles, n'offrirait aujourd'hui qu'un secours peu efficace. Les capitaux civils, faibles, disséminés, exigent pour s'associer au commerce qu'on leur donne en échange de leur apport, des titres représentatifs d'une part d'intérêt, cessibles à volonté, et doués de la facilité de réalisation que possèdent les rentes sur l'Etat. Les actions offrent seules le moyen de subdiviser le fonds social de manière à mettre ses fractions à la portée des plus humbles fortunes ; transmissibles à volonté, elles circulent sans entraves, aussi jouissent-elles d'une grande puissance d'attraction. Les proscrire, c'est frapper d'atonie le contrat commanditaire. »

Comme les règles de ces deux espèces de commandites sont les mêmes, nous ne parlerons, pour simplifier notre travail, que de la commandite par actions.

L'origine de la commandite par actions remonte au milieu du xvi° siècle. Sans parler ni des *uchaux* ou *saches* du moulin de Basacle, ni des *meules* de Moissac, ni des *rases* de Montauban, qui n'étaient autres choses que des actions cessibles et divisibles à l'infini, nous voyons sous Paul IV (1555-1559), la forme des impôts divisée en actions, et plusieurs décisions de la Rote de Gênes mentionner la vente d'actions comme un acte des plus fréquents. Mais ce n'est guère qu'au xvii° siècle, que l'action industrielle se classe au nombre des valeurs en circulation et prend le caractère d'une monnaie courante.

Qu'entend-on par action ? « Une action, dit d'Aguesseau (1), est la même chose qu'une part dans une société, qui donne le droit à partager, à proportion des fonds qu'on

(1) Mémoire sur le commerce des actions.

y met, les profits certains ou incertains de la compagnie, »
En d'autres termes, c'est une des fractions égales, dont la
réunion représente le capital social. Chaque associé a un
nombre d'actions correspondant à son intérêt dans l'affaire,
et chacune de ces actions représente une part dans le capital de la société. Le coupon d'action est une des fractions
égales dont la réunion représente l'action entière.

Les actions se divisent en plusieurs espèces, que l'usage
a qualifiées du nom d'actions de *capital* et d'actions *industrielles*, d'actions *payantes* et d'actions non *payantes*,
d'actions de *jouissance*, d'actions de *fondation* et d'actions
de *prime*. Ces divers espèces rentrent toutes dans deux sé-
ries, qui comprennent, la première, les actions *de capital*,
la seconde toutes les autres actions.

Les actions *de capital* sont les actions proprement dites,
les seules que le législateur a eues en vue. Ce sont celles
dont le montant a été versé en argent, ou en valeurs mobilières ou immobilières. Ces actions donnent droit à une
part dans la propriété du fonds et à une part correspon-
dante dans les bénéfices.

Les actions *industrielles* sont celles dont la valeur a été
fournie par l'apport de l'industrie. Ces actions ne donnent
lieu qu'au partage des bénéfices. Cependant lorsque l'industrie apportée est d'une importance telle qu'elle balance
la valeur des capitaux, on admet l'associé industriel à la
co-propriété du fonds, et on ne crée que des actions de capital.

La division des actions payantes et des actions non-
payantes correspond à peu près à celle des actions de capital et des actions industrielles. Les actions *payantes* sont
celles dont le montant a été payé en écus, en meubles, ou

en immeubles. Les actions *non-payantes* sont celles qui sont données à un industriel, pour prix de l'apport de son brevet ou de sa découverte.

Les actions *de jouissance* sont l'opposé des actions de capital et des actions industrielles. Ces actions ne représentent rien, et ne sont destinées qu'à remplacer les actions de fonds, lorsque ces dernières seront éteintes par voie d'amortissement.

Les actions *de fondation* sont les actions qui sont données aux fondateurs, pour représenter leur apport. Enfin les actions de *prime* sont celles dont on fait le sacrifice en faveur des tiers qui ont concouru à l'organisation de la société. Il y avait encore autrefois les actions *rouges*, qui permettaient à ceux qui en étaient porteurs, de venir réclamer une part dans les dividendes, sans être tenus toutefois de contribuer aux dettes sociales. Mais elles ont été abolies par le Code de commerce.

Toutes ces actions sont d'ordinaire extraites d'un journal à souche, créé à cet effet, et sont revêtues de la signature et du timbre de la société; elles portent en outre au dos un extrait des statuts de la société. Toutefois aucune forme particulière n'est exigée à peine de nullité; sur ce point, il n'y a rien de sacramentel.

Les actions sont nominatives ou au porteur; elles peuvent aussi être à ordre, c'est-à-dire cessibles par voie d'endossement. Les actions au porteur se transmettent par la simple tradition du titre; tandis que la négociation des actions nominatives exige une déclaration faite sur un registre spécial et signé du gérant, ainsi que des parties contractantes.

Observons, en passant, que la division du capital en

actions n'est pas particulière aux associés de commerce.
L'art. 529, dans ses expressions très-larges de *compagnies
de commerce ou d'industrie*, embrassent, en effet, les opérations civiles aussi bien que les entreprises commerciales.
Ne savons-nous pas, du reste, qu'une société n'est point
commerciale par sa forme, son mécanisme, mais seulement
par son objet.

Ceci posé, revenons à la commandite par actions. Cette
société, à l'imitation de la société en nom collectif, est régie sous un nom social. Ce nom, au terme de l'art. 25, doit
nécessairement être celui d'un ou de plusieurs des associés
responsables et solidaires. Le nom d'un associé commanditaire ne peut en faire partie. Il y a incompatibilité entre la
position de commanditaire et celle d'associé figurant en
nom dans la raison sociale. Aussi celui qui livre son nom
à la confiance du public, est-il responsable et solidaire de
plein droit. Rien de plus juste, dit M. Delangle (n° 335 s.),
« car de deux choses l'une, ou le commanditaire, en permettant d'insérer son nom dans la raison sociale, a voulu
lui donner un crédit qu'elle n'avait pas, ou c'est par tolérance qu'il a souffert qu'on s'emparât de son nom. Au
1er cas, il a commis une fraude, dont il doit supporter les
conséquences; au 2e, il s'est rendu coupable d'imprudence
et c'est à lui également à en subir les effets. » Disons cependant que, lorsque la société n'existe qu'entre deux personnes, un seul commandité et un seul commanditaire, la
convention que la raison sociale sera composée du nom du
commandité, auquel on ajoutera et Cie, ne fait pas entrer
implicitement le nom du commanditaire dans la raison sociale, et ne l'expose pas aux suites qui en résultent.

SECTION II.

Des effets des engagements d'une société en commandite.

§ I. — Droits et obligations des commandités.

Les commandités ont les mêmes obligations et les mêmes droits que les associés en nom collectif. Comme eux, ils s'occupent de la gestion des intérêts sociaux; comme eux ils sont responsables indéfiniment des engagements contractés pour le compte de la société; comme eux enfin ils sont solidaires. Nous renvoyons donc aux explications que nous avons données en traitant des sociétés collectives.

§ II. — Obligations des commanditaires.

Les obligations des commanditaires se résument en deux obligations principales comprenant: la première, le versement de la mise, et la responsabilité limitée à cette mise ; la seconde, la défense de s'immiscer dans la gestion.

1° *Versement de la mise.* Appliquons ici les principes du droit civil, combinés avec ceux de la loi du 17 juillet 1856. Le commanditaire doit verser sa mise au terme convenu. Cette mise ne peut jamais consister dans le crédit ou l'industrie de l'associé, puisque, comme nous le verrons, la gestion des affaires de la société est interdite au commanditaire. Il doit, en outre, depuis la loi de 1856, verser, avant la constitution définitive de la société, le quart de ce qu'il a promis d'apporter. A l'échéance du terme, il devient de plein droit, débiteur des intérêts des sommes qu'il est en retard de payer : il peut même être condamné à de plus

amples dommages (art. 1846, C. N.). Mais, en général, il
n'est pas tenu de devancer les époques fixées, si ce n'est au
cas de faillite de la société.

Au sujet du versement de la mise du commanditaire,
s'élève une question des plus délicates. Les tiers, créanciers de la société, ont-ils action contre le commanditaire,
pour le contraindre à effectuer son apport? Nul doute,
d'abord, qu'ils n'aient l'action indirecte de l'article 1166,
C. N. Mais ont-ils une action directe? Sous l'ordonnance
de 1673, on s'accordait à déclarer que, pendant l'existence
de la société, le contrat n'engendrait des rapports qu'entre
les commanditaires et le gérant; mais que des commanditaires aux tiers, il n'existait aucune action directe. « Dans
la société en commandite, dit Pothier (n° 102), n'y ayant
que l'associé principal qui fasse seul et en son nom les contrats de la société, c'est une conséquence qu'il n'y a que lui
seul qui s'oblige, et que les associés en commandite ne
sont point tenus des dettes de la société envers les créanciers, avec qui l'associé principal a contracté. Ils n'en sont
tenus qu'envers leur associé principal, qui les a contractées. » La logique le voulait ainsi, puisque l'ancienne commandite n'avait presque jamais de raison sociale, et que
tout le commerce se faisait par un gérant agissant *nomine
privato*. Mais sous le Code de Commerce, qui exige que la
commandite ait une raison sociale, il ne peut en être de
même. Aujourd'hui les commanditaires sont des associés;
ils sont donc tenus des dettes sociales, jusqu'à concurrence
de leur mise. De plus, ce sont des mandants, que les actes
de leurs mandataires obligent directement. Qu'on ne vienne
pas nous dire qu'ici il n'y a pas de mandat possible, puisque
les prétendus mandants ne peuvent point faire eux-mêmes

les actes que leur mandataire accomplit. Qu'importe. Le choix qu'une partie fait d'un avoué, pour la représenter devant les tribunaux, n'est-il pas un mandat? Et cependant le mandant ne peut pas faire lui-même les actes que l'avoué doit mener à fin. D'ailleurs, si vous refusez aux tiers toute action directe, à quoi sert l'article 43, C. C., qui soumet à la publicité les sociétés en commandite? Pourquoi faire connaître le chiffre des valeurs à fournir par les commanditaires, si ce n'est pas afin que les tiers puissent les atteindre, le cas échéant. Voyez, au surplus, la discussion qui eut lieu au Conseil d'Etat entre MM. Regnaud-de-Saint-Jean-d'Angely, Begouen et Merlin. Quand ce dernier demande qu'on n'admette que deux sociétés, la société collective et la société anonyme, et qu'on fasse rentrer la commandite dans cette dernière, que lui répond M. Regnaud-de Saint-Jean-d'Angely? Il lui montre les différences qui existent entre ces deux sociétés, et il s'écrie : « Dans la société en commandite, le commanditaire n'est pas caché, il est nommé dans l'acte de société, il répond *directement*, quoiqu'en proportion de sa mise; enfin, il ne peut gérer sans devenir associé pur et simple et solidaire. » Puis, M. Begouen ajoute : « Si les associés sont solidaires, il (celui qui forme l'entreprise) le déclare; s'il a un ou plusieurs associés commanditaires, il ne les nomme pas, mais il déclare quelle est leur mise, et cette déclaration est la seule chose qui importe au public et *forme sa garantie.* » Et en présence de ces paroles, on ose refuser aux tiers une action directe! Mais, s'il en est ainsi, la société en commandite n'est plus alors qu'un piége tendu au public, qui, en voyant la raison sociale n'a pas compté seulement sur le crédit particulier du gérant, mais aussi sur le crédit de tous, sur le corps entier de la société. Disons enfin, que la loi du 17 juillet 1856, en exigeant que les actions restent nominatives jusqu'à leur entière libération, et en déclarant le commanditaire responsable du paiement intégral de sa souscription, dans le cas même où il aurait négocié son titre, vient fortifier notre opinion et prêter un argument décisif à ceux qui, comme MM. Pardessus (n° 1034) et Bédarride (n° 237), permettent aux tiers de poursuivre le commanditaire par une action directe, pour le contraindre au paiement de sa mise, sans distinguer, comme le fait M. Troplong (n° 829), si la société est *debout*, ou si elle est dissoute par la faillite, car les raisons sont les mêmes dans les deux cas. Du reste, la circonstance de la faillite ne serait pas susceptible de conférer aux tiers une action directe contre les commanditaires, si en principe cette action ne leur appartient pas ; car la faillite, on le sait, ne crée jamais des droits nouveaux.

Mais le commanditaire sera-t-il tenu seulement, jusqu'à concurrence de sa mise ; ou bien les tiers pourront-ils exiger de lui le rapport des bénéfices qu'il a perçus sans fraude ? Ainsi une société a duré 15 ans ; chaque année, il y a eu des bénéfices qui ont été partagés ; la quinzième année, la société est mise en faillite ; le commanditaire pourra-t-il être forcé de rapporter les dividendes qu'il a touchés pendant les quatorze premières années ? Certainement non ! Cela résulte clairement du rejet de la proposition, faite au Conseil d'Etat, de consacrer l'obligation du rapport ; et de la rédaction de l'art. 26, qui ne limite la responsabilité du commanditaire *qu'aux fonds* qu'il a mis ou dû mettre dans la société. Autrement ce serait changer la condition du commanditaire ; laquelle consiste essentiellement à ne rien perdre au delà des fonds apportés. Ce serait en outre éloigner les capitalistes des sociétés en commandite. Personne, en effet, ne voudrait s'exposer à rapporter, peut-être après dix ou vingt ans, les dividendes qui ont servi à pourvoir à ses dépenses et à ses besoins de chaque jour. Ces bénéfices passés sont, du reste, réputés consommés. Et qu'on ne vienne pas nous dire, qu'il y va de l'intérêt des sociétés en commandite, auxquelles la disposition de l'art. 26 pourrait faire perdre tout crédit! Car le système de cet article existait déjà autrefois, et cependant les sociétés en commandite obtenaient large crédit.

Non-seulement le commanditaire ne rapportera pas les dividendes qu'il aura touchés; mais encore si, au lieu de les percevoir annuellement, il les a laissés s'accumuler dans la caisse sociale, se bornant à les faire porter à son crédit, il pourra les retirer avant le paiement des dettes de la société (1). C'est à tort que M. Bédarride, (n° 234 s.) appliquant ces expressions de Straccha : *idem juris est in eo quod accrevit, quod et in sorte est*, prétend que l'affectation de la mise au paiement des dettes, s'étend forcément à tout ce que cette mise a produit. Car, ici, le commanditaire est un simple créancier ordinaire; dont la condition doit être la même que celle de tout autre créancier.

Toutefois, pour être dispensé du rapport, le commanditaire doit être de bonne foi : A quels caractères reconnaître cette bonne foi? M. Delangle nous l'apprend : (n° 354) « Il y a bonne foi, dit-il, lorsque balance faite de l'actif et du passif, l'actif *certain, réalisé*, excède le passif de la somme distribué en dividendes aux associés; dans ce cas seulement

(1) Rouen, 30 mars 1841.

il y a bénéfice. » Dans le cas contraire, le commanditaire est tenu de rapporter, sans pouvoir exciper de sa bonne foi personnelle, car il est en faute de n'avoir pas exigé du gérant la représentation d'un inventaire sérieux.

Dans les sociétés en commandite, les petits capitalistes, qui ont besoin des revenus de leurs fonds, ont l'habitude de stipuler, qu'indépendamment de leur droit éventuel à une part de bénéfices, ils pourront toucher périodiquement, à compter de chaque versement, l'intérêt de leur mise, à raison d'un certain taux. Comme ces intérêts ne sont qu'une portion des bénéfices, ils ne peuvent être pris, en principe, que sur les bénéfices réalisés; autrement ils équivaudraient à un retrait partiel de la mise. Et le gérant, qui, à l'échéance de ces intérêts, justifie qu'il n'y a pas de bénéfices, ne peut pas être contraint de les payer. Mais s'il les a payés, ces intérêts seront-ils sujets au rapport? Non : ils ne le seront qu'autant que les commanditaires les auront reçus de mauvaise foi, sachant qu'il n'y avait pas de bénéfices. Et remarquons qu'ici la question de bonne foi n'est pas soumise à des règles aussi sévères, que celles que nous venons d'exposer. On n'exige pas, en effet que le commanditaire vérifie les écritures et s'assure, si réellement il y a des bénéfices. Il suffit simplement qu'il ait ignoré que la société était en perte, ignorance qui est présumée, jusqu'à preuve contraire. Souvent même la bonne foi n'est pas exigée. C'est ce qui arrive, par exemple, dans les entreprises de chemin de fer, où les intérêts sont stipulés payables périodiquement, et à compter de chaque versement, bien que les travaux d'établissement doivent durer très-longtemps, et que jusqu'à leur achèvement, il soit certain qu'il n'y aura pas de bénéfices. Car dans cette hypothèse, les tiers ont dû voir par la publication des statuts, que le capital nominal n'était pas le capital effectif, et que la mise consistait non pas dans ce qui avait été versé, mais dans ce qui resterait, après les intérêts payés, jusqu'au moment de l'exploitation. Et s'ils ont ensuite contracté avec la société, ils l'ont fait en parfaite connaissance de cause.

Maintenant le commanditaire poursuivi aura-t-il le droit d'opposer aux créanciers sociaux toutes les exceptions qu'il aurait pu opposer au gérant, en tant que réprésentant de la société? Oui, si les tiers agissent par l'action indirecte de l'art. 1166, Code Nap. : mais s'ils agissent par l'action directe qui leur appartient, ils ne seront point tenus des exceptions qui auraient pu être opposées avec succès au gérant.

Lorsque le commanditaire ne verse pas sa mise, peut-on employer contre lui la voie de la contrainte par corps ! Ou plus généralement, l'obligation contractée par le commanditaire envers la société, par rapport à sa mise, est-elle commerciale? L'affirmative ne nous paraît pas douteuse. L'opération qui consiste à verser une somme dans une société de commerce, dans le but de prendre part aux bénéfices, est, selon nous, un véritable acte de commerce. Etre intéressé dans une spéculation commerciale, n'est-ce pas, en effet, spéculer commercialement? Du reste, dans presque toutes les sociétés en nom collectif, tous les associés ne sont pas gérants ; quelques-uns restent étrangers à la gestion ; et cependant ces associés font acte de commerce et sont contraignables. Pourquoi donc en serait-il autrement des commanditaires, dont la position, sauf l'étendue de la responsabilité, est identiquement la même. Disons cependant qu'il est généralement admis, que le commanditaire, quoique membre d'une société de commerce, n'est pas par cela seul réputé commerçant.

La mise, une fois versée, devient la propriété commune de tous les associés et le gage des créanciers sociaux; dès lors le commanditaire cesse d'être responsable. C'est ce qu'édicte l'art. 26, en déclarant l'associé commanditaire passible des pertes jusqu'à concurrence des fonds qu'il a mis ou dû mettre dans la société. Ainsi les engagements légalement contractés, au nom de la société, les condamnations prononcées contre elle ne peuvent jamais réfléchir personnellement contre le commanditaire. Et si, depuis le paiement de sa mise, il a versé dans la société d'autres sommes, sans qu'il ait été convenu qu'elles formeraient une addition d'apport, il a pour la répétition de ce prêt, les mêmes actions et les mêmes droits que les autres créanciers.

Le commanditaire, disons-nous, est responsable jusqu'à concurrence de sa mise. Cela n'est vrai toutefois que vis-à-vis des tiers; car entre associés, le commanditaire peut fort bien convenir, qu'il n'entend être passible des pertes, que pour une portion de sa commandite : une telle stipulation est parfaitement valable. Seulement, cette clause ne pourra point être opposée aux créanciers sociaux, qui auront le droit de se faire payer sur le fonds social, jusqu'à son entier épuisement; sauf au commanditaire à recourir contre ses co-associés, pour la portion de la mise, qui d'après la convention, devait lui être remboursée.

2° *Défense de s'immiscer dans la gestion.* La défense de s'immiscer dans la gestion est une des conditions essentielles de la commandite. Par là le législateur a voulu mettre un frein à ces associations qui n'ont aucun caractère, à ces entreprises de spéculations régies sous le nom d'un valet, et dont on a si étrangement abusé. Combien n'a-t-on pas vu de ces compagnies, dont les intéressés, alternativement commanditaires et gérants, n'étaient connus que lorsqu'il y avait des profits à partager, et n'étaient plus associés, quand il y avait des créanciers à payer! Combien n'a-t-on pas vu de ces faillites de spéculations, qui ne déshonoraient qu'un nom obscur ou équivoque, tandis que les véritables débiteurs se jouaient impunément de leurs créanciers, au moyen de cette sorte d'association incertaine, qui leur permettait de prendre et de quitter leur responsabilité (1). Cette seconde obligation est écrite avec la sanction que la loi lui donne, dans les art. 27 et 28, Code Com. Aux termes de ces articles, « le commanditaire ne peut faire aucun acte de gestion, ni être employé pour les affaires sociales, même en vertu de procuration (27). » « En cas de contravention à l'art. 27, l'associé commanditaire est obligé solidairement, avec les associés en nom collectif, pour toutes les dettes et engagements de la société (28). » Dans la commandite, en effet, tout se fait par le gérant, sous le nom social. Le Code a banni de ses dispositions, la commandite républicaine de Savary; et le commanditaire n'a plus, comme autrefois, son rôle actif et son emploi. Aujourd'hui il est toujours condamné à l'inaction, et lorsqu'il enfreint la prohibition de la loi, lorsqu'il s'immisce dans la gestion, il est puni par la solidarité. N'est-il pas juste que chacun réponde de ses actions! Si, en thèse générale, le commanditaire n'est tenu que jusqu'à concurrence de sa mise, c'est parce qu'il n'a mis dans la société que

(1) Analyse des observations des Trib., p. 23.

son argent ou ses immeubles, et non point sa personne.
Mais lorsqu'il entre dans l'administration, l'acte qu'il fait
engage sa personne, l'offre aux tiers, comme une source
de crédit, aussi n'est-il plus alors qu'un associé ordinaire,
responsable et solidaire.

Que faut-il entendre par *acte de gestion?* Cette expression, dont le sens paraît si claire à première vue, n'avait
pas laissé que d'être interprétée de diverses manières.
Heureusement qu'un avis du conseil d'Etat (1) est venu
trancher le différend, en déclarant que *faire un acte de
gestion c'est exercer les fonctions d'un gérant de société,
c'est-à-dire administrer.* Maintenant qu'est-ce qu'administrer? Administrer, c'est avoir le rôle actif, c'est agir au
dehors et traiter avec les tiers. Ne confondons pas toutefois
l'action avec la délibération. Car si le commanditaire ne peut
ni vendre, ni acheter, ni engager la société, il peut, du
moins, autoriser les ventes, les achats et les engagements
que contracte le gérant. Cela résulte de la suppression
du mot *concourir*, qui se trouvait dans le projet de rédaction de l'art. 27, suppression demandée par le Tribunat,
qui fit observer : « qu'un des droits du commanditaire est
de participer aux délibérations générales de la société. »
Sur ce point les auteurs sont à peu près unanimes. Il en
est cependant qui font une distinction. M. Duvergier, entre
autres (2), prétend que lorsque la délibération confère au
gérant une capacité dont il a besoin, et sans laquelle la société ne serait pas engagée, le commanditaire sort des limites dans lesquelles il doit se renfermer. Ainsi le gérant
a-t-il besoin d'une autorisation pour constituer une hypo-

(1) Avis du C. d'Etat, 29 avril 1809. — (2) Revue étrangère, t. 7.

11

thèque? si le commanditaire fait partie de l'assemblée qui autorise cet acte, M. Duvergier le condamne comme administrateur. Mais cette distinction nous paraît inadmissible, en présence des résultats qu'elle entraîne. N'arrêtera-t-elle pas, en effet la marche des sociétés en commandite, toutes les fois que des besoins imprévus viendront exiger des remèdes que le gérant n'aura pas seul le pouvoir d'appliquer, puisqu'alors il faudra ou que la société se dissolve, ou que les commanditaires se compromettent par une immixtion?

Mais si le commanditaire n'a pas l'action, il a, du moins, le conseil. Aussi peut-il, sans être accusé d'immixtion, assister aux assemblées qui ont pour but de modifier les statuts sociaux, ainsi qu'à celles où les gérants rendent leurs comptes. C'est ce que disait déjà Toubeau, qui cependant ne voulait pas que le commanditaire *fît aucun acte d'associé*; « ils n'agissent, dit-il, (en parlant des nobles qui entrent dans les commandites) en aucune manière, dans ces sociétés et n'ont que la peine d'entendre les comptes de la négociation (1). » Le commanditaire peut aussi inspecter les livres, visiter les ateliers et les magasins de la société, surveiller la conduite du gérant et même faire admettre un commis de son choix. L'article 5 de la loi du 17 juillet 1856, qui indique parmi les attributions du Conseil de surveillance, conseil uniquement composé d'actionnaires, le soin de vérifier les livres, la caisse et le portefeuille, n'a fait que consacrer un usage admis depuis longtemps. Le commanditaire peut enfin émettre son avis sur toutes les questions importantes; il peut même à la

(1) Toubeau, p. 105.

dissolution de la société, liquider et rendre l'actif social, car en agissant ainsi il ne fait que consommer la dissolution de l'association.

Le commanditaire ne peut *être employé pour les affaires de la société, même en vertu de procuration ;* telle est la seconde prohibition qu'édicte l'article 27 C. C. Ainsi il ne peut être le mandataire du gérant. M. Fremery, blâmant cette solution veut que le commanditaire ne soit solidairement tenu, qu'autant qu'il agit en son propre nom. Il est injuste, dit-il, de faire réfléchir sur le commanditaire des actes qu'il n'a fait que sous le nom d'autrui. Nous préférons toutefois l'opinion de M. Troplong (n° 422), qui se reportant aux circonstances au milieu desquelles le législateur se trouvait placé, n'hésite pas à l'absoudre de cette prétendue injustice. Du reste par ces mots, *ni être employé pour les affaires de la société,* la loi n'envisage que l'emploi qui constitue le commanditaire représentant de la société. Et dans le sens de notre article, il n'y a acte de gestion, que lorsque un mandat ou un louage d'ouvrage place le commanditaire en face des tiers, et le rend l'intermédiaire des communications destinées à étendre le crédit social. Il faut, en un mot, pour qu'il y ait lieu d'appliquer la peine édictée, que le commanditaire ait agi comme représentant de la société, qu'il se soit mis en relation avec les tiers par une délégation des fonctions réservées au gérant. Mais lorsqu'il n'a fait que prêter son industrie à la société, comme les tiers et la société ne peuvent que gagner à ce concours, on ne doit pas voir là, un acte d'immixtion. Aussi est-il généralement admis que le commanditaire a le droit de traiter avec la société, en son nom privé, comme le ferait un tiers, et par exemple de lui vendre ou de lui acheter un immeuble, ou un objet mobilier. Il peut aussi être son commissionnaire, son banquier, son loueur de chevaux, etc. N'est-il pas, en effet, dans toutes ces hypothèses, plus occupé de ses affaires personnelles que de celles de la société? Il peut enfin sans compromettre sa qualité de commanditaire, faire profiter la société d'une entreprise qu'il a faite en son nom privé.

Lorsqu'il y a contestation sur le fait de la gestion, ce fait peut être prouvé par témoins. Une telle preuve, dans ce cas, n'est pas contre le contenu en l'acte de société, puisque le fait qui a changé la qualité de l'associé est postérieur à la rédaction du contrat.

Maintenant quelle est l'étendue de la peine infligée au commanditaire qui s'est immiscé dans la gestion? L'obligation de payer les dettes de la société est une obligation générale, qui s'étend aussi bien aux dettes antérieures aux actes d'immixtion, qu'à celles qui sont postérieures. L'article 28 ne fait aucune distinction. Une ventilation entre les dettes aurait d'ailleurs donné lieu à mille difficultés, et porté le désordre dans les affaires sociales. Puis plus la peine sera forte, moins seront fréquentes les fraudes que la loi a voulu punir. Mais observons que cette peine n'est établie que dans l'intérêt des tiers, et que les co-associés du commanditaire ne sauraient s'en prévaloir, pour refuser à ce dernier le droit de réclamer vis-à-vis d'eux le remboursement de ce qu'il aura été obligé de payer au delà de sa mise. L'article 28 ne dit pas en effet que l'associé qui s'est immiscé sera déchu de sa qualité de commanditaire; au contraire, il continue à l'appeler de ce nom; seulement il veut qu'il soit obligé solidairement pour toutes les dettes de la société. Rien de plus rationnel. Les tiers ont parfaitement pu être trompés, et croire à la responsabilité de l'associé qu'ils voyaient agir ; tandis que d'associé à associé l'erreur est impossible, puisque le contrat de société a nettement fixé la position de chacun. Au surplus les associés n'ont pas à se plaindre. Pourquoi n'ont-ils pas fait cesser l'immixtion, qui était une usurpation de leurs pouvoirs. En n'agissant pas, ils ont été censés approuver les actes du commanditaire. Enfin, aux termes de l'article 27, cette immixtion a pu avoir lieu, en vertu d'un mandat du gérant. Or vouloir, dans ce cas, que la solidarité soit établie en face des associés, c'est faire profiter le gérant, complice de l'immixtion de la peine infligée au commanditaire. Et en présence d'un semblable résultat, n'est-il pas de toute équité d'admettre que le commanditaire condamné pour immixtion doit avoir son recours, pour tout ce qui excède sa mise.

§ III. — Droits des commanditaires.

Nous n'avons parlé jusqu'ici que des obligations des commanditaires, voyons maintenant quels sont leurs droits. Ces droits peuvent être déterminés diversement par les statuts sociaux. Mais nous n'avons pas à nous occuper de ce qui, dans chaque espèce, peut dépendre de la volonté des parties. Cet ordre d'idées est dominé par la règle que les conventions légalement formées tiennent lieu de loi à ceux qui les ont faites. Nous n'avons donc qu'à nous borner aux règles générales qui dérivant de la nature et de l'objet du contrat sont communes à toutes les sociétés en commandite.

Ces règles générales, ces droits des commanditaires nous les avons exposés, en grande partie, en commentant l'article

27, et en indiquant les actes que les commanditaires peuvent faire, sans être accusés d'immixtion. Ainsi le commanditaire a le droit de faire partie des assemblées générales, de traiter avec la société, en son nom privé, etc., etc. Ajoutons pour être complet sur ce point, que le commanditaire a le droit, et c'est là son droit le plus important, de participer aux bénéfices de l'association, proportionnellement à l'importance de sa mise.

CHAPITRE IV.

DES SOCIÉTÉS EN COMMANDITE PAR ACTIONS.

(Loi du 17 juillet 1856.)

L'article 38, Cod. com., en se bornant à dire : « Le capital des sociétés en commandite pourra être divisé en actions, sans aucune autre dérogation aux règles établies pour ce genre de sociétés, » avait, par son laconisme, donné naissance aux abus de la spéculation. Et chaque jour on voyait se former des entreprises scandaleuses, où les ruses les plus variées étaient mises en usage pour tromper le public et surprendre sa bonne foi. Ici la valeur des apports exagérée hors mesure, servait de base à la distribution des actions ; là, les dividendes fictifs se prenaient sur le capital social. Dans les unes, la valeur nominale des actions était rendue à peu près illusoire, par la faculté qu'avaient les associés de faire des versements minimes, au moment de l'émission. Dans les autres, le conseil de surveillance était composé sans soins et sans garantie. Dans celles-ci, les actions étaient un porteur ; dangereuse facilité pour se défaire de titres mal acquis. Dans celles-là, le capital social était divisé en actions et en fractions d'actions d'une valeur excessivement faible ; moyen certain de s'emparer des économies des classes pauvres. Partout, en un mot, l'esprit d'agiotage, disons même l'esprit d'escroquerie, tendait à prévaloir.

Ces nombreux abus demandaient une prompte répression. En 1838, un projet de réforme avait été proposé à la Chambre des députés, mais laissé sans discussion ; n'avait pas tardé à être oublié, et les abus n'avaient fait que s'accroître, jusqu'à l'arrivée de la loi du 17 juillet 1856 qui, par des règles sages et équitables, est venue les diminuer, ou du moins, en empêcher le retour. « La loi nouvelle, dit le rapporteur Langlais, prévient la fraude, elle la saisit sous quelques-unes de ses formes les plus habituelles ; elle oblige les fondateurs des sociétés à la sagesse et à l'honnêteté ; elle invite les actionnaires à l'examen et à la prudence ; elle diminue et réprime l'agiotage ; elle entrave la création des sociétés frauduleuses ; elle institue une surveillance efficace ; elle tend à substituer, autant que possible, la vérité et la loyauté au dol et un mensonge. » Des critiques assez vives ont cependant surgi contre cette loi. Les uns se sont plaints de la responsabilité des devoirs imposés aux membres du conseil de surveillance ; les autres ont blâmé la disposition qui supprime la faculté de fractionner le capital social au delà d'une certaine limite. Ceux-ci ont vu dans l'article **2**, qui veut que les actions soient nominatives jusqu'à leur entière libération, un entrave à la formation des sociétés. Ceux-là ont critiqué la prescription de l'art. 4, relativement à la vérification des apports, comme portant atteinte à la liberté des conventions, etc., etc. Mais laissons à de plus habiles le soin d'apprécier le plus ou moins de justesse de ces reproches, et contentons-nous de commenter les articles de la loi nouvelle.

SECTION PREMIÈRE.

Formation de la société. — Emission et négociation des actions.

« Les sociétés en commandite, dispose l'art. 1er, ne peuvent diviser leur capital en actions ou coupons d'actions de moins de 100 francs, lorsque ce capital n'excède pas 200,000 francs, et de moins de 500 francs, lorsqu'il est supérieur. » Par là, le législateur a voulu abolir ces actions et ces fractions d'actions de la plus faible somme, *ces billets de loterie* (Langlais), qui ne s'adressaient qu'aux petites bourses, aux personnes qui, par leur position, étaient les moins capables de distinguer les entreprises sérieuses des opérations extravagantes, mais qui, séduites par la modicité du prix de l'action et par la perspective des avantages considérables, qu'on leur promettait toujours, confiaient aux commandites leurs modestes économies. » Elles ne peuvent, continue l'art. 1er, être définitivement constituées qu'après la souscription de la totalité du capital social, et le versement par chaque actionnaire du quart, au moins, du montant des actions par lui souscrites. » Observons ici que ce n'est pas le quart du capital social effectué indifféremment par tels ou tels actionnaires, dont la loi exige le versement. Ce quart doit être formé par chaque actionnaire au moyen du versement effectif du quart des actions par lui souscrites. Il doit, en outre, être en argent monnayé ou en espèces ayant cours; il ne pourrait point consister en *valeurs de satisfactions*, en titres, en obligations industrielles. Cette disposition met un frein aux fraudes aux-

quelles donnait lieu le droit arbitraire des fondateurs de
déterminer eux-mêmes les conditions de la constitution
définitive de la société. Souvent, en effet, sans attendre
l'entière souscription du capital social, les fondateurs dé-
claraient que la société serait provisoirement constituée,
après l'obtention d'un certain nombre de signatures, et le
versement de certaines sommes, qu'ils désignaient à leur
gré. Puis, commençant les opérations, ils s'allouaient des
appointements, des frais de bureaux, aux dépens des actionnaires; et lorsque les souscriptions ne se complétaient
pas, lorsque la marche de la société devenait impossible,
ils se bornaient à déclarer cette impossibilité, et les fonds,
qu'ils avaient touchés, étaient perdus pour ceux qui les
avaient fournis. Ou bien, lorsque le chiffre des souscriptions
ne se trouvait pas rempli, ils recouraient à des signatures
de complaisance, émanées de personnes sans solvabilité.
Les actions définitives étaient alors émises, et les souscripteurs de bonne foi versaient le montant de leurs titres.
Aussitôt employant tous les moyens possibles pour faire
monter la valeur des actions, *ces vampires de l'industrie*
(Wolowski), s'empressaient de vendre celles qu'ils s'étaient
réservées à divers titres. La liquidation de la société devenait bientôt forcée, par l'évanouissement des signatures
de complaisance, et la perte tombait à la charge des actionnaires de bonne foi.

La souscription et le versement du quart doivent-ils avoir
lieu simultanément? Dans le silence de la loi, nous pensons
que le gérant a le droit de n'exiger le versement des fonds,
qu'au moment où, désirant mettre la société en mouvement, il fait constater par une déclaration authentique
l'accomplissement des conditions exigées par l'art. 1er. On

évite ainsi, au cas où la société viendrait à ne pas aboutir, la perte des intérêts des sommes versées immédiatement, et l'obligation de rembourser le capital apporté.

L'accomplissement des conditions prescrites par les deux premiers alinéas de l'art. 1er, est constaté par une déclaration du gérant dans un acte notarié. La forme authentique a paru seule pouvoir garantir l'exécution fidèle de la loi (art. 1er, § 3) ; quelle que soit, du reste, la forme de l'acte de société. A cette déclaration est annexée la liste des souscripteurs, c'est-à-dire leurs noms, professions et demeures, l'état des versements faits par eux et l'acte de société (art. 1er, § 4). Mais faisons observer que cet art. 1er ne s'applique ni aux sociétés anonymes, ni aux sociétés en commandite, déjà existantes, lors de la promulgation de la loi ; cela résulte du principe général que les lois n'ont pas d'effet rétroactif, et des dispositions de l'art. 15.

Avant la loi du 17 juillet 1856, les actions des sociétés en commandite pouvaient être, au gré des fondateurs, nominatives ou au porteur. Ce point, toutefois, n'était pas admis de tout le monde, et la question de savoir si les actions des commandites pouvaient être au porteur, comme les actions des sociétés anonymes, était des plus controversées. Mais la majorité des auteurs se prononçait, avec raison, pour l'affirmative, en se fondant sur d'anciens usages qui permettaient cette forme d'action aux sociétés en commandite, et aussi sur l'art. 38. C. C. qui, par sa place et ses expressions (*le capital des sociétés en commandite pourra être* aussi...), semblait n'être que la suite des art. 34, 35, C. C., dont les dispositions autorisent les sociétés anonymes à diviser leur capital en actions, soit nominatives, soit au porteur. Aujourd'hui cette question est sans intérêt : la forme des actions n'est plus abandonnée à l'arbitraire des fondateurs. « Les actions des sociétés en commandite, dit l'art. 2, sont nominatives jusqu'à leur entière libération. » Elles ne sont donc au porteur, qu'*après leur entière libération,* c'est-à-dire, après la libération de toutes les actions, et non pas, après la libération des seules actions que l'on veut convertir ; c'est ce qu'exprime le rapporteur de la loi, par ces paroles : « Plus tard *le capital* sera versé ; l'entreprise aura marché, on saura ce qu'elle produit. Or, l'obligation d'être en nom, *jusqu'au versement de tout le capital,* tend évidemment à éloigner des sociétés tels ces actionnaires nomades... »

L'art. 2 s'applique-t-il aux actions à ordre ? Pourra-t-on, sous la loi nouvelle, créer des actions transmissibles par voie d'endossement, avant la libération entière du capital souscrit ? Sans aucun doute, puisque ici l'action est nominative. Le titre n'indique-t-il pas le nom du propriétaire ? Seulement ces actions ne seront négociables qu'après le versement des deux cinquièmes, conformément aux prescriptions de l'art. 3.

Les conséquences forcées du caractère nominatif des actions jusqu'à leur entière libération, sont la responsabilité des souscripteurs et la défense de négocier les titres avant le versement d'une certaine quotité. Ces conséquences sont exprimées par l'art. 3. « Les souscripteurs d'actions dans les sociétés en commandite, porte cet article, sont, nonobstant toute stipulation contraire, responsables du paiement *total* des actions par eux souscrites. Les actions ou coupons d'actions ne sont *négociables* qu'après le versement des deux cinquièmes. » Par cette disposition se trouve tranchée la question de savoir si la cession des *promesses d'actions* (ces titres provisoires délivrés aux souscripteurs qui ne versent pas le montant intégral de leurs actions), a pour effet de faire disparaître l'obligation du souscripteur primitif, pour ne plus donner de recours, à la société et aux tiers, que contre le cessionnaire. La loi du 17 juillet 1856 ne fait du reste que reproduire l'opinion de M. Troplong (1). Selon cet auteur, tout engagement régulièrement contracté oblige le débiteur à l'exécution complète du contrat; et la cession du titre provisoire ne peut jamais faire disparaître l'obligation du souscripteur, qui s'est engagé à payer la valeur entière des actions qu'il a prises. Ici aucune novation ne se produit; et la société conserve toujours son recours contre le souscripteur. S'il en était autrement, on tomberait dans les désordres les plus graves. Des associés insolvables viendraient prendre la place des associés primitifs, et les tiers, qui auraient contracté avec la garantie d'un capital suffisant, verraient bientôt leur gage leur échapper. Mais observons que quoique le souscripteur soit responsable du montant de ses actions, la société peut cependant agir contre le cessionnaire. C'est même là la voie qui est généralement employée. On procède d'abord à la vente des actions non payées, et la société n'exerce son recours contre le souscripteur, qu'à raison de la différence entre le prix d'émission et le prix de vente. Quant aux porteurs intermédiaires, qui ont eu quelque temps entre les mains le titre cédé, ils sont à l'abri de toute action.

En ne permettant de négocier les actions ou coupons d'actions, qu'après le versement des deux cinquièmes, le

(1) Troplong, nº 159.

législateur n'a fait que généraliser pour les commandites, ce qui existait déjà pour les actions des Chemins de fer. (Lois 15 juillet 1845 et 10 juin 1853.) Du reste, remarquons-le bien, la loi ne frappe pas ces actions d'une indisponibilité absolue. Ce qu'elle défend, ce n'est point la cession par les modes usités en matière civile, c'est seulement la négociation par les *voies commerciales.* Faisons aussi remarquer, comme nous l'avons fait à propos du versement du quart du capital social (art. 1er), qu'il ne suffit pas, pour que la négociation soit possible , que les deux cinquièmes des actions qu'on veut négocier aient été versés ; il faut encore que ce versement ait eu lieu pour tout le capital. Cette solution entrave, il est vrai, la circulation des actions, mais elle se justifie par le texte de l'art. 3. Observons enfin, en terminant sur ce point, que les conditions constitutives des sociétés en commandite par actions dont nous venons de parler dans ces trois premiers articles , sont complétement indépendantes des formalités de l'art. 42 C. C.

SECTION III.

Appréciation de la valeur des apports, et approbation des avantages particuliers que stipulent certains associés.

L'exagération frauduleuse de la valeur des apports, qui ne consistent point en numéraire, et l'énormité des avantages ordinairement stipulés au profit des fondateurs comptaient parmi les abus les plus fréquents. On voyait des charlatans mettre en société pour des sommes énormes, des choses qu'ils n'avaient pu vendre à aucun prix, et se faire délivrer un nombre considérable d'actions,

qu'ils négociaient, au moment favorable , alors que le public, séduit par de pompeuses annonces, donnait tête bais-
sée dans le piége qui lui était tendu. Puis bientôt la société
déposait son bilau, et toutes ces choses étaient revendues à
vil prix, au préjudice des commanditaires de bonne foi. On
vit, en 1838, adjuger pour 37,000 fr. des mines mises en
société, sur une estimation d'un million. Et malheureusement les actionnaires n'étaient pas moins trompés sur
l'importance des avantages que se réservaient certains fondateurs.

De toutes parts on proposa des remèdes pour faire cesser
ces abus scandaleux. Les uns demandaient qu'on soumît
pendant deux ans, à une action en dommages-intérêts, tout
actionnaire qui ferait un apport exagéré. Les autres voulaient que le prix de l'apport consistât toujours dans une
part des bénéfices nets de l'entreprise, etc. Mais le législateur se contenta d'exiger la vérification et l'appréciation de
la valeur de l'apport ou de l'avantage réservé. « Lorsque
un associé dit l'art. 4, fait dans une société en commandite
par actions , un apport qui ne consiste pas en numéraire ,
ou stipule à son profit des avantages particuliers, l'assemblée générale en fait vérifier et apprécier la valeur. » Cette
appréciation est faite par des experts nommés par l'assemblée. L'expertise terminée, l'assemblée se réunit de nouveau, pour donner son approbation ; et ce n'est qu'alors que
la société est définitivement constituée. Quant aux délibérations, elles sont prises à la majorité. Cette majorité doit
comprendre le quart des actionnaires , et représenter le
quart du capital social en numéraire. Les associés qui ont
fait l'apport ou stipulé les avantages soumis à l'appréciation de l'assemblée n'ont pas voix délibérative (art. 4, § 2,

3, 4). Comme on le voit, toutes ces précautions mettent les actionnaires à même de contracter en parfaite connaissance de cause. Ajoutons qu'ils ont en outre, en cas de dol ou de fraude, l'action en rescision, que donne l'art. 1116 C. N.

SECTION III.

Conseil de surveillance.

Sous l'empire du Code de commerce, il était d'usage d'établir auprès de la gérance un conseil de surveillance. Mais ce contrôle était facultatif et aucun texte ne déterminait le nombre et la qualité des membres dont ce conseil devait se composer, le mode et le moment de sa constitution et les époques périodiques de réélection. La loi actuelle est venue combler la lacune. Aux termes de l'art. 5 § 1 : « Un conseil de surveillance, composé de cinq actionnaires au moins, est établi dans chaque société en commandite par actions. » Peu importe, du reste, le nombre d'actions possédées par chacun. De cette manière sont bannis du comité de surveillance ces membres qui ne contrôlaient rien, ces personnes étrangères dont le nom ne servait que d'enseigne à la société. Ici la loi n'est point limitative, cela résulte des termes de l'art. 5 : « *un conseil de surveillance composé de cinq actionnaires au moins.* » C'est pourquoi il est d'usage de toujours désigner plus de cinq membres, pour prévenir les inconvénients qui résulteraient du décès ou de la démission d'un des surveillants; inconvénients très-graves, puisqu'ils entraîneraient la nullité de la société, dès que le conseil se trouverait réduit à un nombre inférieur à cinq. Mais qu'arrive-t-il lorsque la société n'est composée que de trois ou quatre associés. Comme il est impossible d'établir le conseil de surveillance, dont parle l'art. 5, la nullité de la société doit-elle être prononcée? Certainement non. Il ne faut pas attribuer à la loi une rigueur sans objet. Nulle part, du reste, il n'est dit que toute commandite devra se composer au moins de cinq membres, à peine de nullité. S'il arrive, par hasard, que le nombre des commanditaires soit inférieur à cinq, ils feront tous partie du conseil de surveillance. « Ce conseil est nommé par l'assemblée générale des actionnaires, immédiatement après la constitution définitive de la société; et avant toute opération sociale (art. 5, 2°). » Autrefois le comité de surveillance était nommé par le gérant lui-même. Mais le simple bon sens conseillait d'enlever au gérant le choix des individus appelés à contrôler ses actions. Aussi aujourd'hui est-ce l'assemblée générale qui désigne les surveillants, soit sur la convocation du gérant, pour qui cette convocation est un devoir (art. 11), soit sur la convocation de l'un des actionnaires.

Sous la loi nouvelle, le conseil de surveillance n'est plus permanent, comme il l'était auparavant. Pour donner aux actionnaires le moyen de remplacer les membres, qui par incapacité ou par négligence rempliraient mal leur mission, le législateur exige que le conseil soit soumis à la réélection tous les cinq ans au moins. Et pensant avec raison, qu'au moment de la création de la société, alors que les associés ne se connaissent pas encore, les choix sont nécessairement un peu faits au hasard, il décide que le premier conseil ne sera nommé que pour une année (art. 5, §. 3). Mais les membres sortant peuvent être maintenus, puisqu'il s'agit de réélection; par contre, ils peuvent être remplacés avant l'expiration des cinq ans. En fixant comme maximum le laps de cinq ans, la loi ne s'oppose pas à ce qu'une réélection ait lieu avant ce temps.

Attributions du conseil de surveillance. Voyons maintenant quelles sont les attributions du conseil de surveillance. Ces attributions sont déterminées par les art. 8 et 9. « Les membres du conseil de surveillance, dit l'art. 8, vérifient les livres, la caisse, le portefeuille et les valeurs de la société. Ils font, chaque année, un rapport à l'assemblée générale sur les inventaires et sur les propositions de distribution de dividendes faites par le gérant. » Vérifier les livres, la caisse, le portefeuille et les valeurs de la société, c'est se faire représenter les livres, s'assurer s'ils sont tenus conformément aux dispositions du Code, et s'ils offrent la situation véritable de la société ; c'est constater le montant des sommes encaissées, l'existence des effets dans le portefeuille et le chiffre des actions sorties et utilisées ; en un mot, c'est apprécier par soi-même, sans se borner au simple examen des écritures. Chaque membre a le droit de procéder seul, ou avec l'aide de quelqu'un aux vérifications dont nous venons de parler ; et cela à quelque moment que ce soit. Mais il ne peut point se faire remplacer par un fondé de pouvoir ; *c'est évidemment impossible,* dit le rapporteur de la loi. Il ne peut également pas s'immiscer dans la gestion des affaires sociales, ni participer aux actes extérieurs ; ces attributions sont limitées aux actes de surveillance. L'art. 9 ajoute : « Le conseil peut convoquer l'assemblée générale : il peut aussi provoquer la dissolution de la société. » Ici il ne s'agit plus de chacun des membres en particulier, mais du conseil en entier. Le droit de convoquer l'assemblée est un droit général qui appartient au conseil, quels que soient les cas qui nécessitent cette convocation ; mais c'est un droit dont il doit user avec réserve, pour ne pas porter préjudice à la société. Quant au droit de provoquer la dissolution de la société, il est subordonné à l'existence de certaines causes laissées, dans le silence des statuts, à l'appréciation des tribunaux. Lorsqu'il y a dissidence entre les membres du conseil, l'avis de la majorité l'emporte.

Responsabilité du Conseil de surveillance. Les droits et les devoirs du comité de surveillance nous étant connus, qu'arrive-t-il lorsque, par négligence, incurie ou collusion, les membres ont failli à leur mission? Ils sont alors responsables du préjudice qu'ils ont causé. Dans deux de ses articles, la loi actuelle établit contre les surveillants trois cas de responsabilité. Le premier de ces cas est mentionné dans l'article 7. Aux termes de cet article, lorsque la société est annulée pour avoir été constituée contrairement à l'une des prescriptions énoncées dans les articles qui précèdent, les membres du Conseil de surveillance *peuvent* être déclarés responsables, solidairement et par corps avec les gérants, de toutes les opérations faites postérieurement à leur nomination. Cette disposition, quoique très-sage, n'a pas laissé que d'être vivement critiquée. On a prétendu qu'une telle responsabilité allait éloigner des comités de surveillance beaucoup d'hommes honorables et intelligents, et rendre ainsi difficile la formation de ces comités. Reproches injustes et mal fondés, car les devoirs des surveillants sont faciles à remplir. La vérification qu'on leur impose ne portant que sur des formalités matérielles aisément saisissables, ils ne peuvent être compromis que par suite d'une grande négligence, ou par la volonté de s'engager dans une société que la loi réprouve. Du reste, d'après les termes facultatifs de l'article 7, ce n'est pas une obligation pour les tribunaux de prononcer, dans tous les cas, la responsabilité ; *ils peuvent*, selon les circonstances, ne point condamner. Puis, observons que cette responsabilité n'est encourue que pour les opérations *postérieures* à la nomination du conseil. La raison et l'équité ne permettaient pas, en effet, de rendre le conseil responsable de ce qui se serait fait avant sa nomination, alors que n'existant pas, il ne pouvait agir. Ajoutons enfin que les surveillants ont le droit de répéter contre les gérants le montant des sommes auxquelles ils ont été condamnés par la faute de ces derniers. « Au regard des gérants, dit M. Bédarride (n° 107), l'obligation des surveillants n'est, en réalité, qu'un cautionnement ; le cas doit donc être régi par l'article 1216, C. N. »

La loi est muette sur la durée et la portée de la responsabilité que prononce l'article 7. Suit-il de là que les membres du conseil de surveillance sont responsables non-seulement de ce qui s'est accompli pendant qu'ils étaient en exercice, mais encore des faits qui ont suivi la cessation de leurs fonctions ? Non, sans aucun doute. Où serait, en effet, le principe de la responsabilité ! Quant à la portée de cette responsabilité, elle est plus ou moins étendue, selon le point de vue sous lequel on l'envisage. Vis-à-vis des tiers, les surveillants sont tenus personnellement de tous les engagements contractés par les gérants, au nom de la société. Et vis-à-vis des actionnaires, ils sont responsables de toutes les pertes survenues par l'effet des opérations des gérants. En traitant avec les tiers, alors que la société n'était pas régulièrement constituée, les gérants ont commis une faute qu'ils doivent réparer, et les membres du conseil de surveillance sont tenus solidairement avec eux, d'indemniser les actionnaires du préjudice que cette faute a pu causer. Maintenant quelle est l'étendue de cette solidarité? Sur ce point, nous renvoyons aux règles édictées par le Code Napoléon.

Aux termes du paragraphe 2 de l'article 7, *la même* responsabilité *peut* être prononcée contre ceux des fondateurs de la société, qui ont fait un apport en nature, ou au profit desquels ont été stipulés des avantages particuliers. C'est là, en effet, un moyen très-fréquent de s'attribuer des bénéfices immérités. Mais signalons ici une inexactitude de rédaction : *la même responsabilité*, dit le paragraphe 2, c'est-à-dire celle dont il est parlé dans le premier paragraphe, à l'égard des membres du conseil de surveillance. Or, pour ceux-ci, la responsabilité ne les atteint qu'à raison des opérations postérieures à leur nomination; tandis que les fondateurs sont responsables non-seulement de ce qui a été fait après la nomination du conseil de surveillance, mais aussi de tout ce qui a précédé cette nomination.

Les deux autres cas de responsabilité sont établis dans l'art. 10, ainsi conçu : « Tout membre du conseil de surveillance est responsable avec les gérants, solidairement et par corps; 1° lorsque sciemment il a laissé commettre dans les inventaires des inexactitudes graves, préjudiciables à la société ou aux tiers; 2° lorsqu'il a, en connaissance de cause, consenti à la distribution de dividendes non justifiés par des inventaires sincères et réguliers. » Remarquons d'abord, que pour encourir cette responsabilité, les surveillants doivent savoir que les inventaires sont inexats, ou que les dividendes ne sont pas pris sur des bénéfices réels. La loi ne punit pas la simple négligence; elle ne réprime que le dol, l'intention coupable. Remarquons, en outre, qu'aucune solidarité n'est établie entre les membres du conseil de surveillance, pour les fautes qui peuvent être commises. Chacun ne répond que de son fait. La substitution des mots *tout membre* aux expressions du projet (*les membres*), ne laissent aucun doute à cet endroit. Remarquons enfin qu'ici, à la différence du cas prévu par l'art. 7, la loi dispose d'une manière absolue et impérative.

A propos de la responsabilité des membres du conseil de surveillance s'élève une question, qui n'est pas sans intérêt. Aux termes de l'art. 10, que nous venons de commenter, tout surveillant est responsable solidairement et par corps avec les gérants, lorsqu'il a laissé commettre sciemment dans les inventaires des inexactitudes graves, et lorsque, en connaissance de cause, il a consenti à la distribution de dividendes non justifiés. Or d'après l'art. 13. § 3, les gérants sont passibles des peines portées en l'art. 405, C. P. et par conséquent justiciables des tribunaux correctionnels, lorsqu'en l'absence d'inventaires, ou au moyen d'inventaires frauduleux, ils ont opéré entre les actionnaires la répartition de dividendes non réellement acquis à la société. Dans ce cas, les membres du conseil de surveillance ne sont que responsables du préjudice qu'a pu causer leur coupable tolérance. Ceci posé, il s'agit de savoir si, lorsque les gérants sont poursuivis correctionnellement, les surveillants peuvent être cités devant le même tribunal comme civilement responsables ? La Cour de Paris s'est prononcée pour la négative (1). Mais sur un pourvoi, interjeté par le ministère public, la Cour de Cassation a décidé (2), en cassant l'arrêt de la Cour impériale, que

(1) Paris, 22 déc. 1858. — (2) Cass, 2 avr. 1859.

lorsque les gérants sont poursuivis devant la juridiction correctionnelle, les membres du conseil de surveillance peuvent y être appelés en même temps, soit sur l'action des parties civiles, soit à la demande du ministère public requérant la condamnation solidaire aux frais. Ce n'est là du reste qu'une suite du principe général posé dans l'art. 3. du Code d'Instr. crim.; principe qui veut, pour éviter les circuits et les involutions de procédure, que toutes les fois qu'il est possible de statuer sur le dommage qui a sa source dans un délit, la personne responsable de ce dommage soit citée devant la juridiction appelée à connaître du délit; la preuve du délit entraînant le plus souvent la preuve de la responsabilité.

Sociétés antérieures à la loi du 17 Juillet 1856. Le principe de non-rétroactivité ne permettait pas d'appliquer toutes les prescriptions de la loi actuelle aux sociétés qui existaient déjà avant le 17 Juillet 1856. Mais le législateur a pensé que certaines dispositions pouvaient, sans inconvénient, être étendues aux sociétés déjà existantes lors de la promulgation de la loi. Telle est, entre autres, celle qui a trait à l'établissement d'un conseil de surveillance. Aux termes de l'art. 15 : « Les sociétés en commandite par actions actuellement existantes, et qui n'ont pas de conseil de surveillance, sont tenues, dans le délai de six mois, à partir de la promulgation de la présente loi, de constituer un conseil de surveillance. Ce conseil est nommé conformément aux dispositions de l'art. 5. A défaut de constitution du conseil de surveillance, dans le délai ci-dessus fixé, chaque actionnaire a le droit de faire prononcer la dissolution de la société. Néanmoins un nouveau délai peut être accordé, à raison des circonstances. » Faisons observer que l'obligation de constituer un conseil de surveillance, selon les formes et les conditions prescrites par la loi nouvelle, n'est imposée qu'aux sociétés qui n'en sont pas déjà pourvues. Quant à celles qui en ont un, elles peuvent le conserver tel qu'il est établi. « Ces conseils déjà existants, ainsi que ceux qui sont nommés dans les sociétés, qui n'en avaient pas, exercent les droits et remplissent les obligations déterminées par les art. 8 et 9 ; ils sont soumis à la responsabilité prévue par l'art. 10 (art. 15, § 3). »

SECTION IV.

Sanction des dispositions précédentes.

Pour atteindre le but qu'il se proposait, le législateur devait sanctionner par des dispositions rigoureuses les règles qu'il édictait. C'est ce qu'il a fait dans les art. 6 et suivants. Et comme la répression des manœuvres frauduleuses qu'il s'agissait d'atteindre importait tout à la fois à l'intérêt privé et à l'intérêt public, il a dû établir deux espèces de sanctions : la nullité de la société, qui donne satisfaction à l'intérêt privé, et des dispositions pénales, qui donnent satisfaction à l'intérêt public.

Nullité de la société. L'art. 6 prononce la nullité de la société pour toute infraction aux règles auxquelles la loi, dans les cinq premiers articles, subordonne la constitution régulière des commandites par actions. Cette nullité est d'ordre public ; elle ne peut donc être couverte, ni par l'exécution volontaire, ni par une ratification postérieure. Et, en présence de la disposition impérative de la loi, les tribunaux n'ont pas la faculté de refuser de prononcer l'annulation de la société, dès que l'on se trouve dans un des cas où la nullité est encourue.

Quels sont les effets de cette nullité? La nullité n'est prononcée qu'à l'égard des intéressés, sans qu'elle puisse être opposée aux tiers par les associés. L'art. 6 n'est que la reproduction de la disposition finale de l'art. 42, Code Com.; et le mot *intéressés* doit être entendu ici dans le même sens. Ainsi cette nullité pourra être opposée par les créanciers sociaux, par les créanciers personnels des associés, et même par les associés, les uns vis-à-vis des autres. Et elle pourra être invoquée, quel que soit le délai écoulé depuis la constitution de la société. La loi ne déclare-t-elle pas, en effet nulle et de nul effet la société constituée contrairement aux prescriptions de la loi? Or comment, ce qui, dès le principe est légalement inexistant pourrait-il avec le temps devenir inattaquable. Mais cette nullité n'aura d'effet que pour l'avenir; quant aux faits accomplis, ils seront régis par les conventions sociales. C'est ce qui résulte du mot *dissolution*, dont se sert l'art. 15.

Dispositions pénales. La sanction pénale de la loi nouvelle est renfermée, selon la nature des actes, dans les art. 11, 12 et 13. Elle frappe non-seulement le gérant coupable, mais encore tous ceux qui l'ont aidé dans ses manœuvres illégales.

Le premier délit que punit la loi est l'émission des actions effectuée au mépris des règles établies par les art. 1 et 2. Ce délit est prévu par l'art. 11, dont voici la teneur : « L'émission d'actions ou de coupons d'actions d'une société constituée contrairement aux art. 1 et 2 de la présente loi, est puni d'un emprisonnement de huit jours à six mois, et d'une amende de 500 francs à 10,000 francs,

ou de l'une de ces peines seulement. » Ainsi est puni des
peines indiquées le gérant, qui émet des actions ou des
coupons d'actions d'une valeur inférieure à 100 francs ou,
a 500 francs, ou qui émet des actions au porteur, avant
leur entière libération. Il en est de même de celui qui émet
des actions d'une société constituée avant la souscription
de la totalité du capital social, et le versement par chaque
actionnaire du quart du montant de ses actions; ou bien si
cette souscription et ce versement n'ont pas été constatés
par une déclaration notariée du gérant, accompagnée de
la liste des souscripteurs, de l'état des versements et de
l'acte de société. L'émission consiste dans le fait de créer
les actions et de les mettre à la disposition du public.
Ce fait ne doit pas être confondu avec la négociation, dont
s'occupe l'article suivant.

Le § 2 de l'art. 11 punit de la même peine, le gérant
qui commence les opérations sociales avant l'entrée en
fonctions du conseil de surveillance. Et ici il n'est point
permis de réduire la peine, à raison des circonstances atténuantes. Notre article ne contient pas la disposition que
renferme l'art. 13, et nous savons que l'art, 463, C. P.
ne s'applique aux délits punis par des lois spéciales, qu'autant que ces lois le permettent expressément. C'est du
moins ce que décide la Cour de Cassation (1).

Le deuxième délit est prévu et puni par l'art. 12, qui
dispose que : « La négociation d'actions ou coupons d'actions, dont la valeur ou la forme serait contraire aux dispositions des art. 1 et 2 de la présente loi, ou pour lesquelles le versement des deux cinquièmes n'aurait pas été

(1) Cass., 6 sept. 1851.

effectué, conformément à l'art. 3, est punie d'une amende de 500 à 10,000 francs. » Le mot négociation est employé ici dans le sens que nous lui avons donné lors de l'explication de l'art. 3, et ne comprend que la transmission par les voies commerciales. Quant au sort de la négociation entre les parties contractantes, il est laissé sous l'empire du droit commun. Mais la négociation n'est pas le seul fait passible des peines édictées dans l'art. 12; la loi punit encore toute participation à la négociation et toute publication de la valeur des actions, dont la valeur ou la forme est contraire aux dispositions des art. 1, 2 et 3 (Art. 12, § 2).

L'art. 13 prévoit le troisième délit, et punit des peines portées en l'art. 405, C. P., certains faits qui, sans constituer le délit d'escroquerie, méritent cependant une égale répression. Cet article inflige, sans préjudice de l'application de l'art. 405, C. P., à tous les faits constitutifs du délit d'escroquerie, un emprisonnement de un an à cinq ans, et une amende de 50 à 3,000 francs, sans préjudice de l'interdiction, pendant cinq ans au moins et dix ans au plus, des droits mentionnés en l'art. 42, C. P. : 1° A ceux qui, par simulation de souscriptions ou de versements, ou par la publication faite de mauvaise foi de souscriptions ou de versements qui n'existent pas, ou de tous autres faits faux, ont obtenu ou tenté d'obtenir des souscriptions ou des versements ; 2° à ceux qui, pour provoquer des souscriptions ou des versements, ont, de mauvaise foi, publié les noms de personnes désignées contrairement à la vérité, comme étant ou devant être attachées à la société, à un titre quelconque ; 3° aux gérants, qui, en l'absence d'inventaires ou au moyen d'inventaires frauduleux, ont opéré entre les actionnaires la répartition de dividendes non-réellement acquis à la société. Peu importe, dans ce dernier cas, que les gérants soient de bonne ou de mauvaise foi ; car ils sont en faute de n'avoir pas fait un inventaire; et ils doivent réparer le préjudice que cette faute a pu causer. Mais pour qu'ils soient ainsi punissables, il faut le concours des deux conditions suivantes : 1° Qu'il n'y ait pas d'inventaires ou que les inventaires soient frauduleux ; 2° que les dividendes distribués ne soient pas pris sur des bénéfices réels. Le seul fait d'avoir distribué des bénéfices fictifs ne rentrerait point sous l'application de notre article.

Lorsque le gérant est punissable pour avoir, en l'absence d'inventaires, distribué des dividendes fictifs, les actionnaires sont-ils soumis au rapport de ces dividendes ? Nous le pensons. Les actionnaires, même ceux qui sont de bonne foi, doivent conformément aux principes du droit commun, restituer les dividendes non-réellement acquis à à la société. Comme ils détiennent, sans cause, ces sommes qu'ils ont touchées à titre de dividendes, ils en doivent le rapport, en vertu de l'art. 1376, C. N., qui soumet à la restitution celui qui a reçu ce qui ne lui était pas dû. Leur bonne foi, en effet, ne peut pas aller jusqu'à leur attribuer ce qui ne leur appartient pas. Le possesseur de bonne foi, fait les fruits siens, c'est vrai ; mais les dividendes ne peuvent pas être considérés comme des fruits.

Il nous reste à observer que les peines prononcées par l'art. 13, peuvent être réduites, par suite de l'admission des circonstances atténuantes ; l'art. 463, C. P., s'applique aux faits prévus par notre article (art. 13, § 5). Observons enfin que toutes ces dispositions pénales s'appliquent aussi aux sociétés étrangères, qui ne se conforment point, en France, aux prescriptions de la présente loi.

SECTION V.

Commissariat pour les actions judiciaires.

Avant la loi du 17 juillet 1856, il était très-difficile de conduire et de terminer les procès qui s'élevaient entre les actionnaires d'une société en commandite et les gérants ou les membres du conseil de surveillance. Ce n'était que lenteurs, frais énormes et embarras de toutes sortes. Pour obvier à ces inconvénients, la loi actuelle, copiant les statuts de certaines sociétés, crée une représentation analogue à celle des syndics, en cas de faillite, et charge des commissaires spéciaux de représenter les intéressés, dans tous les procès qui doivent être soutenus *collectivement*, et dans un *intérêt commun*. Mais lorsque la contestation a lieu, à raison d'une obligation particulière, on suit alors les règles du droit commun. C'est ce qui ressort des termes de l'art. 14 : « Lorsque les actionnaires d'une société en commandite par actions, ont à soutenir *collectivement et dans un intérêt commun*, comme demandeurs ou comme défendeurs, un procès contre les gérants ou contre les membres du conseil de surveillance, ils sont représentés par des commissaires nommés en assemblée générale. Lorsque quelques actionnaires seulement sont engagés, comme demandeurs ou comme défendeurs, dans la contestation, les commissaires sont nommés dans une assemblée spéciale, composée des actionnaires parties au procès. Dans le cas où un obstacle quelconque empêcherait la nomination des commissaires par l'assemble générale ou par l'assemblée spéciale, il y sera pourvu par le tribunal de commerce, sur la requête de la partie la plus diligente. Nonobstant la

nomination des commissaires, chaque actionnaire a le droit
d'intervenir personnellement dans l'instance, à la charge
de supporter les frais de son intervention. » Remarquons
qu'ici la disposition de la loi est impérative; les actionnaires doivent nécessairement être représentés par des
commissaires à la requête ou en la personne desquels sont
faits tous les actes de procédure. S'ils agissaient eux-mêmes,
leurs adversaires seraient en droit d'invoquer contre eux
la fin de non-recevoir résultant du défaut de qualité. L'assemblée qui doit nommer les commissaires est convoquée
par les parties intéressées à la contestation ; et la nomination a lieu à la majorité des membres présents. Cette
nomination est spéciale à chaque contestation; telle était,
du moins, la disposition de l'art. 32 du projet de loi de
1838, et rien n'indique que le législateur de 1856 ait rejeté
cette règle.

Les commissaires peuvent être choisis parmi les actionnaires ou parmi des personnes étrangères à la société, et
leur nombre est laissé à l'appréciation de ceux qui les
nomment. Lorsqu'il y a plusieurs commissaires, ils sont
tenus *in solidum* de réparer le préjudice que leur faute ou
leur négligence a pu causer à leurs mandants ; c'est là une
conséquence de l'indivisibilité de leur mission.

Quelle est l'étendue des pouvoirs des commissaires? En
règle générale, ils peuvent, sans nouveau mandat, par-
courir, comme demandeurs ou défendeurs, tous les degrés
de juridiction ; ils peuvent même se désister des procédures et acquiescer aux jugements, mais ils n'ont le droit
ni de transiger, ni de compromettre.

Cette obligation de nommer des commissaires imposée
aux sociétés en commandite, par l'art. 14, étant une dispo-

sition de forme et de procédure, s'applique de plein droit, sans violer le principe de non-rétroactivité, aux sociétés existantes aussi bien qu'aux sociétés futures. C'est ce que consacre, du reste, le dernier paragraphe de l'art. 15, qui porte que : « L'art. 14 est applicable aux sociétés actuellement existantes. »

CHAPITRE V.

DE LA SOCIÉTÉ ANONYME.

Le Code de commerce est la première loi, qui ait codifié l'organisation des sociétés anonymes. Pour cela, il n'a eu qu'à copier les statuts de la compagnie des Indes. Ce qu'on appelait jadis société anonyme n'était point la société anonyme d'aujourd'hui ; ce n'était qu'une association en participation ou une société en commandite dépourvue de toute raison sociale. Cependant les sociétés anonymes existaient déjà à cette époque ; c'étaient les grandes compagnies, qui, comme les Compagnies des Indes, du Sénégal, de Cayenne, etc., étaient uniquement composées d'actionnaires irresponsables. Et si ces vastes associations n'avaient pas été classées au nombre des sociétés, cela tenait à l'intervention du gouvernement, dans la constitution de ces sociétés ; intervention qui les faisait considérer plutôt comme l'œuvre de la puissance publique que comme l'œuvre de la volonté des particuliers.

La Révolution, en abolissant les priviléges, supprima ces compagnies qui toutes étaient investies d'un privilége, dans la branche de commerce qu'elles exploitaient. Et le décret du 26-29 germinal an II, vint mettre fin à ces associations. Plus tard, il est vrai, ce décret fut rapporté; mais toutes ces compagnies financières restèrent toujours sans aucune loi réglementaire, et jusqu'au Code de commerce la jurisprudence ne fit que tâtonner.

Aujourd'hui la société anonyme se distingue des autres sociétés par des caractères bien tranchés. C'est une pure association de capitaux, où personne n'est responsable, pas même le gérant. Ici l'être moral est la caisse sociale, au delà de laquelle il n'y a pas d'individus débiteurs et contraignables. Aussi cette société n'a-t-elle pas de raison sociale et n'est-elle qualifiée que par la désignation de l'objet de son entreprise (*Banque de France, Compagnie du chemin de fer du Nord*). C'est ce qu'édictent les art. 29 et 30. Il est vrai que ces articles manquent de sanction; mais comme le gouvernement doit autoriser l'acte et les statuts de la société, il les ramènera à l'exécution rigoureuse de la loi, lorsque les parties auront enfreint les prescriptions édictées. Du reste, si malgré sa qualification, la société agit sous une raison sociale, elle deviendra société en nom collectif ou en commandite, et supportera toutes les conséquences attachées à ces associations.

La société anonyme est éminemment propre aux vastes entreprises. « C'est là, dit M. Regnaud de Saint-Jean d'Angely, un moyen efficace pour appeler en France les fonds étrangers, pour associer la médiocrité même et presque la pauvreté aux avantages des grandes spéculations, pour ajouter au crédit public et à la masse circulant dans le commerce. » (1) Car si elle n'a pas l'organisation définie des commandites, elle a, en retour, un double avantage, c'est d'exonérer les gé-

_____
(1) Discours au Corps législatif.

rants et fondateurs de toute responsabilité personnelle, de toute solidarité, et de permettre aux associés de surveiller les opérations, sans craindre d'être accusés d'immixtion.

Les sociétés anonymes ne sont pas nécessairement *commerciales;* elles ne le sont qu'autant qu'elles ont pour objet une branche de commerce. Et comme toute opération industrielle non contraire à l'ordre public et aux bonnes mœurs, peut devenir l'objet d'une société anonyme, il suit nécessairement qu'une société civile peut revêtir la forme de cette association. La *Caisse hypothécaire,* cette magnifique institution de crédit, *les sociétés d'assurances mutuelles contre les faillites,* etc., ne sont, en effet, que des sociétés anonymes civiles.

SECTION PREMIÈRE
Conditions constitutives de la société anonyme.

Les conditions auxquelles est soumis l'établissement des sociétés anonymes, sont rapportées par l'art. 40, qui dispose que ; « les sociétés anonymes ne peuvent être formées que par acte public. » Mais cet article n'a trait qu'à l'acte de société; quant aux statuts organiques, ils sont d'abord rédigés séparément sous seing-privé, afin qu'on y puisse insérer les changements et additions exigés par le conseil d'Etat, et ce n'est qu'après l'autorisation, qu'ils sont convertis en acte public. On comprend assez peu l'utilité de la prescription de l'art. 40, prescription, qui cependant est substantielle. M. Locré (1) prétend que « c'est afin d'empêcher les fondateurs de changer la condition des porteurs

(1) Esprit du C. de C., art. 40.

d'actions.» Mais comme ici tout changement est impossible, puisque le projet d'acte est déposé à la chancellerie, communiqué au conseil d'Etat, et inséré au bulletin des lois, avec le décret d'autorisation, nous n'hésitons pas à rejeter la raison donnée par cet auteur.

La société anonyme une fois formée par acte public n'a cependant pas la vie et l'existence; il lui faut encore l'autorisation de l'empereur, et son approbation pour l'acte qui la constitue. En Angleterre, il faut un *bill* du Parlement. Cette approbation est donnée dans la forme prescrite pour les règlements d'administration publique, c'est-à-dire après avoir pris l'avis du conseil d'Etat. Pourquoi cette intervention du gouvernement? « C'est, dit M. Regnaud (1), pour vérifier d'avance sur quelles bases on veut faire reposer les opérations de la société, et quelles peuvent en être les conséquences. » Comme l'agiotage peut substituer des fictions aux réalités du crédit, il faut que l'autorisation de l'empereur, précédée d'un contrôle protecteur, supplée à l'absence de cette responsabilité personnelle qu'on trouve dans les autres sociétés. Il faut que le gouvernement s'enquiert de la moralité de l'entreprise, de son utilité, des garanties personnelles des associés; autrement l'autorisation ne serait qu'une page de plus à ajouter aux prospectus menteurs de ces faiseurs de projets (2). Et remarquez bien, qu'il ne suffit pas ici d'une autorisation à futur, donnée avant la constitution de la société; il faut que les statuts qui organisent l'association, reçoivent aussi l'approbation de l'empereur, et les modifications que le conseil d'Etat juge utiles d'y insérer. Mais alors comme ces changements de-

(1) Exposé des motifs. — (2) Troplong, n° 459.

13

viennent les véritables conditions de la société, les actionnaires ont le droit de demander aux tribunaux l'annulation de leur souscription. Et les tribunaux peuvent, sans empiéter sur le domaine de l'administration, annuler le contrat, toutes les fois que ces modifications altèrent les conventions primitives, au point de détruire le consentement donné à ces dernières. Dès que l'approbation est reçue, rien ne peut plus être changé aux bases et au but de l'association, sans une nouvelle autorisation du gouvernement, sous peine de l'interdiction de la société (Instr. Min. du 21 déc. 1807, art. 6).

Tant que le décret de l'empereur n'est pas rendu, la société n'existe pas légalement; elle est nulle comme société anonyme, et dès lors elle ne peut point commencer sesopérations. Mais qu'arrive-t-il lorsqu'elle enfreint cette règle? Quelles en sont les conséquences? Vis-à-vis des tiers, tous ceux des associés qui ont participé directement ou indirectement aux engagements contractés sont tenus solidairement, comme s'ils étaient associés en nom collectif. Quant aux autres, comme ils ne peuvent pas être obligés par des actes auxquels ils n'ont ni participé, ni consenti, ils sont à l'abri de toute action. Et si l'autorisation vient à être ultérieurement accordée, le fonds social ne pourra pas être poursuivi, à raison des contrats antérieurs puisque la société anonyme n'a commencé à exister que du moment où elle a été régulièrement autorisée. A moins toutefois, dit avec raison M. Delangle (1), que les dépenses anticipées ne soient de telle nature, qu'il eût fallu les faire après l'autorisation, si elles n'eussent pas été faites aupa-

(1) Delangle, n° 485.

ravant. Entre associés, les rapports sont aussi faciles à établir. L'associé, qui, de bonne foi a pris des actions dans
une société qu'il croyait autorisée, a le droit de retirer sa
mise, sans être obligé de participer aux engagements contractés. Le consentement qu'il a donné ici est entaché d'erreur
et sa mise doit lui être rendue comme ayant été versée sans
cause. Il peut même réclamer des dommages-intérêts,
c'est-à-dire l'intérêt des sommes versées, s'il a été victime
du mensonge ou du dol ; par exemple, si les administrateurs de la société lui ont faussement affirmé que l'autorisation du gouvernement était obtenue. Mais l'associé, qui,
connaissant l'état des choses, a donné un consentement
exprès ou tacite aux engagements contractés, doit subir les
conséquences des faits accomplis et supporter les pertes,
dans la mesure de sa mise. Il ne serait dispensé de toute
contribution aux dettes qu'autant qu'il serait resté compié-
tement étranger à la gestion.

Maintenant quelles règles suivra-t-on pour liquider cette
société de fait? On appliquera l'acte social, et les pertes se
répartiront proportionnellement aux apports et aux clauses
du contrat de société. Quant aux dettes qui excéderont le
fonds social, elles seront à la charge de ceux qui les auront
contractées.

Les formalités à suivre, pour demander l'autorisation du
gouvernement, sont indiquées par deux instructions ministérielles, en date du 21 décembre 1807, et 22 octobre 1817.
Aux termes de ces instructions, les individus qui désirent
former une société anonyme, doivent adresser au préfet,
une pétition signée de tous ceux qui veulent faire partie de
l'association. Cette pétition doit contenir, la désignation de
l'affaire que la société veut entreprendre, le temps de sa

durée, le domicile des pétitionnaires, le montant du capital que la société doit posséder, la manière dont ils entendent former ce capital, les délais dans lesquels le capital doit être réalisé, le domicile du siége de l'administration, et enfin l'acte d'association, passé entre les intéressés, et déclaré irrévocable, sous la seule condition de l'approbation de l'empereur. Lorsque les souscripteurs de la pétition ne complètent pas seuls la société, qui doit être formée ; lorsqu'ils déclarent avoir l'intention de la compléter seulement après l'approbation du gouvernement, ils doivent, dans ce cas, composer au moins le quart en somme du capital, et s'obliger à payer leur contingent aussitôt après l'autorisation donnée. Quant aux trois autres quarts, ils doivent être versés aux époques fixées par l'ordonnance elle-même. Toutes ces pièces sont transmises au ministre, avec l'avis du préfet ; et après un sérieux examen, le ministre soumet la proposition à l'empereur, en conseil d'Etat, qui statue sur son admission ou sur son rejet. En cette matière, la décision du gouvernement est souveraine ; c'est là un acte du pouvoir discrétionnaire, qui ne saurait donner aucun recours, par la voie contentieuse, puisqu'il ne blesse pas des droits acquis. Ajoutons aussi que l'autorisation n'est pas irrévocable. L'empereur peut retirer, sans préjudice toutefois des droits du tiers, la permission qu'il a accordée, non-seulement, au cas d'inexécution ou de violation des statuts, mais encore toutes les fois que la mesure lui paraît nécessaire.

Aux instructions ministérielles la jurisprudence du conseil d'Etat a ajouté quelques sages précautions. 1° Dans quelques sociétés dont les opérations sont successives et progressives, pour ne pas grever la société d'intérêts onéreux, on ne réalise pas toujours sur-le-champ l'entier capital social. On stipule seulement que le capital sera réalisé en divers paiements, plus ou moins éloignés, et les actionnaires ne donnent d'abord qu'un à compte, en promettant de répondre aux appels de fonds, qui seront faits. Mais souvent ces promesses étaient complètement vaines, et la société se trouvait sans capital. Pour remédier à cet inconvénient, le Conseil d'État exige maintenant des souscripteurs un dépôt de valeurs publiques, promptement réalisables ; de cette manière l'abus que nous venons de signaler devient impossible. 2° Dans toute société anonyme l'autorisation fixe un certain *minimum*, au-dessous duquel le capital ne doit pas descendre ; *minimum* qui varie suivant la nature des opérations, et se règle d'après les circonstances de l'affaire. Dès que l'actif social descend au-dessous de ce *minimum*, la société est tenue de se dissoudre. Pour prévenir cette crise, le conseil d'Etat exige que la société fasse sur les bénéfices annuels une réserve proportionnée à la grandeur des profits et des chances de l'entreprise. Dans les sociétés à responsabilité limitée, ce fonds de réserve est du vingtième au moins du capital social (art. 19, loi du 23 mai 1863). Il veut, en outre, que, lorsque la réserve ne suffit pas pour combler le déficit, tous les bénéfices soient employés à rétablir l'intégralité du capital, sans qu'on puisse distribuer aucun dividende, même à titre d'intérêts.

Le capital d'une société anonyme se divise en actions, et même en coupons d'action d'une valeur égale (art. 34). Ces actions sont nominatives ou au porteur (art. 35 et 36); elles peuvent aussi être à ordre, c'est-à-dire cessibles par voie d'endossement. Et quoique portion indivise de tous les biens meubles et immeubles de le société, elles sont toutes réputées meubles (art. 529, C. N.); les actions de la banque de France peuvent toutefois être immobilisées. Ici la division du capital en action n'est plus facultative comme en matière de commandite ; la disposition de l'article 34 est impérative ; la loi ne dit pas le *capital peut* . . . . . *se diviser.* . . . . . elle dispose que « le *capital* . . . . *se divise en actions.* . . . . . Mais la faculté de créer les diverses catégories d'actions, que nous avons énumerées en parlant de la société en commandite par action, est dans la société anonyme, soumise à plusieurs restrictions. L'instruction ministérielle du 22 octobre 1817 défend, en effet, aux fondateurs de la société de s'attribuer aucune propriété spéciale sur l'entreprise, ou aucun prélèvement sur les profits, si ce n'est pour le salaire de leurs soins. Elle supprime donc par là, les actions de *fondation*, qui ne sont pas la représentation d'un apport réel, et les actions de *prime*, qui ne sont pas la rémunération de soins donnés à la société. Il importe au public que lorsque vous lui annoncez un million pour la garantie de la gestion, ce million soit réel ou en argent, ou en valeurs égales (1). On admet cependant que lorsque la société est fondée sur l'exploitation d'un secret ou d'un brevet, l'inventeur peut toucher le prix de son secret ou de son brevet, en recevant un certain nombre d'actions industrielles.

Le souscripteur primitif, qui a cédé son action non libérée, demeure-t-il responsable du paiement total de l'action? En matière de commandite, cette question n'en est plus une, depuis la loi du 17 juillet 1856. Mais en est-il de même en matière de société anonyme? Sans aucun doute,

(1) Vincens, p. 44.

quelle que soit la forme de l'action cédée. L'engagement du souscripteur n'est-il pas toujours une obligation personnelle, qui ne peut s'éteindre que par un paiement effectif, ou par un des moyens indiqués dans l'art. 1234, C. N. Pourquoi établir une différence entre celui qui cède ses actions, avant d'en avoir payé le montant, et l'acquéreur d'un meuble ou d'un immeuble, qui revend l'objet de son acquisition, avant d'avoir désintéressé le vendeur? Puis, de quel droit opposer à la société un contrat qui lui est étranger? Ne serait-ce pas alors ouvrir la porte au dol et à la fraude? Du jour où les affaires sociales deviendraient difficiles, toutes les actions se trouveraient bientôt entre des mains insolvables. Que resterait-il alors aux tiers? Un recours dérisoire et impossible.

SECTION II.

De l'administration de la société anonyme.

La société anonyme est administrée par des mandataires *à temps, révocables, associés ou non associés,* salariés ou gratuits (art. 31). Ces administrateurs ne doivent avoir qu'un mandat temporaire; le législateur n'a pas voulu que les fondateurs d'une société puissent s'en faire concéder l'administration pour toute sa durée. Ils doivent, en outre, être révocables, quels qu'ils soient, ceux nommés dans l'acte de société, comme ceux nommés postérieurement, et cela sans qu'il soit besoin de motiver leur révocation. L'article 31 déroge au principe de l'article 1856, C. N., qui n'autorise que pour des causes légitimes, la révocation du gérant statutaire. Ici la révocabilité des administrateurs est d'ordre public, et la clause qui les rendrait irrévocables serait complètement nulle, alors même qu'elle aurait reçu l'approbation du gouvernement. On ne pourrait même pas spécifier, dans les statuts, les causes pour lesquelles les administrateurs seraient révocables, puisque ce serait annuler indirectement le droit de révocation. De leur côté, les administrateurs ont le droit de se démettre de leurs fonctions, en se soumettant toutefois à cet égard aux règles établies en matière de mandat.

Les administrateurs de la société anonyme peuvent être pris parmi les associés. C'est là une différence remarquable entre la commandite et la société anonyme. Dans la commandite, nous le savons, le gérant ne peut pas être choisi parmi les commanditaires. Mais dans une société anonyme, comme la solidarité ne pèse sur personne, peu importe par qui l'association est administrée, puisque dans tous les cas les tiers n'ont d'autre garantie que la caisse sociale.

Quels sont les pouvoirs de ces administrateurs? Le Code est muet sur ce point; mais en qualifiant ces personnes de mandataires, il donne la possibilité de combler la lacune. Il suffira donc, pour déterminer ces pouvoirs, de combiner les principes du mandat, avec les termes de l'acte social et le but de l'association. Ainsi, les administrateurs pourront faire tous les actes d'administration, intenter toutes les actions relatives à ces actes, et y défendre; mais ils ne pourront point, sans l'autorisation de l'assemblée générale, emprunter, transiger ou compromettre; ils ne pourront également pas aliéner les immeubles, à moins toutefois que ce ne soit là, vu les opérations qui font l'objet de la société, un simple acte d'administration.

Quant à la responsabilité de ces mandataires, voici comme elle est réglée par l'article 32 : « Les administrateurs ne sont responsables que de l'exécution du mandat qu'ils ont reçu. Ils ne contractent, à raison de leur gestion, aucune obligation personnelle ni solidaire relativement aux engagements de la société. » Et cela alors même qu'ils sont choisis parmi les associés ; car ici, nous le savons, le fait de l'administration ne change pas, comme dans la commandite, la condition de l'associé. Toutefois cette irresponsabilité personnelle des administrateurs est subordonnée à la condition qu'ils exécuteront fidèlement leur mandat. S'ils l'outrepassent, ils sont alors indéfiniment et personnellement tenus, et la société cesse d'être obligée. Ils ne seraient irresponsables, qu'autant qu'ils n'auraient fait qu'exécuter les ordres de l'assemblée générale, et encore faudrait-il que les actes accomplis ne fussent pas contraires à quelques dispositions des statuts, intéressant l'ordre public ou les tiers, car alors il était de leur devoir de refuser d'obéir, et en ne le faisant pas, ils ont commis une faute, dont ils doivent subir les conséquences (1).

Dans les sociétés anonymes, le pouvoir d'administrer n'est pas confié exclusivement aux administrateurs dont parle l'article 31, il est ordinairement réparti entre plusieurs. Aussi, dans toute société bien organisée, trouve-t-on, à côté des administrateurs, un *conseil d'administration*, qui gère les affaires de la société et agit au nom du corps social ; un *conseil de surveillance*, qui a pour mission de veiller sur la conduite des gérants ; des *directeurs*, qui traitent avec les tiers et dirigent les opérations ; *des cen-*

(1) Cass., 16 juillet 1838. — 9 mars 1841. — Req., 28 déc. 1853.

seurs, qui contrôlent et vérifient les comptes; un *conseil judiciaire*, et souvent des *commissaires du gouvernement*, chargés de signaler à l'autorité les infractions aux statuts sociaux. Sans oublier *l'assemblée générale des actionnaires*, à qui sont rendus les comptes de gestion, et qui statue sur tout ce qui excède les pouvoirs des administrateurs; assemblée dont les attributions sont plus ou moins étendues, selon que ses délibérations portent ou ne portent pas sur des objets prévus par les statuts. Dans le premier cas, les délibérations sont obligatoires pour tous, dès qu'elles sont prises à la majorité; tandis que dans le second, la majorité ne peut point lier la minorité. Car les statuts, une fois approuvés par le gouvernement, forment la loi des parties, et toute dérogation ultérieure doit être votée à l'unanimité. « L'unanimité des associés, dit M. Pardessus (n° 980), peut seule apporter des modifications à un acte qui est lui-même l'ouvrage de l'unanimité, de ceux qui l'ont primitivement signé. » C'est, du reste, l'application de la maxime : *quod omnes tangit ab omnibus debet approbari*. Maintenant, comment cette assemblée générale est-elle convoquée? Quel est le mode de ses délibérations? A quelle majorité ses délibérations sont-elles prises? etc., etc. Tous ces points sont réglés par les statuts de la société.

SECTION III.

Obligations et droits des associés.

Les obligations des membres d'une société anonyme se réduisent à verser leur mise, soit aux termes fixés par les statuts, soit au fur et à mesure des appels de fonds. L'associé, en retard, peut être condamné à payer, non-seule-

ment les intérêts des sommes qu'il devait verser, mais
encore des dommages-intérêts. Mais peut-il être poursuivi
directement par les créanciers de la société? Et dans ce cas,
est-il contraignable par corps? Puis, est-il soumis au rapport des dividendes qu'il a touchés de bonne foi? Ce sont
là des questions que nous avons traitées, en parlant des
obligations des commanditaires, et comme les solutions
sont les mêmes, nous renvoyons à ce que nous avons dit
plus haut.

Quant aux droits des associés, ils consistent à faire partie
des assemblées générales, s'ils remplissent les conditions
exigées par les statuts, à percevoir les bénéfices ou dividendes afférents à leurs actions, et à n'être jamais tenus,
au delà de leur mise.

SECTION IV.

Des sociétés anonymes étrangères.

A la différence des sociétés anonymes françaises, qui ne
peuvent exister qu'avec l'autorisation du gouvernement,
les sociétés anonymes étrangères peuvent venir fonctionner
et s'établir en France, sans en avoir obtenu l'autorisation.
Cela résulte, du moins pour les sociétés anonymes belges,
d'une loi du 30 mai 1857, dont l'art. 1 dispose que : « Les
sociétés anonymes et les autres associations commerciales,
industrielles ou financières, qui sont soumises à l'autorisation du gouvernement belge, et qui l'ont obtenue, peuvent
exercer tous leurs droits et ester en justice en France, en
se conformant aux lois de l'Empire. » L'art. 2 ajoute :
« Un décret impérial, rendu en conseil d'Etat, peut appliquer à tous autres pays, le bénéfice de l'art. 1. » Ce béné-

fice a été étendu aux sociétés anonymes turques et égyptiennes, par un décret, du 7-18 mai 1859. Il a été également accordé aux sociétés anglaises, par le traité international du 15 mai 1862. Malheureusement on avait compté, sans la loi de 1857, qui, dans son art. 2, exige un décret impérial. Et la Cour de Rennes, par un arrêt en date du 20 juin 1862, a dénié à un Français le droit d'appeler en garantie une compagnie anglo-française *limited*, en se fondant sur ce que la société *limited* était une sorte de société anonyme non autorisée en France, puisque la convention internationale de 1862 n'avait pas été suivie du décret impérial, exigé par l'art. 2 de la loi de 1857. Mais cet arrêt a été cassé par un arrêt de la Cour de cassation, en date du 19 mai 1863.

CHAPITRE VI.

DE L'ASSOCIATION EN PARTICIPATION.

« Indépendamment des trois espèces de sociétés ci-dessus, la loi reconnaît l'association en participation (art. 47). » Quelle est la nature de cette association ? L'art. 48 répond à la question, en des termes assez peu explicites : « ces associations, dit-il, sont relatives à une ou plusieurs opérations de commerce ; elles ont lieu pour les objets, dans les formes, avec les proportions d'intérêt et aux conditions convenues entre les participants. » Mais avant d'entrer dans les développements que demandent ces articles, faisons l'historique de cette société.

La participation nous vient de l'Italie, où elle était employée dans les opérations du commerce maritime et dans

la ferme des revenus publics. Nous retrouvons ici la société *vectigalium*, du droit romain. Lorsqu'un particulier
n'était pas assez riche pour se rendre adjudicataire des impôts, il offrait une part d'intérêt à de riches capitalistes qui
lui avançaient les fonds nécessaires, et il prenait à lui seul
la responsabilité de l'entreprise. Lui seul était connu du
public, et entre lui et ses bailleurs de fonds, que l'on appelait alors tantôt commanditaires tantôt participants, tout
se bornait à un compte de profits et pertes. Quant aux tiers,
ils ne connaissaient et n'avaient pour obligé que celui avec
qui ils avaient traité ; pour eux il n'y avait pas de société,
les participants n'étaient pas co-seigneurs de l'affaire, *neque negotii considerantur condomini*, selon l'expression de
Deluca, et le lien social n'existait qu'entre les participants.

Arrive l'Ordonnance de 1673, qui consacre un titre
entier (le titre IV) aux sociétés de commerce, et ne parle
point de la participation. Est-ce là un oubli, comme l'ont
prétendu certains auteurs ? Nous ne le croyons pas. Comment, en effet, supposer que le législateur de 1673, exclusivement occupé des matières commerciales, n'ait pas
songé à l'une des opérations les plus fréquentes du commerce. N'est-il pas plus raisonnable de penser qu'il a voulu,
par son silence, laisser cette société sous l'empire des règles que nous tracent Pothier (1) et Savary (2) ; règles que
nous trouvons résumées, en partie, dans le passage suivant :
« Il reste maintenant, dit le judicieux auteur du *Parfait
négociant*, à expliquer la troisième sorte de société qu'on
appelle *anonyme*, qui se fait aussi parmi les marchands et
négociants. Elle s'appelle ainsi parce qu'elle est sans nom,

(1) Pothier, n° 61. — (2) Savary, t. 1, p. 568.

et qu'elle n'est connue de personne, comme n'important en façon quelconque au public. Tout ce qui se fait en la négociation ne regarde que les associés, chacun en droit soi, de sorte que celui qui achète est celui qui s'oblige et qui paie au vendeur, celui qui vend reçoit de l'acheteur ; ils ne s'obligent point tous les deux ensemble envers une tierce personne, il n'y a que celui qui agit qui est le seul obligé ; ils le sont seulement réciproquement l'un envers l'autre en ce qui regarde cette société. Il y en a qui sont verbales, d'autres par écrit, et la plupart se font par lettres missives que les marchands s'écrivent respectivement l'un à l'autre ; les conditions en sont bien souvent brèves, n'y ayant qu'un seul et unique article, et elles finissent quelquefois le même jour qu'elles sont faites. »

Telle est la participation au moment où est rédigé le Code de Commerce. Le Code croyant être plus complet que l'Ordonnance de 1673, consacre quatre articles à cette association ; mais ces quelques mots sont insuffisants pour bien fixer le rôle que joue la participation dans le droit commercial, et n'en disent guère plus que le silence de l'Ordonnance de 1673. « Ce n'était pas la peine, disent MM. Delamarre et Lepoitvin (1), de faire quatre articles pour déclarer que tout ce qui concerne la participation dépend souverainement de la volonté des contractants. » Que conclure de là ? C'est que le législateur n'a pas entendu innover en cette matière, et qu'il a simplement voulu consacrer le contrat que l'usage avait introduit. Ainsi, ce qu'on entend aujourd'hui par association en participation, c'est la convention dont Savary nous a fait connaître les caractères.

Mais à quel signe s'attacher, pour distinguer cette asso-

_____
(1) Delamarre et Lepoitvin. *Traité de la commission*, t. 3, n° 31.

ciation des sociétés proprement dites? C'est là, sans contredit, la question la plus controversée, celle qui divise le plus la doctrine et la jurisprudence. « D'où provient ce désaccord et ces tâtonnements sur les propriétés d'un contrat pratiqué depuis des siècles? C'est que trop souvent on s'imagine voir dans les lois ce qu'elles n'ont ni dit, ni voulu dire, et qu'une fois séduits par cette fausse lueur, nous demandons aux efforts de l'esprit des solutions qu'il faut puiser dans la source même des choses (1). » Cinq systèmes ont été proposés sur ce point : parcourons-les rapidement.

M. Pardessus (n° 1046), d'accord avec la Cour de Cassation, veut que le point de savoir si une société commerciale est une participation soit laissé à l'appréciation des tribunaux. Mais un tel système, contraire à la maxime : *optima lex, quæ minimum relinquit arbitrio judicis*, ne saurait être admis.

M. Delangle (n° 600) veut, pour qu'il y ait participation, que l'objet de l'association soit déterminé et que les parties agissent en nom privé. Ce second système a le grand inconvénient de multiplier les cas de nullité ; et les nullités ne doivent pas être ajoutées à la loi.

Le troisième système est le plus invraisemblable de tous. M. Molinier (n° 485) a sans doute beaucoup d'imagination, en créant des participations en nom collectif, des participations en commandite, des comptes en participation, mais en droit l'imagination ne doit pas agir, il faut des faits, il faut des preuves, et M. Molinier n'en donne pas. Personne n'a entendu parler de participations en commandite, et de participations en nom collectif. Ce sont là

(1) Delam. et Lepoit. t. 3 n° 99.

des hypothèses arbitraires, *velut ægri somnia* (Horace), enfantées dans le cerveau de leur auteur.

Le quatrième système qui semble avoir pour lui le texte de l'art. 48, consiste à s'attacher à l'objet de la société. L'objet est-il déterminé? La société est une participation. Est-il, au contraire, collectif? La société n'est plus alors qu'une association régie par les règles des trois premières sociétés. Ce système fut celui de la jurisprudence jusqu'en 1834; c'est celui de M. Bravard (p. 85).

Le dernier système consiste à dire que dans la participation tout dépend de la volonté des parties. Qu'il s'agisse d'une ou de plusieurs opérations, ou d'un commerce tout entier, ce n'est pas là le trait caractéristique de l'association en participation. Ce qui distingue cette société, c'est que les parties conviennent que les opérations seront faites sous le nom *de l'une d'elles*, et non pas en *nom commun*. Ainsi elles seront associés en nom collectif, toutes les fois qu'elles seront convenues de livrer leurs noms au public, et elles seront associées en participation toutes les fois que les rapports résultant de la société, devront se concentrer en elles. Le Code de Commerce n'a fait que consacrer les principes de l'ancien droit, les principes de Savary; et si les art. 47 et 48 se servent du mot *association*, c'est parce que les rédacteurs n'ont vu dans cette convention qu'une *société relative*, c'est-à-dire une société qui n'existe qu'entre les parties. Voilà pourquoi la participation n'est pas astreinte, comme les autres sociétés, aux formalités de publicité. Il n'était pas nécessaire d'avertir les tiers, puisque les associés autres que celui qui s'engage, ne veulent avoir avec eux aucun rapport. Ce système, que nous adoptons, est celui de M. Laplace, et de MM. Delamarre et Lepoitevin.

« On enseignait anciennement, disent ces savants auteurs (1),
qu'une participation n'est qu'un marché d'un moment,
une opération passagère, et c'est ainsi sans doute qu'elle
apparut à son origine. Mais depuis que le commerce et
l'industrie ont pris plus d'extension, il n'y a pas de motifs
pour n'assigner à ce contrat qu'une existence éphémère.
Aux termes de l'art. 48, l'association peut embrasser une
série d'affaires, tout aussi bien qu'être bornée à une seule
affaire. Elle peut même comprendre toute une branche de
commerce; et puisque la loi laisse aux contractants la liberté de convenir de l'objet et des conditions de l'association, celle-ci peut être d'une durée indéfinie, et porter sur
tous les objets licites indistinctement. Ce n'est donc ni la
nature de l'affaire, ni une courte durée qui caractérisent la
participation. La définir ainsi, c'est tomber dans l'arbitraire. Du moment que *les objets, les formes, les proportions d'intérêts et les conditions* de ce contrat sont laissés à
la volonté des parties, le seul moyen de le définir, c'est de
dire qu'*il dépend de cette volonté.* » Ajoutons que l'opinion
que nous soutenons est conforme à l'ancien droit, et qu'elle
a pour elle la tradition, Savary, Pothier, et plusieurs
arrêts (2).

Maintenant quelles sont les formes de la participation?
Aux termes de l'art. 48 : « Les associations en participation
ont lieu pour les objets, dans les formes, avec les proportions d'intérêt, et aux conditions convenues entre les participants. » Mais nous n'avons pas à rechercher, d'une manière générale, quels sont les objets, pour lesquels une

(1) Delam. et Lepoit., t. 3, n° 32. — (2) Rej., 7 août 1838. — Paris,
9 mars 1813. — Paris, 1er juill. 1852. — Rennes, 28 janv. 1856. — Req.,
11 mai 1857, etc., etc.

14

association en participation peut-être formée. Il nous suffira de renvoyer à l'art. 1833, C. N., qui porte que toute société doit avoir un objet licite. Quant aux formes, elles sont complètement laissées à la libre volonté des parties. « Les associations en participation, dit l'art. 50, ne sont pas sujettes aux formalités prescrites pour les autres sociétés. » Il n'y a donc pas ici de nullité possible pour inobservation de formes ; aussi est-il très-important de savoir si telle société est ou n'est pas une participation. Une entière liberté est également laissée aux parties pour les proportions d'intérêt à établir entre elles, et pour les autres conditions qu'il peut leur convenir d'insérer dans leur contrat. Cette liberté n'est point toutefois illimitée. Les principes du droit commun reçoivent ici leur application, et tout ce que nous avons dit, en traitant des Sociétés civiles, se réfère naturellement aussi à la participation. Enfin comme tout ce qui a trait à la dissolution de cette société est semblable à ce qui se passe en matière civile, nous renvoyons au commentaire des art. 1865 et s. C. N.

L'art. 49 s'occupe de la preuve de la participation. Aux termes de cet article, la participation peut se prouver de trois manières différentes : 1° par témoins, même sans commencement de preuve par écrit ; 2° par la correspondance ; 3° par les livres des parties, quelqu'irréguliers qu'ils soient. Mais cet article n'est pas limitatif ; ici la loi a voulu étendre le droit commun et non pas le restreindre, aussi est-il généralement admis que tous les modes de preuve, reçus en matière commerciale, peuvent s'appliquer aux associations en participation. Observons, toutefois, que ces divers genres de preuves ne constatent la société qu'entre les associés, mais non vis-à-vis des tiers. « Autrement, dit

M. Regnaud de St.-Jean d'Angely (1), ce serait enlever au commerce les fonds que beaucoup de capitalistes ne lui fournissent que parce qu'ils sont certains de se trouver à couvert de tout embarras ultérieur. D'ailleurs le refus de recours contre les co-associés en participation ne trompe pas le vendeur, puisqu'il n'a connu que celui avec qui il a traité, et n'a pas compté sur une autre garantie. »

SECTION PREMIÈRE.

Des effets de l'association en participation.

Les effets de l'association en participation peuvent être envisagés à un double point de vue : 1° par rapport aux associés ; 2° par rapport aux tiers.

1° *Des engagements des participants entre eux.* En l'absence de clauses spéciales, les règles générales concernant les droits et les obligations réciproques des associés, dans les sociétés civiles, s'appliquent aux participants (art. 1843 et s. C. N.). Il en est de même des règles qui président à la répartition des bénéfices et des pertes (art. 1853. C. N.).

A propos du partage des bénéfices et des pertes, s'élève une question qui n'est pas sans intérêt. L'obligation de contribuer aux pertes de celui qui, sans s'obliger personnellement envers les tiers, se contente de fournir des fonds, est-elle limitée à la perte de ces sommes, comme dans la commandite, ou bien le participant est-il tenu indéfiniment envers son co-associé, dans la proportion de son intérêt? L'école italienne se prononce pour la première opinion. *Participes*, dit Casarégis, *non tenentur nisi ad ratam capi-*

(1) Discours au conseil d'État.

talis pro quo participant in negotio (1). Et la Rote de Gênes, s'exprime en termes analogues : *participes non tenentur nisi pro summâ quam exposuerunt in societate* (2). Mais cette doctrine doit être rejetée, car nous n'admettons pas, comme le font les jurisconsultes italiens, que la participation et la commandite ne soient qu'une seule et même société. Aussi préférons-nous l'opinion contraire. La participation n'est-elle pas, en effet, la société anonyme de l'ancien droit ? Or que disait Pothier (nᵒ 101) : « Les associations diffèrent en ce que dans la société anonyme (aujourd'hui participation), l'associé inconnu est tenu indéfiniment, pour la part qu'il a dans la société, d'acquitter son associé des dettes qu'il a contractées pour la société, au lieu que l'associé en commandite n'est tenu que jusqu'à concurrence de la somme qu'il a mise dans la société. » Pourquoi donc ne pas appliquer ces principes, sous le Code de commerce, et décider avec Pothier que le commanditaire est le seul associé qui jouisse du bénéfice de n'être tenu que jusqu'à concurrence de sa mise ? Sans doute le participant peut jouir de ce privilége, mais pour cela, il faut que l'acte de société le dise expressément. Une telle stipulation est parfaitement valable, puisque l'art. 1855. C. N. ne défend que l'affranchissement absolu de toute contribution aux pertes, et que l'art 48 accorde aux participants toute latitude dans le règlement de leurs intérêts. C'est là sans doute la combinaison que M. Molinier appelle participation en commandite.

2ᵒ *Des engagements des participants à l'égard des tiers.* Rappelons-nous d'abord le grand principe que la participation n'existe pas vis-à-vis des tiers, et que le gérant

---

(1) Casarégis, Disc. 39. — (2) Décis. 14, nᵒ 131.

seul est connu. Ce principe résout négativement la question
de savoir si la participation est une personne morale, sur
les biens de laquelle les créanciers sociaux ont un privilége. Pourquoi, en effet, la participation serait-elle une
personne morale? Ce n'est pas une société *lato sensu;* ce
n'est qu'une association entre les parties. Il n'y a ici ni
fonds commun, ni siége social, et chaque associé reste
individuellement propriétaire de sa part indivise. Puis,
pourquoi les créanciers sociaux seraient-ils privilégiés?
« On se demande d'abord, dit M. Troplong (n° 864), comment il se fait qu'il puisse y avoir des créanciers sociaux,
puisque le propre de la participation est de rester absolument étrangère à toute révélation extérieure. Et, en suivant
jusqu'au bout cette question faite aux prétendus créanciers,
on ajoute comment ils ont pu avoir en vue un actif social,
pour gage de leurs prêts, puisque la participation ne forme
pas de masse sociale, et qu'au lieu d'un capital propre à la
société, il n'y a que des effets appartenant à des individus. »
Mais sans entrer dans la longue dissertation de ce profond
jurisconsulte, nous dirons simplement que la société étant
inconnue des tiers, que le gérant étant réputé agir pour lui
seul, les prétendus créanciers sociaux ne sont que des
créanciers particuliers, pour qui tout privilége est impossible.

Ceci posé, voyons quelles sont les obligations des associés à l'égard des tiers. Le participant resté étranger à la
gestion peut-il être actionné directement par les créanciers
de la société? La négative ne saurait être douteuse. Sur
quoi, en effet, se fonderait cette action, puisque dans la
participation chacun opère *nomine privato*, et que les effets
de l'association sont limités à un compte de profits et per-

tes. N'est-il pas, d'ailleurs, de principe qu'on ne peut avoir une action de *contractu* contre une personne étrangère au contrat (art. 1165, C. N,). Puis, observent MM. Delamarre et Lepoitevin (1), « si l'on donne une action au créancier contre le participant avec lequel ce créancier n'a pas contracté, il faudra aussi en donner une à ce participant contre le créancier, pour forcer celui-ci à l'exécution d'un contrat, qu'il aura fait avec l'autre associé. Or, cette double action anéantira l'association fiduciaire qu'autorise la loi. Elle supposera un contrat entre des parties qui n'ont pas contracté; et ce sera altérer l'inflexibilité d'un fait. Dans un tel système, il n'est plus de participation possible. » Nous supposons, bien entendu, qu'il n'y a pas eu de mandat donné à celui qui a traité, par l'associé resté étranger à la gestion, et qu'il n'y a pas eu ratification des actes accomplis.

Mais les créanciers n'auront-ils pas au moins l'action de *in rem verso*, lorsque le participant aura profité de l'obligation? Merlin se prononce pour l'affirmative, en se fondant sur cette règle de droit naturel qui défend à tout individu de s'enrichir aux dépens d'autrui. Il invoque aussi la loi 82. D. *pro socio*, qui, selon lui, a pour objet de donner au créancier une action contre celui des associés avec lequel il n'a pas contracté, lorsqu'il est prouvé que les choses provenues du contrat ont été employées dans les affaires de la société. Mais cette loi, ainsi conçue : *Jure societatis per socium œre alieno socius non obligatur, nisi in communem arcam pecuniæ versæ sint*, ne dit rien de semblable. Silencieuse sur les intérêts des créanciers, elle

---

(1) Delamarre et Lepoitevin, t. 3, n° 32.

ne s'occupe que des intérêts des associés et ne statue que sur ce point. Aussi, nous permettrons-nous d'être d'un avis contraire à celui de Merlin. Pourquoi, en effet, puisque l'existence de la participation n'est pas révélée aux tiers, *comme n'important en façon quelconque au public* (Savary), donner aux créanciers action contre une personne inconnue? N'est-ce pas une des règles de bon sens et d'équité, que nul n'est tenu par le contrat d'un autre; *nemo ex alterius contractu obligatur*. C'est en vain que le créancier prouvera la participation; l'associé, qui n'a pas agi, lui dira, *je ne vous connais point, n'ayant eu aucune négociation avec vous*. C'est en vain qu'il alléguera que les fonds ont tourné au profit du participant, et qu'il est injuste de s'enrichir aux dépens d'autrui. Le participant lui répondra, je ne m'enrichis du bien de personne; *meum recepi*. Si quelque chose de la somme que vous avez prêtée à mon associé est parvenu jusqu'à moi, je le tiens de mon participant et non de vous. Je n'avais pas à m'enquérir d'où provenait cet argent. Faites vos réclamations à celui avec qui vous avez traité. Autrement, comme le dit Savary, *il n'y aurait point de sûreté dans le commerce.* Il n'y a, du reste, aucune analogie entre la participation et l'espèce où les lois romaines accordaient l'action de *in rem verso*. Comme nous l'avons dit précédemment, cette action était donnée à celui qui avait prêté à un esclave ou à un fils de famille quelque chose dont le maître ou le père avait profité. Le prêteur était censé avoir contracté avec ces derniers, bien plus qu'avec l'esclave ou le fils de famille. Or, le participant qui contracte peut-il être réputé le fils ou l'esclave de l'autre participant qui reste inconnu? Non, évidemment. Pourquoi donc alors appliquer les lois romaines? Ainsi, en résumé, le créancier n'a ni l'action directe, ni l'action de *in rem verso*. Il ne lui reste que l'action *indirecte*, que donne l'art. 1166, C. N.

Jusqu'ici nous avons supposé le participant étranger à la gestion. Qu'arrivera-t-il, lorsqu'il aura concouru à l'engagement contracté par son co-associé ? Il sera tenu personnellement et même solidairement avec ce dernier, car la loi ne consacre la division des dettes, qu'en matière civile; « dans les sociétés *autres que celles de commerce*, porte l'art. 1862, C. N., les associés ne sont pas tenus solidairement des dettes sociales. » M. Bédarride (n° 463), va même jusqu'à dire, qu'alors même que l'engagement n'aura pas été contracté conjointement, le co-participant en sera tenu solidairement, si, par ses actes, par l'ensemble de sa conduite, il a donné lieu aux tiers de compter sur sa responsabilité personnelle. Et sa doctrine a été consacrée par plusieurs arrêts (1).

De même que les tiers n'ont aucune action directe contre les participants qui n'ont point traité avec eux, de même ceux-ci n'ont aucune action directe contre eux. Les associés inconnus suivent entièrement la foi de l'associé connu. Lui seul traite avec le public, comme s'il était le maître exclusif; non pas que dans le compte des profits et pertes, il ne soit tenu de sa faute et de sa malversation dans la gestion des intérêts communs, mais à l'égard des tiers de bonne foi, tous les actes qu'il accomplit sont valablement faits. Ceci s'applique notamment aux marchandises ou objets mobiliers remis à l'associé chargé de l'opération par ses co-associés. Le gérant en est propriétaire et l'aliénation

---

(1) Limoges, 19 juill. 1839.—Nancy, 3 févr. 1848.—Riom, 1er mai 1852.

qu'il en fait est valable et ne peut être critiquée. Toutefois, lorsque la chose qui forme l'objet de l'association est un immeuble, les principes qui régissent la participation se combinent avec les règles auxquelles est soumise la translation des immeubles. Et si le gérant est autre que le propriétaire, il lui faudra pour opérer la vente de cet immeuble, ou que le propriétaire lui en ait préalablement transféré la propriété, ou qu'il ait au moins la procuration de ce dernier.

CHAPITRE VII.

DES SOCIÉTÉS A RESPONSABILITÉ LIMITÉE.

(Loi du 23 mai 1803.)

La loi du 23 mai 1863 vient d'introduire et d'organiser une quatrième espèce de sociétés, distincte de celles qu'énumère l'article 19, C. C. Cette loi n'est qu'une imitation du *the joint stok companies*, (acte du 14 juillet 1856) qui règlemente en Angleterre les sociétés incorporées. Les expressions *à responsabilité limitée* ne sont, en effet, qu'une traduction du mot *limited*, dont la loi anglaise se sert pour caractériser l'une des formes de la société à capitaux unis.

SECTION PREMIÈRE.

Formation de la société. — Conditions constitutives.

Le caractère principal de cette loi est indiquée par l'article premier, qui dispose qu'aucun des associés n'est tenu au delà de sa mise, et que la société n'est cependant point soumise à l'examen et à l'approbation du gouvernement.

Ainsi, elle diffère des sociétés en nom collectif, dans lesquelles tous les associés sont solidairement tenus, et sur
tous leurs biens, du paiement des dettes sociales; des sociétés en commandite, en ce qu'elle n'a point de gérant indéfiniment responsable envers les tiers; enfin des sociétés
anonymes, puisqu'elle se constitue par la seule volonté de
ceux qui la composent. (1). En un mot, comme l'a fort
bien dit M. Ollivier, la loi de 1863 établit *l'anonymat libre*
à côté de l'anonymat privilégié.

Cette forme nouvelle peut être appliquée à toutes les
sociétés, quelle que soit leur nature, aux sociétés civiles
comme aux sociétés de commerce, à moins cependant
qu'une disposition de la loi n'exige la garantie spéciale du
gouvernement, comme pour les Banques publiques, les
Caisses de prévoyance, les Assurances, etc.

Aux termes du second paragraphe de l'article premier
la société doit prendre le nom de société *à responsabilité*
limitée. Ce titre est on ne peut plus inexat, car là loi ne
limite aucune responsabilité, ni celle des actionnaires
puisque cette limitation avait été édictée antérieurement et
par le Code de commerce et par la loi du 17 juillet 1856,
ni celle des gérants, puisqu'elle la supprime tout à fait.
Aussi cette loi a-t-elle pour caractère spécial toute autre
chose que ce que son titre annonce. Ce caractère particulier
c'est l'irresponsabilité de la gérance. Pourquoi alors n'avoir
pas pris le titre de *société anonyme dispensée d'autorisation?*
L'erreur provient de la traduction trop servile du mot
anglais *limited.* Le législateur a oublié qu'en France, à la
différence de ce qui se passe en Angleterre, il existe deux

(1) Exposé des motifs.

sortes de responsabilités, celle des gérants et celle des actionnaires, et que l'expression *limited*, exprimant le contraire de la responsabilité illimitée, à laquelle est soumis le commanditaire ordinaire, ne s'applique, dans le langage juridique anglais, qu'à une seule catégorie d'individus, celle des actionnaires.

Le paragraphe 3 vise les articles du Code de commerce auxquels la société doit être soumise. Ces articles sont précisément ceux qui régissent la société anonyme, tant il est vrai qu'il s'agit bien ici d'une société de cette espèce ; ce sont les articles 29, 30, 32, 33, 34, 36 et 40.

Le dernier paragraphe organise l'administration de la société, et permet de la confier à un ou plusieurs mandataires à temps, révocables, salariés ou gratuits pris parmi les associés. Ce paragraphe n'est que la reproduction de l'article 31 C. C. Seulement, à l'imitation de la loi du 17 juillet 1856, la loi actuelle exige que les administrateurs soient pris parmi les associés.

Pour qu'une société à responsabilité limitée puisse être formée, le nombre des actionnaires ne doit pas être inférieur à sept, (art. 2) et le capital social ne doit pas excéder vingt millions (art. 3). Le chiffre sept a paru nécessaire pour rendre possible l'organisation du conseil d'administration, et des commissaires chargés de la surveillance. Et en posant une limite au chiffre du capital social, le législateur a pensé que lorsqu'il s'agirait de travaux auxquels il serait indispensable de consacrer un capital supérieur à vingt millions, on serait en dehors des opérations d'intérêt privé, et qu'on devrait alors recourir soit à la société anonyme, soit à la commandite. « Ce capital ne peut être divisé en actions ou coupons d'action de moins de 100 francs, lorsqu'il n'excède pas 200,000 francs, et de moins de 500 francs, lorsqu'il est supérieur. Les actions sont nominatives jusqu'à leur entière libération, et elles ne sont négociables qu'après le versement des deux cinquièmes. Quant aux souscripteurs, ils sont nonobstant toute stipulation contraire, responsables du montant total des actions par eux souscrites (art. 3). » Ce dernier paragraphe tranche la question de savoir, si au cas de cession d'actions, la société n'a de recours que contre le cessionnaire ; question que nous avions déjà résolue dans le même sens, sous la loi du 17 juillet 1856. Les autres dispositions de cet article, étant littéralement empruntées à cette dernière loi, nous renvoyons à ce que nous avons dit plus haut (chap. v).

Enfin pour que la société puisse être constituée, il faut encore : 1° que le capital social soit souscrit en entier, et que le versement du quart au moins du capital qui *consiste en numéraire* soit effectué. Cette souscription et ces versements sont constatés par une déclaration des fondateurs faite par acte notarié; déclaration qui est soumise, avec les pièces y annexées, (1° liste des souscripteurs, 2° état des versements effectués, 3° acte de société) à la première assemblée générale, qui en vérifie la sincérité (art. 4). 2° Il faut en second lieu, lorsqu'un associé fait un apport ou stipule à son profit des avantages particuliers, qu'une première assemblée générale fasse apprécier la valeur de l'apport ou la cause des avantages stipulés, et qu'une autre assemblée donne son approbation. Cette approbation ne fait pas obstacle à l'exercice ultérieure de l'action qui peut être intentée pour cause de dol ou de fraude. Dans ces assemblées, les associés qui ont fait l'apport, ou stipulé les avantages, n'ont pas voix délibérative (art. 5). Ces deux articles à l'exception du paragraphe qui veut qu'on soumette à la vérification de l'assemblée générale les déclarations des fondateurs, ainsi que les pièces à l'appui; et de celui qui, par un luxe de prévoyance, ne fait que confirmer les principes généraux du droit, en déclarant que l'approbation de l'assemblée ne fait point obstacle à l'exercice ultérieur de l'action, qui peut être intentée pour cause de dol ou de fraude, ne sont que la reproduction du paragraphe 2 de l'article 1 et de l'article 4 de la loi du 17 juillet 1856. Et si la loi nouvelle a ajouté, dans son article 4, ces mots *qui consiste en numéraire* c'est uniquement pour mettre fin aux anciennes controverses, touchant la question de savoir si on peut souscrire le quart du capital autrement qu'en numéraire. Ici, comme il n'y a pas de gérants, et qu'il n'y a pas encore des administrateurs, c'est aux fondateurs de la société à constater la souscription et les versements.

Dans la loi du 17 juillet 1856, la société est immédiatement constituée après l'assemblée qui a accepté l'apport. N'y a-t-il pas alors un gérant qui représente la société? Mais la loi nouvelle s'est montrée plus exigeante. Elle ordonne que *dans tous les cas*, c'est-à-dire alors même qu'il n'y a ni apport ni avantages à faire accepter, les fondateurs convoquent postérieurement à l'acte qui constate la souscription du capital social et le versement du quart, une assemblée générale, dans laquelle seront nommés les premiers administrateurs et les commissaires institués par l'art. 15 (art. 6, 1°). Elle veut, en outre, que les administrateurs et les commissaires, présents à la réunion, acceptent, préalablement à la constitution de la société, la mission qui leur est confiée, et que cette acceptation soit constatée par le procès verbal de la séance (art. 6, 2° et 3°). Cette condition a pour but de réprimer un abus qui se produisait souvent dans les commandites. On nommait des membres du conseil de surveillance à leur insu et sans leur consentement. La société marchait, et plus tard lorsque les désastres arrivaient, les créanciers n'avaient de recours que contre un gérant souvent insolvable, car dès qu'ils s'adressaient aux surveillants, ceux-ci les repoussaient en disant qu'ils n'avaient pas accepté la mission qu'on avait cru leur confier.

A côté du système de publicité réglé par le Code de commerce, l'art. 8 organise un système de dépôt, qui a pour but de porter plus sûrement à la connaissance des tiers la constitution de la société et ses actes les plus importants. Il oblige les administrateurs à déposer au greffe du tribunal de commerce, dans la quinzaine *de la constitution de la société*, et non pas dans la quinzaine de la date de l'acte social (art. 42 C. C.), puisque dans la loi actuelle, la constitution de la société est subordonnée à des conditions dont l'accomplissement est postérieur au contrat : 1° une expédition de l'acte de société et de l'acte constatant la souscription du capital et le versement du quart ; 2° une copie certifiée des délibérations prises par l'assemblée générale, dans les cas prévus par les art. 4, 5, 6, et de la liste nominative des souscripteurs, contenant les noms, prénoms, qualités, demeures et le nombre d'actions de chacun d'eux. Ces pièces sont, en outre, affichées dans les bureaux de la société, et toute personne a le droit de les consulter et même de s'en faire délivrer une copie à ses frais.

Indépendamment du dépôt prescrit par l'art. 8, l'art. 9

édicte une mesure de publicité, dont le mode est conforme à celui de l'art. 42 C. C. Aux termes de cet article : « Dans la quinzaine de la constitution de la société, un extrait des actes et *délibérations énoncées* dans l'article précédent est transcrit, publié et affiché suivant le mode prescrit par l'art. 42 du Code de commerce. Cet extrait doit contenir : 1° les noms, prénoms, qualités et demeures des administrateurs ; 2° la désignation de la société, de son objet et du siége social ; 3° la mention qu'elle est à responsabilité limitée; ces mots *à responsabilité limitée* doivent, en outre, figurer avec l'énonciation du montant du capital social, dans tous les actes, factures, annonces, publications et autres documents émanés de la société, avant ou après la dénomination sociale (art. 11) ; 4° l'énonciation du montant du capital social, tant en numéraire qu'en autres objets; 5° la quotité à prélever sur les bénéfices, pour composer le fonds de réserve ; 6° l'époque où la société commence et celle où elle doit finir ; 7° enfin la date du dépôt au greffe, prescrit par l'art. 8. Il doit en outre être signé par les administrateurs de la société. » Ce dernier paragraphe apporte une dérogation à l'art. 44 C. C., qui dispose que les extraits des actes publics sont signés par les notaires, et non point par les parties. Cette dérogation se justifie par cette considération qu'on ne publie pas seulement l'extrait de l'acte social, mais encore l'extrait des délibérations, extrait que le notaire n'aurait pas pu certifier.

Toutes ces formalités prescrites par les art. 8 et 9, s'appliquent également aux actes et délibérations, qui ont pour objet la modification des statuts, la continuation de la société au delà du terme fixé pour sa durée, la dissolution avant ce terme, et le mode de liquidation (art. 10). Cette disposition n'est que la reproduction du principe posé dans l'art. 46 C. C., avec cette addition, qu'il faut, outre la publication, le dépôt au greffe.

Pour donner plus de confiance aux tiers et plus de crédit à la société, l'art. 19 prescrit, conformément à ce qui se passe dans les sociétés anonymes, la formation d'un fonds de réserve pris sur les bénéfices annuels, dans le but de maintenir l'intégrité du capital social. Ce prélèvement d'un vingtième au moins cesse d'être obligatoire, lorsque le fonds de réserve atteint le dixième du capital social. Mais souvent ce dixième ne suffit pas pour combler le déficit. Dans ce cas, lorsque le capital vient à être réduit au quart, les administrateurs sont tenus de provoquer la réunion de l'assemblée générale, à l'effet de statuer sur la question de savoir s'il y a lieu de prononcer la dissolution de la société (art. 20). Le législateur a jugé plus sage de laisser les actionnaires juges de la question, que de rendre obligatoire la dissolution de la société. Quelle que soit la résolution de l'assemblée, fût-elle négative, elle doit être rendue publique dans la forme prescrite par l'art. 8. Lorsque les administrateurs ne réunissent pas l'assemblée générale, chaque intéressé a le droit de demander aux tribunaux la cessation de la société. Mais les tribunaux ne sont point forcés de la prononcer, car la loi, au cas de perte des trois quarts du capital social, a rendu la dissolution simplement facultative, et la justice doit statuer dans les mêmes conditions que l'assemblée. Il en est autrement, lorsque six mois se sont écoulés depuis l'époque où le nombre des associés a été réduit à moins de sept (art. 21); la dissolution est ici obligatoire. C'est la sanction nécessaire de la limitation du nombre d'associés, que fixe l'art. 2. Observons toutefois que ce cas arrivera rarement, puisque la mort, la faillite, l'incapacité d'un associé ne font point disparaître son intérêt. Le seul cas qui pourra motiver la dissolution de la société, sera celui où, par suite de l'absorption, n'importe par quels moyens, que feront quelques associés des droits des autres, il ne se trouvera plus en présence qu'un nombre de moins de sept intéressés.

SECTION II.

Des administrateurs.

Les administrateurs des sociétés à responsabilité limitée sont nommés pour six ans au plus ; ils sont rééligibles, sauf stipulation contraire (art. 5 § 3). La loi nouvelle ne distingue pas entre la première nomination et les suivantes, et prolonge d'un an le terme *maximum* qu'accordait la loi du 17 juillet 1856. Ces administrateurs doivent être pris parmi les associés, ce qui n'est pas exigé pour les sociétés anonymes (art. 31, C. C.); ils doivent, en outre, être propriétaires, par portions égales, d'un vingtième au moins du capital social (art. 7 1°). On a pensé qu'il était très-important, pour la société comme pour les tiers, que l'administration ne fût confiée qu'à des mandataires personnellement intéressés au succès de l'entreprise. Et pour que cette obligation ne fût pas éludée, on a fixé non-seulement la part du capital social qui devait appartenir aux administrateurs réunis, mais aussi celle dont chacun d'eux devait être individuellement propriétaire. Toutes les actions, qui forment ce vingtième, sont affectées à la garantie de la gestion ; elles sont nominatives, inaliénables, et déposées dans la caisse sociale (art. 7, § 2 et 3). Ces dispositions sont, du reste, d'un usage général dans presque toutes les sociétés en commandite, où les statuts exigent du gérant un cautionnement affecté à la garantie de ses actes. Le dépôt et l'inaliénabilité ne cessent qu'avec la gestion.

En ne déterminant pas, pour les administrateurs, la limite et l'étendue du mandat dont ils sont investis, la loi a laissé ce soin aux intéressés. C'est donc l'affaire des statuts de mesurer les pouvoirs des administrateurs à l'importance de la société, et au degré de confiance que l'on veut accorder. Mais en thèse générale, les administrateurs ne font que les actes qui tiennent directement à l'administration, et ils ne peuvent ni aliéner, ni hypothéquer les immeubles, ni transiger, ni compromettre, à moins d'un pouvoir spécial.

La responsabilité de ces mandataires est réglée par l'art. 27. Le premier paragraphe de cet article les déclare responsables, conformément aux règles du droit commun, soit envers la société, soit envers les tiers, de tous dommages-intérêts résultant : 1° des infractions aux dispositions de la présente loi ; 2° des fautes par eux commises dans leur gestion. Cette seconde cause de responsabilité n'est que la consécration des principes auxquels sont soumis tous les mandataires (art. 1991 et suiv. C. N.). Maintenant comment s'exerce et se répartit cette responsabilité? Lorsque l'administration est divisée, l'administrateur qui commet des fautes dans la branche qui lui est confiée est seul responsable. Les administrateurs ne sont tous tenus, qu'autant que la gestion est indivise entre tous, et alors ils sont tenus solidairement. L'art. 1995, C. N. cesse de recevoir ici son application, car le mandat des administrateurs est un mandat essentiellement commercial.

Le deuxième paragraphe de l'art. 27 prévoit une faute spéciale. Aux termes de ce paragraphe, les administrateurs sont solidairement responsables du préjudice qu'ils ont pu causer, soit aux tiers, soit aux associés, en distribuant, ou en laissant distribuer sans opposition, des dividendes, qui d'après l'état de la société constaté par les inventaires, n'étaient pas réellement acquis. La loi du 26 mai 1863 supprime le mot *sciemment*, qui se trouve écrit dans la loi du 17 juillet 1856, pour nous montrer qu'il suffit d'une faute grave, pour que la responsabilité soit encourue, peu importe, du reste, que les administrateurs soient ou ne soient pas de bonne foi. Cette sévérité se justifie par cette considération que les administrateurs dressent eux-mêmes les inventaires, et que dès lors on ne peut pas les assimiler à de simples surveillants. Mais que faut-il entendre par ces expressions ; *dividendes non réellement acquis?* Ou plutôt quel est le sens des mots *réellement acquis?* Les bénéfices sont réellement acquis, lorsqu'ils ne peuvent plus échapper à la société, lorsqu'ils ne sont plus à l'état de simple éventualité. Toutefois il n'est pas nécessaire qu'ils soient encaissés; ils peuvent résulter d'une simple créance, pourvu qu'elle soit de nature à figurer à l'actif. Remarquons qu'ici la responsabilité est imposée à tous les administrateurs, même à ceux qui n'ont point concouru à la distribution illégale. Un administrateur n'échapperait à la responsabilité qu'autant qu'il aurait fait une protestation formelle. Cette responsabilité est, conformément au droit commun, de trente ans, à l'égard des associés, et de cinq ans à l'égard des tiers; ces cinq ans partent de la dissolution de la société, régulièrement prononcée (art. 64, C. C.).

Dans ces deux paragraphes, la loi ne parle que des dividendes non réellement acquis, sans prononcer le mot *in-térêts*. Ce silence de la loi a fait naître la question de savoir, si, en l'absence de bénéfices, il est permis de distribuer les intérêts du capital versé ? La négative est généralement admise. Lorsque dans une société, il n'y a pas de bénéfices, les associés ne peuvent rien se partager, pas plus sous couleur d'intérêts que sous couleur de dividendes. Toutefois, si le pacte social a dérogé à cette règle, nous pensons que la clause dérogatoire sera parfaitement licite, soit au regard de la société, soit au regard des tiers. Au regard des associés cela ne fait pas de doute. C'est exactement comme s'ils faisaient un apport grevé des sommes qu'ils pourront prélever sous forme d'intérêts. Je déciderai de même, à l'égard du tiers, car ils ont pu calculer, par la publication de la clause relative aux intérêts, que le capital social était exposé à une réduction éventuelle, et dès lors ils n'ont dû compter que sur un capital réductible.

Sous la loi nouvelle se présente une foule de questions, (les actionnaires doivent-ils rapporter les dividendes légitimement acquis? *Quid* pour ceux acquis illégitimement? etc.) que nous avons déjà résolues, en commentant la loi du 17 Juillet 1856. Comme les solutions sont les mêmes, nous renvoyons au commentaire de cette loi.

Pour empêcher les administrateurs d'être placés entre leur devoir et celui de la société, l'art. 23 leur défend de prendre ou de conserver un intérêt direct ou indirect dans une opération quelconque, faite avec la société ou pour son compte, à moins qu'ils n'y soient autorisés par l'assemblée générale, pour certaines opérations spécialement déterminées. Ces principes avaient déjà été consacrés dans l'art. 1596. C. N., qui ne permet pas qu'on soit, en même temps, vendeur et acheteur, stipulant et promettant.

SECTION III.

De l'assemblée générale.

L'assemblée générale est le complément naturel de l'administration. C'est elle qui délibère sur tous les intérêts sociaux, lorsque les objets qui font la matière des délibérations rentrent dans l'exécution des statuts. C'est elle qui apprécie et approuve les apports ; c'est elle enfin qui nomme les administrateurs et les commissaires. Sa tenue est réglée par les art. 12, 13 et 14 de notre loi.

L'art. 12 exige qu'il y ait au moins une assemblée générale par an, à l'époque fixée par les statuts ; c'est ce qu'on appelle l'assemblée générale ordinaire. Il veut en outre, conformément à ce qui se passe dans la pratique, que les statuts déterminent le nombre d'actions qu'il est nécessaire de posséder, soit à titre de propriétaire, soit à titre de mandataire, pour être admis dans l'assemblée, et le nombre de voix appartenant à chaque actionnaire, eu égard au nombre d'actions, dont il est porteur. Mais la loi n'a pas attaché la peine de nullité à l'inobservation de son commandement. A défaut de limitation dans les statuts, tous les porteurs d'actions font partie de l'assemblée, et les voix se comptent par tête, comme cela a lieu pour les premières assemblées appelées à statuer dans les cas prévus par les art. 4, 5, 6.

Les art. 13 et 14 posent des règles qui ont pour elles la consécration de l'expérience. Ces règles, du reste, ont toujours été observées dans toute société sagement dirigée. Aux termes de l'art. 13 : « Les délibérations sont prises à la majorité des voix. Il est tenu une feuille de présence, qui contient les noms et domiciles des actionnaires, et le nombre de leurs actions. Cette feuille certifiée par le bureau de l'assemblée est déposée au siége social, et doit être communiquée à tout requérant. » L'art. 14 s'occupe de ce qui a trait à la composition de l'assemblée. D'après le paragraphe 1er de cet article les assemblées ordinaires doivent se composer d'un nombre d'actionnaires représentant le quart au moins du capital social. Cette exigence est particulière aux sociétés à responsabilité limitée. Les sociétés en commandite par actions restent soumises à la loi du 17 Juillet 1856, qui permet de stipuler les conditions de présence, qui paraissent le mieux convenir. Lorsque l'assemblée ne réunit pas le nombre voulu, une nouvelle assemblée est convoquée, et elle délibère valablement, quelle que soit la portion du capital représentée par les actionnaires présents (art. 14, § 2). Autrement l'indifférence des actionnaires aurait souvent rendu impossible toute délibération. Mais pour certaines assemblées extraordinaires, qui ont un but spécial, la loi, considérant l'importance de l'objet mis en délibération, élève le chiffre du capital, qui doit être représenté, et le porte à la moitié de ce capital. Cela s'applique : 1° aux assemblées qui délibèrent sur l'objet indiqué en l'art. 5, c'est-à-dire aux assemblées qui apprécient la valeur de l'apport en nature ; dans ce cas, le capital, dont la moitié doit être représentée, ne se compose que des apports non soumis à la vérification ; il en est de même sous la loi du 17 Juillet 1856 (art. 4, § 3) ; 2° à l'assemblée qui nomme les premiers administrateurs, dans le cas prévu par l'art. 6 ; 3° aux assemblées qui délibèrent sur les modifications à apporter aux statuts, et sur les propositions de continuation de la société, au-delà du terme fixé pour sa durée, ou de dissolution avant ce terme (art. 14, §§ 3-9).

SECTION IV.

Du commissariat de surveillance. — Du commissariat pour les
actions judiciaires.

Dans les sociétés en commandite par actions, nous avons
vu les membres du conseil de surveillance chargés de contrôler les opérations des gérants. Dans les sociétés à responsabilité limitée, ces surveillants sont remplacés par des
Commissaires, choisis, au nombre d'un ou de plusieurs,
parmi les associés ou en dehors d'eux, et désignés, chaque
année par l'assemblée générale. A défaut de nomination
par l'assemblée, ou en cas d'empêchement ou de refus d'un
ou de plusieurs commissaires nommés, il est procédé à leur
nomination ou à leur remplacement par ordonnance du
président du tribunal de commerce du siége de la société,
à la requête de tout intéressé, les administrateurs dûment
appelés (art. 15, §§ 1-3).

Ces commissaires ont à peu près les mêmes pouvoirs que
les membres du conseil de surveillance (Loi 17 Juillet 1856,
art. 8 et 9). Ainsi ils ont droit, toutes les fois qu'ils le jugent convenable, dans l'intérêt social, de prendre communication des livres, d'examiner les opérations et de convoquer l'assemblée générale (art. 10). Mais ils ne peuvent
point provoquer la dissolution de cette assemblée. Pour
faciliter leur contrôle, la loi nouvelle impose aux administrateurs l'obligation de dresser, chaque trimestre, et
de mettre à leur disposition, l'état résumant la situation active et passive de la société. Les administrateurs doivent, en outre, établir, chaque année, et présenter à l'assemblée, un inventaire contenant l'indication des

valeurs mobilières et immobilières, et de toutes les dettes actives et passives de la société (art. 17). Ce n'est là, du reste, que la consécration de ce qui se pratique dans tout commerce régulier. Enfin quinze jours, au moins, avant la réunion de l'assemblée générale, une copie du bilan résumant l'inventaire et du rapport des commissaires doit être adressée à chacun des actionnaires connus et déposée au greffe du tribunal de commerce, sans préjudice du droit qu'a tout actionnaire, de prendre au siége social, communication de l'inventaire et de la liste des actionnaires (art. 18). De cette manière les intéressés ont toute facilité de se livrer à l'examen de ce qu'il leur importe de connaître. Quant aux devoirs des commissaires, ils sont bornés à la surveillance des administrateurs, et à l'obligation de faire un rapport à l'assemblée générale de l'année suivante sur la situation de la société, sur le bilan et sur les comptes présentés par les administrateurs. Ce rapport doit précéder, à peine de nullité, la délibération contenant l'approbation du bilan et des comptes (art. 15, §§ 1 et 2).

Les effets de la responsabilité des commissaires, envers la société, sont déterminés, d'après les règles générales du mandat (art. 26). Et la mesure de cette responsabilité est la réparation du préjudice causé; question d'appréciation, dont la règle est posée dans l'art. 1149. C. N. Lorsqu'il y a plusieurs commissaires, qui agissent séparément, ceux-là seuls, qui ont causé le dommage, en sont responsables; ils ne sont tous obligés, qu'autant qu'ils ont tous concouru à la faute; mais alors ils ne sont tenus que par tête et divisément. En renvoyant aux principes du mandat, la loi consacre, à l'égard des commissaires, la règle de l'art. 1995. C. N., qui n'admet la solidarité, entre les co-mandataires, qu'autant qu'elle est expressément stipulée.

Commissariat pour les actions judiciaires. L'art. 22, à l'exemple de l'art. 14 de la loi du 17 Juillet 1856, permet aux actionnaires, qui ont à former des réclamations contre les administrateurs, à raison de leur gestion, et dans un intérêt commun, de charger, à leurs frais, un ou plusieurs mandataires d'intenter ces réclamations, ou d'y défendre. Les termes de cet article ne parlent, il est vrai, que *d'une action à intenter*; mais nous pensons que la loi doit être étendue au cas de défense, comme au cas d'attaque. C'est ce qui a lieu sous la loi du 17 juillet 1856. Les actionnaires ne peuvent toutefois agir ainsi collectivement, qu'autant qu'ils représentent le vingtième au moins du capital social.

Ces mandataires sont nommés par l'assemblée générale, ou, en cas d'obstacle, par le tribunal de commerce, et ils sont désignés spécialement pour chaque procès; la loi en parlant *d'une action* à intenter exclut par là le mandat général. Quant à leurs pouvoirs, ils sont plus ou moins étendus, au gré des mandants. En thèse ordinaire ce sont eux qui poursuivent et soutiennent l'instance en leur nom, et c'est à leur requête, ou contre eux, que sont faits tous les actes de procédure. Ce sont également eux qui forment appel et pourvoi ou qui défendent sur les appels et les pourvois formés; mais ils n'ont le droit ni de transiger ni de compromettre.

Indépendamment de l'action qu'exercent les commissaires, chaque actionnaire a le droit d'en intenter une individuellement, en son nom personnel, pourvu qu'il n'ait pas concouru à la nomination des mandataires; car alors cette intervention ferait double emploi, et pourrait être repoussée par un fin de non recevoir.

SECTION V.

Sanction des prescriptions de la loi.

Ici, toujours à l'imitation de loi du 17 juillet 1856, la loi nouvelle établit deux espèces de sanctions : la nullité de la société qui donne satisfaction à l'intérêt privé, et des dispositions pénales qui donnent satisfaction à l'intérêt public.

Nullité de la société. La sanction nécessaire des articles que nous venons d'examiner se trouve dans l'art. 24, qui n'est que la reproduction de l'art. 6, de la loi de 1856. Aux termes de cet article : « Est nulle et de nul effet, à l'égard des intéressés, toute société, pour laquelle n'ont pas été observées les dispositions des art. 1, 3, 4, 5, 6, 7, 8 et 9. Sont également nuls les actes et délibérations, désignés dans l'art. 10, s'ils n'ont point été déposés et publiés, dans les formes prescrites par les art. 8 et 9. Cette nullité ne peut être opposée aux tiers par les associés. » Comme nous avons déjà examiné, lors du commentaire de l'art. 6 de la loi de 1856, le sens et la portée de cette disposition, nous renvoyons à ce que nous avons dit, dans notre chap. IVe, nous contentant de faire observer que si l'art. 2 n'a pas été reproduit dans l'énumération, c'est par une inadvertance qu'on ne saurait trop regretter, puisqu'il en résulte que la violation de cet article se trouve sans sanction.

Lorsque la société est annulée, la loi fait peser les conséquences de cette annulation sur ceux à qui elle est reprochable. Aussi déclare-t-elle les fondateurs, auxquels la nullité est imputable, et les administrateurs en fonctions au moment où elle est encourue, responsables solidairement et par corps, envers les tiers, *sans préjudice des droits des actionnaires*, ce qui veut dire, que si la nullité a causé quelque dommage aux actionnaires, ceux-ci pourront en obtenir la réparation, en se fondant sur les art. 1991 et 1992, Code Nap. La même responsabilité solidaire peut être prononcée contre ceux des associés, dont les apports ou les avantages n'auraient pas été vérifiés et approuvés, conformément à l'art. 5 (art. 25). Cette disposition est la copie de l'art. 7 de la loi de 1856. Maintenant quelle est l'étendue de cette responsabilité? Dans le silence de la loi, nous pensons qu'il faut appliquer les principes du droit commun, et que la mesure de la réparation ne doit pas s'étendre au delà du paiement des dettes, ce qui comprend l'exécution des engagements de la société envers les tiers.

Dispositions pénales. L'art. 28 punit d'une amende de 50 francs à 500 francs, toute contravention à la prescription de l'art. 11, qui exige deux choses : 1° l'inscription des mots *à responsabilité limitée*, écrite lisiblement en toutes lettres, sur les actes, factures,..... de la société; 2° l'énonciation du montant du capital social.

Aux termes de l'art. 29, sont punis d'une amende de 500 francs à 10,000, francs ceux qui, en se présentant comme propriétaires d'actions ou de coupons d'actions qui ne leur appartiennent pas, créent frauduleusement une majorité factice dans l'assemblée générale ; sans préjudice de tous dommages-intérêts, s'il y a lieu, envers la société ou envers les tiers. Sont aussi punis, de la même amende, ceux qui ont remis les actions pour en faire l'usage frauduleux. Mais cette peine, qui n'est pas formulée dans la loi du 17 juillet 1856, ne reçoit son application, qu'autant qu'au fait matériel se joint l'intention frauduleuse; car la loi crée ici un délit, et tout délit suppose une intention coupable.

Les art. 30 et 31 ne sont que la reproduction presque littérale des art. 11, 12 et 13 de la loi du 17 juillet 1856. Le premier dispose que : « L'émission d'actions faite en contravention à l'art 3, est punie d'un emprisonnement de huit jours à six mois, et d'une amende de 500 francs à 10,000 francs, ou de l'une de ces peines seulement. La négociation d'actions ou de coupons d'actions, faite contrairement aux dispositions du même article, est punie d'une amende de 500 francs à 10,000 francs. La même peine est applicable à toute participation à ces négociations, et à toute publication de la valeur des dites actions. » Et le second punit des peines portées par l'art. 405. C. P., sans préjudice de l'application de cet article à tous les faits constitutifs du délit d'escroquerie : 1° ceux qui, par simulation de souscriptions ou de versements, ou par la publication faite de mauvaise foi de souscriptions ou de versements qui n'existent pas, ou de tous autres faits faux, ont obtenu ou tenté d'obtenir des souscriptions ou des versements ; 2° ceux qui, pour provoquer des souscriptions ou des versements, ont, de mauvaise foi, publié les noms des personnes désignées contrairement à la vérité, comme étant ou devant être attachées à la société, à un titre quelconque ; 3° les administrateurs, qui, en l'absence d'inventaires, ou au moyen d'inventaires frauduleux, ont opéré ou laissé opérer, sciemment et sans opposition, la répartition de dividendes non réellement acquis. Dans ce dernier §, la loi nouvelle a ajouté à l'art. 13 (loi du 17 juill. 1856), les mots *sciemment et sans opposition*, pour faire entendre que les administrateurs de bonne foi, ou ceux qui se sont opposés à la distribution, sont à l'abri de toute poursuite.

Enfin l'art. 32 édicte, que l'art. 405, C. P. est applicable aux faits, prévus par la présente loi. Remarquons ici un vice de rédaction ; il ne s'agit pas de tous les faits prévus par la loi nouvelle, mais seulement de ceux qui peuvent être modifiés par l'application des circonstances atténuantes, c'est-à-dire de ceux qui sont passibles de peines correctionnelles.

CHAPITRE VIII.

FORMES ET PUBLICITÉ DES SOCIÉTÉS.

Dans l'ancien droit, nous l'avons vu, les sociétés de commerce, exemptes de formalités, ne reposaient que sur la parole des contractants, et sur les mentions de leurs livres. Et si quelquefois on dressait un écrit, (scripte ou recorde), cet écrit fait sous seing-privé ne recevait publicité, qu'autant qu'il contenait quelques clauses extraordinaires, de nature à intéresser les tiers. Vinrent les ordonnances de 1579 (Ordonn. de Blois), de janvier 1629 (Code Michaud), et de 1673, qui s'efforcèrent de régulariser cette partie de la législation. Mais leurs efforts furent vains, et à l'arrivée du Code de commerce, les sociétés commerciales étaient encore abandonnées aux preuves ordinaires

Aujourd'hui les formes de la société sont réglementées avec une force obligatoire. Aux termes de l'art. 40, la société anonyme ne peut être formée que par acte public. Quant aux sociétés en nom en collectif ou commandite, elles ne sont soumises qu'à la nécessité d'un écrit ; mais cet écrit peut être sous seing-privé. C'est ce qui résulte de l'art. 39, qui dispose que : « Les sociétés en nom collectif ou en commandite doivent être constatées par des actes publics ou sous signature privée, en se conformant dans ce dernier cas, à l'art. 1325. Code Nap. Cet article 1325 est celui qui exige que les actes sous seing-privé, contenant des conventions synallagmatiques, soient faits en autant d'originaux qu'il y a de parties distinctes, et que chaque original porte la mention du nombre des originaux qui ont été faits. Ici l'écriture est de l'essence de la société, et rien ne supplée à l'acte social. Vainement les parties voudraient-elles prouver leur association, par des aveux, des commencements de preuve par écrit soutenus de la preuve testimoniale. Ces moyens, admis pour les sociétés civiles ne sauraient être reçus en matière commerciale. Du reste l'art. 42, en ordonnant la remise au greffe d'un extrait de l'acte de société, suppose nécessairement que cet acte doit être rédigé par écrit. Par là le Code a voulu prévenir l'inconvénient que signale Toubeau, « de voir à chaque instant, des associés plaider les uns entre les autres, dénier de véritables sociétés, et en alléguer témérairement de tout à fait fausses (1). »

Dans l'art. 41, le législateur revient aux principes du droit commun (1341 et 1834, C. N.), et il introduit, en matière de société, une dérogation à l'art. 109, C. C. Il décide qu'aucune preuve par témoins ne peut être admise contre et outre le contenu dans les actes sociaux, ni sur ce qui serait allégué avoir été dit dans l'acte, lors de l'acte ou depuis, encore qu'il s'agisse d'une somme au dessous de 150 fr.

Il ne suffit pas seulement que les sociétés commerciales

---

(1) Toubeau, p. 87.

soient rédigées par écrit ; une autre formalité, non moins importante que la première, est exigée par les art. 42 et suiv. du Code de commerce. Nous voulons parler de la publication de l'acte social. N'importe-t-il pas, en effet, aux tiers, avec qui la société va entrer en relations, de connaître le nom des gérants, les garanties de l'association, et tout ce qui peut les intéresser ? « L'extrait des actes de sociétés en nom collectif et en commandite, dispose l'art. 42, doit être remis dans la quinzaine de leur date, au greffe du tribunal de commerce de l'arrondissement dans lequel est établi le siége social, pour être transcrit et affiché, pendant trois mois, dans la salle des audiences. Si la société a plusieurs maisons de commerce situées dans divers arrondissements, la remise, la transcription et l'affiche de cet extrait seront faites au tribunal de commerce de chaque arrondissement... » Dans la société anonyme on publie l'acte en entier (art. 45), ainsi que le décret qui autorise la société. L'insertion au *Bulletin des Lois*, exigée pour tous les règlements d'administration publique, n'a pas paru suffisante. On n'a pas voulu obliger les commerçants à faire des recherches dans des recueils qu'ils n'ont pas toujours à leur disposition, et qu'ils n'ont pas l'habitude de consulter. Aussi, le Code exige-t-il que l'acte d'association soit affiché, pendant trois mois, dans la salle des audiences du tribunal de commerce. Ce délai de trois mois part du jour de l'insertion au *Bulletin des Lois*, du décret d'autorisation.

Indépendamment de cet extrait, ainsi transcrit et affiché, la loi du 31 mars 1833 exige que, dans le même délai de quinzaine, cet extrait soit inséré dans le journal désigné par le tribunal, et qu'il soit justifié de cette insertion par un exemplaire du journal certifié par l'imprimeur, légalisé

par le maire et enregistré dans les trois mois de sa date.
(Art. 42, 3°, 4°.) Mais observons que cette loi ne s'applique
pas aux sociétés anonymes; dans le silence de l'art. 45,
nous ne devons pas regarder ces insertions dans les jour-
naux comme obligatoires pour ces sociétés.

Le délai de quinzaine, que fixe l'art. 42, s'applique même
aux sociétés en commandite par actions, qui, cependant ne
sont définitivement constituées qu'après l'accomplissement
de certaines conditions. Par la fixation de ce délai, se trouve
abolie la disposition de l'ordonnance de 1673, qui permettait de faire valablement la publication, même après
une demande en nullité fondée sur cette cause. Mais que
décider lorsque le dépôt est fait plus de quinze jours après
la date de la société? Doit-on appliquer la disposition finale
de l'art. 42, et annuler la société? Nous ne le pensons pas.
Le simple retard ne peut pas être assimilé au défaut absolu
de publication ; aussi, déclarons-nous valable la publication faite après les quinze jours , lorsqu'elle a lieu avant
toute demande en nullité. Quant aux effets d'une semblable
publication, ils sont les mêmes que ceux d'une publication
légalement faite; ils remontent à la date de l'acte de société, qui est réputé avoir eu dès le principe toute sa perfection. « Alors, en effet, dit M. Bédaride, l'intérêt des
tiers est à couvert, non-seulement pour l'avenir, mais
encore pour le passé, car la publicité de l'acte vient régulariser la position de tous (1). »

Lorsque la société est formée sous condition suspensive,
le délai de quinzaine ne commence à courir que du jour
où la condition reçoit son accomplissement. Et toute publi-

(1) Bédarride, n° 358.

cation, faite avant cette époque, ne remplit pas le but de la loi, et ne peut être opposée aux tiers. Mais il en est autrement lorsque la société, pure et simple, a reporté son point de départ à une époque ultérieure, car le contrat étant, dans ce cas, parfait dès le principe, la publication a pu valablement être faite, à quelque moment que ce soit de l'intervalle qui précède les opérations sociales.

Que doit contenir l'extrait dont parle l'art. 42 ? L'art. 43 répond à la question. Lorsque la société est en nom collectif, l'extrait doit contenir : 1° Les noms, prénoms, qualités et demeures de tous les associés; il faut qu'en cas de faillite de la société ils ne puissent pas échapper à l'action des créanciers; 2° la raison sociale ; 3° la désignation de ceux des associés autorisés à gérer, il est important que les tiers connaissent ceux qui doivent représenter et engager la société; 4° l'époque où la société doit commencer et celle où elle doit finir. Dans la société en commandite, l'extrait doit contenir les mêmes énonciations ; seulement il n'est pas nécessaire de faire connaître les noms des commanditaires, il suffit de publier le montant des valeurs qu'ils ont fournis ou qu'ils doivent fournir. Enfin, indépendamment de toutes ces énonciations, l'extrait doit faire connaître toutes les clauses particulières, de nature à modifier les relations de la société avec les tiers.

Cet extrait doit être signé, pour les actes publics, par les notaires, et pour les actes sous seing-privé par tous les associés, si la société est en nom collectif, et par les associés solidaires ou gérants, si la société est en commandite (Art. 44.) En cas d'omission de cette formalité, et de celles qu'exige l'art. 43, on applique les dispositions de l'art. 42. Il résulte, en effet, d'une disposition additionnelle incor-

10

porée à l'art. 46, par la loi du 31 mars 1833, que le contenu des trois articles 42, 43, 44, ne forme qu'une seule et même disposition, et qu'ainsi la peine de nullité, prononcée par l'art. 42, doit s'étendre à toutes les formalités dont il est fait mention dans ces trois articles. Toutefois, l'extrait d'un acte sous seing-privé ne serait pas nul, par cela seul qu'il porterait la signature du notaire qui a reçu le dépôt, si, du reste, il était légalement tenu pour reconnu par la signature des parties, à l'acte de dépôt (1).

Voyons maintenant la sanction de ces diverses formalités. Cette sanction diffère selon qu'il s'agit des rapports des associés entre eux, ou des rapports de ceux-ci avec les tiers.

1° Supposons d'abord qu'il n'a pas été dressé d'acte authentique ou sous seing-privé des conventions sociales, un associé pourra-t-il forcer ses co-associés à l'exécution de la société ? Non, évidemment : chacun des co-associés lui opposera l'irrégularité de l'acte constitutif, et refusera d'exécuter la convention verbale. Mais pourra-t-il, au lieu d'invoquer la force obligatoire de ce contrat, prétendre que cette société a eu dans le passé une existence de fait, et demander le règlement des intérêts communs qu'elle a faits naître ? Certainement. Ici, ce que l'équité commande ce n'est pas de maintenir pour l'avenir des conventions illégales, c'est seulement de régler les rapports passés, d'après ce principe qui ne permet pas qu'on s'enrichisse aux dépens d'autrui. D'ailleurs, s'il y a eu faute à ne pas faire un acte écrit, la faute a été commune. Pourquoi alors traiter différemment des individus coupables au même degré ?

(1) Bruxelles, 13 févr. 1830.

Puis il résulte bien de l'art. 39, que les parties ne sont pas obligées d'exécuter le contrat de société qui n'a pas été constaté par écrit, mais si elles l'ont exécuté, ce qui n'a rien de contraire à la loi, pourquoi ne pas leur appliquer les conventions qu'elles ont faites? « Que M. Locré, dit M. Troplong (1), ait pensé qu'il ne fallait tenir aucun compte de cette société de fait, et qu'il ne devait y avoir lieu, même pour le temps écoulé, à aucune communauté de pertes et de gains, c'est une opinion tellement exagérée qu'il serait superflu de la discuter. Il y a des affaires qui ont été faites en commun ; on doit les régler, à moins de vouloir faire des sociétés de fait un espèce d'état sauvage où il n'y a ni droit ni protection. Et, comme le disait Savary, est-ce qu'il n'y a pas des mises à retirer? Est-ce qu'il faut laisser le surplus au premier occupant? »

L'existence de la société une fois prouvée, les affaires faites en commun se règlent d'après l'intention des parties. Pourquoi, en effet, ne pas admettre les clauses qui ont été convenues? Pourquoi faire abstraction, comme le veut M. Molinier (n° 273), du contrat originaire, et procéder comme s'il n'existait pas? Pourquoi substituer arbitrairement à une convention admise d'un commun accord une convention qui ne repose sur rien? En cherchant ailleurs que dans l'acte social les règles qui doivent être appliquées aux faits accomplis, on avantage nécessairement quelques-uns des associés, au détriment des autres; et il se trouve alors qu'une faute commune devient pour quelques-uns de ceux qui l'ont commise le principe d'un bénéfice, et pour quelques autres le principe d'une perte. De tels résultats ne condamnent-ils pas le système?

(1) Locré, *Esprit. du C. de C.*, art. 42. — Troplong, n° 249.

Supposons maintenant que la société a été constatée par écrit, qu'arrivera-t-il si elle n'a pas été publiée conformément à la loi? Aux termes de l'article 42 elle sera nulle à *l'égard des intéressés*. Mais quelle sera l'étendue de cette nullité? Quelle sera sa nature? Sera-t-elle absolue? Les associés pourront-ils s'en prévaloir les uns contre les autres? Nous le pensons. Le Code n'a fait que consacrer les principes de l'Ordonnance de 1673 (art. 6. t. IV) qui prononçait la nullité entre les associés, sans étendre toutefois cette peine aux tiers, ainsi que le voulait cette ordonnance. Sans doute l'équité et la bonne foi protestent contre cette règle sévère. Mais le législateur a voulu armer les associés les uns contre les autres pour les forcer à la publication. Et regardant comme animé d'un esprit de dol contre les tiers l'associé qui néglige l'enregistrement de l'acte social, il le punit par le refus de la protection de la loi à une convention ainsi dissimulée. Ajoutons que cette nullité ne pourra point être couverte par une ratification expresse ou tacite, car c'est dans un intérêt d'ordre public, et non pas dans l'intérêt des associés, que la loi exige la publication des sociétés, et que dès lors il y a lieu d'appliquer la maxime *quod ab initio nullum est, non potest tractu temporis convalescere*. Quant à la communauté de fait qui aura existé entre les membres de cette société illégale, elle sera soumise aux règles que nous avons appliquées au cas ou la société n'a pas été constatée par écrit.

2° Entre les associés et les tiers la question se présente sous un double aspect : ou ce sont les associés qui invoquent contre les tiers des conventions sociales non écrites ou non publiées; ou bien ce sont les tiers qui invoquent contre les associés ces mêmes conventions.

Dans le premier cas, il est clair que les associés ne peuvent avoir contre les tiers plus de droits qu'ils n'en ont contre leurs co-associés. Aussi est-il hors de doute que l'acte social, qui n'a été ni écrit ni publié, ne peut pas être opposé aux tiers par les associés, et que le créancier personnel d'un des membres de la société est admis à saisir un bien mis en société par son débiteur.

Mais dans le second cas, les tiers peuvent prouver l'existence de l'association, par tous les moyens possibles, dès qu'ils ont un engagement signé du nom de la société ou indiquant par sa teneur un engagement social. Et les associés ne sont pas en droit de leur opposer soit le défaut d'écrit, soit le défaut de publicité. Il en était déjà de même sous l'ordonnance de 1673, que le Code suit ici pas à pas. Du reste cette opinion a pour elle la raison et la justice. Pourquoi, en effet, ferait-on retomber, sur les tiers les conséquences du défaut d'écrit ou de publicité? Ont-ils quelque chose à se reprocher? A-t-il été en leur pouvoir d'empêcher que la faute ne soit commise? S'il en était autrement, ne serait-ce pas admettre les associés à bénéficier de leur négligence? Disons donc qu'il est de toute équité que les tiers puissent se prévaloir contre les associés de l'existence de la société bien que cette société n'ait été ni écrite ni publiée. Mais si l'acte social (nous supposons ici que la société a été constatée par écrit) contient des dérogations au droit commun, ces dérogations pourront-elles être opposées aux tiers? Les associés seront-ils admis à dire : l'acte de société ne peut être divisé contre nous, prenez-le tel qu'il est, ou renoncez à nous l'opposer? Non. A ce dilemne spécieux, les tiers n'auront qu'à répondre ceci : malgré la non-publication, nous connaissions l'existence de la société, et c'était assez, en présence de l'article 42, pour qu'en traitant avec l'un de ses membres, nous dussions compter avoir l'association pour obligée. Quant aux clauses dérogatoires, que vous invoquez aujourd'hui, vous ne pouvez nous les opposer, puisque vous ne nous les avez point fait connaître. Toutefois les tiers ne seraient pas admis à se prévaloir du défaut de publication pour faire perdre à une société en commandite son caractère particulier, et rendre les commanditaires indéfiniment responsables des dettes sociales. Ici, dit M. Bédarride (n° 368) ce n'est plus une cause dérogatoire; les tiers ont su qu'ils traitaient avec une société en commandite, et dès lors on doit leur opposer le dilemme que nous avons placé tout à l'heure dans la bouche des associés.

Lorsqu'un des membres d'une société réunit à sa qualité d'associé la qualité de tiers, il a les mêmes droits qu'un tiers. Et quand, dans l'acte social, tout en concourant à la formation de la société, il a traité avec elle en son nom particulier, il peut, si la société vient à être annulée pour défaut de publication, prouver par toute espèce de preuves l'existence des clauses intervenues entre la société et lui. C'est ce qu'a décidé la Cour de Cassation (1), qui, dans ce cas, assimile l'associé à un tiers véritable, lorsque les conventions intervenues entre la société et l'un de ses membres, sont entièrement distinctes des conventions sociales.

Nous venons de placer les tiers en présence des associés; plaçons-les à présent en présence d'autres tiers. Qu'arrivera-t-il si les uns ont intérêt à se prévaloir de l'existence

---

(1) Cass., 28 févr. 1859.

de la société non publiée et les autres à la considérer comme
nulle? Ce conflit peut, en effet, s'élever entre les créanciers
sociaux et les créanciers personnels des associés. Ceux qui
demanderont la nullité de la société devront l'obtenir, car
ce sont des *intéressés*, dans le sens de l'article 42 ; peu
importe, du reste qu'ils aient connu l'existence de cette
société. Nous ne sommes plus ici dans l'hypothèse que
nous avons traitée naguère. Ces tiers n'ont pas, comme
les associés une faute à se reprocher ; dans ce cas la lutte
est parfaitement légitime, et il n'y a pas de raison de les
sacrifier au profit de ceux qui veulent le maintien de
la société. La question n'est pas sans intérêt, car plusieurs
conséquences importantes découlent de la solution que
nous venons d'émettre. Ainsi il résulte que les créanciers
personnels des associés devront être admis à concourir au
marc le franc sur l'actif social, avec les créanciers de la
société ; et cela sans qu'il y ait lieu de distinguer entre les
biens existants lors de la formation de l'association, et ceux
acquis depuis, tels que les bénéfices sociaux, puisque la
portion qui revient à l'associé débiteur fait partie de son
patrimoine au même titre que les apports qu'il a versés.
Leur droit de concurrence s'exercera même sur les mises
sociales non encore versées, car ces mises sont dues, non
pas aux associés, mais à la société, dont l'actif est affecté à
tous les créanciers.

Faisons observer, en terminant que ce n'est pas seulement la formation des sociétés, que le législateur soumet à
la publicité, ce sont encore tous les changements importants dans l'organisation de l'association, comme la dissolution avant le terme fixé, la retraite d'un associé en nom,
l'adoption d'une nouvelle raison sociale, la modification de

quelques clauses fixant la position des parties, et la continuation de la société après le terme expiré (art. 46). Tous
ces actes sont soumis, sous la même peine de nullité, aux
formalités des articles 42, 43 et 44. Sans ces précautions,
il eût été facile aux associés de faire des conventions qu'ils
auraient publiées, puis d'en rédiger d'autres, sous prétexte
de modifier les premières. Quant aux sociétés anonymes,
elles doivent, lorsqu'elles veulent modifier leurs statuts,
obtenir de l'Empereur un nouveau décret. Remarquons
enfin que toutes ces règles ne doivent pas être étendues aux associations en participation, qui, comme nous
l'avons vu, ne sont pas assujetties aux formalités des autres
sociétés.

CHAPITRE IX.

DES MODES DE DISSOLUTION DES SOCIÉTÉS COMMERCIALES.

Comme les causes de dissolution sont les mêmes pour
les sociétés commerciales que pour les sociétés civiles, nous
renvoyons au commentaire des articles 1865 et suivants du
Code Napoléon, nous contentant d'ajouter quelques explications qui, pour la plupart, se réfèrent aux règles de publicité imposées par l'article 42 C. C.

La première cause de dissolution qu'énumère l'art. 1865,
C. N., est l'expiration du temps pour lequel la société a été
contractée. Lorsque la société se dissout par cette cause, il
n'est pas nécessaire de l'annoncer aux tiers, car la publication de l'acte social leur a fait connaître la durée de l'association. Mais si cette publication n'a pas eu lieu, faut-
il publier l'acte qui contient la dissolution de la société?

Certainement. Si les associés ont violé la loi en ne publiant
pas leurs conventions, ce n'est pas une raison de la violer
une seconde fois, en ne publiant pas la dissolution de la
société. Dans l'un comme dans l'autre cas, ils s'exposent
aux suites de l'ignorance où ils ont laissé les tiers. S'il en
était autrement, la fraude serait trop facile. On formerait
une société, qu'on se garderait bien de publier, puis,
quelque temps après, on la dissoudrait secrètement, et
lorsque les tiers, confiants dans l'existence de cette société,
qui leur aurait été signalée par la notoriété publique (car
la publication de l'acte social n'est pas le seul fait qui révèle l'existence d'une société), seraient venus réclamer
l'exécution des engagements contractés, on leur aurait opposé l'acte de dissolution. Aussi la jurisprudence décide-
t-elle avec raison que l'acte de dissolution doit, dans ce cas,
recevoir publicité suffisante (1).

La même solution s'applique à tout acte contenant changement ou retraite d'un associé, et à toute convention qui
proroge ou qui dissout la société avant le terme fixé. C'est
ce que prescrit l'article 46. On peut se demander cependant
si la nécessité de la publication doit être restreinte à la
convention par laquelle les associés dissolvent la société
avant le temps voulu, ou si elle doit aussi s'étendre à tous
les faits, même aux faits involontaires, qui, comme le décès
ou la faillite, sont une cause de dissolution? MM. Pardessus
et Bravard (2), soutiennent que l'obligation de publier la
cessation de la société est absolue et s'applique, non pas
seulement aux cas où cette cessation est le résultat d'une
convention, mais encore à ceux où elle a pour cause un

---

(1) Paris, 23 juill. 1828. — Req., 9 juill. 1833, etc., etc. — (2) Pardessus,
n° 1081. — Bravard, p. 90.

événement de force majeure, comme le décès ou la faillite de l'un des associés. Mais cette doctrine nous paraît inadmissible, en présence des termes de l'article 46, qui soumet à la publication *tous actes portant dissolution*, et non pas *tous faits*. Et, selon nous, ces mots *tous actes* ne peuvent s'entendre que de conventions entre associés. La même observation s'applique aux expressions du même article, *tout changement ou retraite d'associés*. Il ne s'agit encore ici que des changements ou retraites qui ont un caractère conventionnel. Personne, en effet, n'ose dire qu'un associé qui meurt, ou qui tombe en faillite, se retire de la société? D'ailleurs il n'est pas difficile de s'expliquer pourquoi le législateur n'a pas exigé la publication de ces faits. C'est parce qu'il a considéré la notoriété attachée au décès et à la faillite comme équivalant à celle qui résulte de la publication. Une convention n'a rien en soi qui en révèle l'existence, elle doit donc être publiée; mais le décès ou la faillite sont des faits notoires et censés connus de tous ceux auxquels il importe de ne pas les ignorer. Le décès n'est-il pas inscrit sur des registres publics? Et la faillite n'est-elle pas annoncée à tous par les publications qu'exige la loi? Sans doute, il arrivera quelquefois que les tiers ignoreront le décès ou la faillite qui met fin à la société, mais sont-ils toujours avertis par la publication? Et dans ce cas, sont-ils admis à se prévaloir de leur ignorance? Pourquoi donc n'en serait-il pas de même ici (1)?

Le décès de l'un des associés, disons-nous, met fin à l'association, mais est-il une cause de dissolution de toutes les sociétés commerciales? Pour résoudre la question, il im-

---

(1) Cass., 10 juill. 1844. — Lyon, 5 janv. 1849.

porte de distinguer si la société est formée en vue des mises, ou si elle est établie en vue des personnes. Lorsque la société n'est qu'une société de capitaux, comme la société anonyme, la mort, pas plus que la faillite ou l'interdiction de l'un des associés, n'entraîne la dissolution de la société. Lorsqu'au contraire les personnes ont été prises en considération, comme dans la société en nom collectif, le décès met fin à l'association. Mais à l'égard de la société en commandite, il y a plus de difficultés. Cependant on décide généralement que dans la commandite simple ou par intérêt, le décès du commanditaire est une cause de dissolution. Très-souvent, en effet, la personne et le caractère du commanditaire sont prises en considération, comme garantie d'une bonne entente et d'une franche confraternité. Quant à la commandite par actions, elle n'est point dissoute par le décès de l'un des commanditaires; car ici la considération de la personne n'est entrée pour rien dans les motifs qui ont fait naître l'association.

Aux termes de l'article 1865, la faillite de l'un des associés met fin à l'association; en est-il de même de la faillite de la société? L'affirmative est enseignée par la majorité des auteurs. Comment, en effet, concevoir que la société ne soit pas dissoute par sa faillite, puisque l'état de faillite dessaisit le failli de l'administration de ses biens. La faillite n'est-elle pas, du reste, l'absorption de l'actif par le passif? Il y a donc, pour la société, extinction de son capital sous le poids des dettes, et par conséquent perte de la chose; or, d'après l'article 1865, paragraphe 2, la société est dissoute par l'extinction de la chose. Au surplus, la faillite de la société n'entraîne-t-elle pas nécessairement la faillite de chacun des associés? On est donc forcé d'admettre, comme conséquences logiques, que la société se dissout par sa propre faillite.

Quels sont les effets de la dissolution d'une société ? Pothier prend soin de nous les faire connaître. « L'effet de la dissolution d'une société, dit ce jurisconsulte, est que désormais et à l'avenir, tous les contrats que chacun des ci-devants associés fera, seront pour son compte seul, à moins qu'ils ne fussent une suite nécessaire des affaires de la société (1). » Les associés cessent, en outre, d'avoir les rapports et les droits respectifs que le contrat avait créés entre eux, et il ne reste plus qu'à procéder à la liquidation et au partage des intérêts communs. Observons, toutefois, que la personnalité distincte de la société ne cesse pas d'exister. Par une fiction créée par l'usage, tant que dure la liquidation, la société est censée avoir conservé une certaine existence partielle, et subsister pour régler ses affaires et se liquider ; c'est ce qu'on exprime en disant que la société *ne subsiste plus que pour sa liquidation.*

CHAPITRE X.

LIQUIDATION ET PARTAGE. — PRESCRIPTION.

Il n'est pas impossible, avons-nous dit à propos des sociétés civiles, de procéder immédiatement au partage des valeurs sociales actives et passives, mais il est préférable de faire précéder ce partage d'une liquidation. Cette observation est vraie surtout en matière commerciale, où les opérations sont nombreuses et les relations avec les tiers difficiles.

(1) Pothier, n° 155.

La liquidation des sociétés de commerce s'opère généralement par un ou plusieurs mandataires, nommés *liquidateurs*. Rien ne s'oppose cependant à ce que la liquidation soit faite, comme en matière de succession, par tous les associés. Seulement il vaut mieux, pour éviter mille lenteurs et des frais énormes, remettre tous les pouvoirs entre les mains d'un ou de plusieurs mandataires.

Dans les sociétés, dont les affaires sont nombreuses et compliquées, les liquidateurs sont ordinairement nommés par les statuts sociaux. A défaut de nomination, ils sont choisis par *l'unanimité* des associés, ou en cas de désaccord par le tribunal de commerce. Mais il n'y a jamais de liquidateurs *de droit* : il faut toujours un mandat exprès.

Les liquidateurs ne sont soumis à aucune condition spéciale de capacité. Ils peuvent être choisis parmi les associés ou en dehors d'eux ; d'habitude on désigne les anciens gérants de la société, lorsqu'ils sont actifs, probes et intelligents. Ces liquidateurs sont nommés soit pour toute la durée de la liquidation, soit pour un temps limité. Et ils ont droit à une indemnité pour leurs frais et leur travail. Mais comme ils ne sont que des mandataires, ils ne sont pas personnellement tenus des engagements qu'ils ont contractés en cette qualité. Leur principale mission consiste à déterminer ce que les tiers doivent à la société, à en opérer le recouvrement, et à libérer la société envers ses créanciers. Ce sont eux qui reçoivent les comptes des gérants et de tous ceux qui ont été employés au service de la société; comptes indispensables pour établir la situation de la société, au moment de la liquidation. Ce sont eux qui achèvent les opérations commencées, et dressent les comptes de la société, soit avec les tiers, soit avec chaque associé. Et comme leur mandat est une mission de confiance, ils ne peuvent point se substituer une autre personne, même à charge d'en répondre.

Quelques contestations se sont élevées sur la nature des pouvoirs des liquidateurs. Nulles difficultés, lorsque ces pouvoirs ont été définis par l'acte qui les confère. Mais il est possible qu'il n'ait rien été réglé à cet égard, et c'est alors que la question s'élève. Généralement on décide que les liquidateurs sont des mandataires généraux pour une certaine affaire, et qu'ils ne peuvent dépasser leur mandat, qu'autant que des clauses expresses en étendent le cercle. Ainsi ils ont le droit : 1° de recouvrer tout ce qui est dû à la société, et d'en donner quittance ; 2° de vendre les marchandises et les objets mobiliers qui existent dans les magasins de la société; 3° de payer les dettes sociales ; 4° d'intenter toutes les actions qui se rattachent à leur mandat, et de représenter la société dans toutes les instances introduites contre elle. Mais ils ne peuvent ni vendre, ni hypothéquer les immeubles de la société, ni céder les créances non échues, ni emprunter, ni transiger, ni compromettre, car ce sont là des actes qui excèdent la capacité des mandataires généraux. Comme on le voit, ces pouvoirs sont moindres que ceux des gérants; seulement il ne tient qu'aux associés de les étendre, s'ils le jugent convenable.

Partage. Après la liquidation et l'établissement des droits respectifs des parties, on procède au partage. Mais comme, en cette matière, les rédacteurs du Code de commerce n'ont pas admis de principes particuliers, nous renvoyons aux règles que nous avons exposées en traitant du partage des sociétés civiles.

Prescription. Tant que la société existe, le droit d'agir contre chacun des associés ne se prescrit que par le laps de temps déterminé par les règles sur la prescription, à l'égard de tout autre débiteur. Mais quand la société est dissoute, le code soumet à une prescription particulière les actions qui peuvent être intentées contre les anciens associés, à raison des engagements de cette société. « Toutes actions, dit l'art. 64, contre les associés non liquidateurs et leurs veuves héritiers ou ayants-cause, sont prescrites cinq ans après la fin ou la dissolution de la société, si l'acte de société qui en énonce la durée, ou l'acte de dissolution, a été affiché ou enregistré conformément aux art. 42, 43, 44 et 46, et si depuis cette formalité remplie, la prescription n'a été interrompue à leur égard par aucune poursuite judiciaire. » Cette disposition a été introduite par ce motif, qu'il est de l'intérêt du commerce que les associés ne restent point exposés à la crainte de poursuites pendant le long espace de trente ans. Quel est, en effet, le négociant retiré d'une société, qui entreprendrait avec sécurité de nouvelles affaires, si trente années seules pouvaient le mettre à l'abri de recours inattendus? Puis de quel crédit jouirait-il au dehors, si on le savait exposé à de si longues et si redoutables recherches? Mais comme ces raisons ne s'appliquent point aux liquidateurs, qui ont dans les mains les valeurs sociales, et qui ont la possibilité de faire face à toutes les dettes de la société, la prescription de cinq ans ne les concerne pas. Il importe, du reste, que les valeurs sociales, qui sont le gage des créanciers, ne soient pas trop brusquement enlevées à ces derniers.

Mais pour que la prescription quinquennale puisse courir, il faut que la dissolution de la société ait été publiée;

car c'est de la publication et non de la dissolution que part le délai de cinq ans. Lorsque l'acte de dissolution n'a pas reçu la publicité voulue, ou n'a reçu qu'une publicité incomplète, on fait retour au droit commun. N'y aurait-il pas, en effet, iniquité à invoquer cette prescription particulière, contre des tiers qui n'auraient , té avertis du moment où commençait le délai fixé par la loi. Toutefois cette publication n'est nécessaire qu'autant que l'acte de société qui énonce la durée de l'association n'a pas été publié, ou qu'autant que la dissolution est anticipée. Inutile de faire observer qu'on ne peut opposer cette prescription, que lorsqu'elle n'a pas été interrompue par des poursuites judiciaires ou par tout autre mode d'interruption de prescription; l'art. 64 est sur ce point simplement énonciatif. Mais une fois ces conditions remplies, la prescription peut être invoquée dans tous les cas, même au cas de faillite de la société, car la loi ne distingue pas si la société est ou n'est pas solvable. Décider autrement, ne serait-ce pas rendre inutile l'art. 64, puisque les créanciers n'ont intérêt à agir personnellement contre les associés, qu'autant que le patrimoine social est insuffisant pour les satisfaire ? Ajoutons que cette prescription n'est point suspendue par la minorité du créancier.

Au bout de cinq ans, les associés non liquidateurs sont complétement libérés, et la société ne peut plus être mise en faillite, à raison des dettes ainsi éteintes, alors même que ces dettes n'ont pas été payées par les liquidateurs. Il serait bizarre de voir des associés mis en faillite pour des obligations dont ils sont libérés par prescription ; ce qui arriverait inévitablement, puisque la faillite de la société entraîne la faillite de tous les associés.

La distinction que le Code établit entre les associés liquidateurs et les associés non liquidateurs a fait naître la question de savoir si le liquidateur, qui est en même temps associé, est tenu pendant trente ans, aussi bien comme obligé
personnel que comme liquidateur? Ou bien l'obligation
personnelle est-elle éteinte au bout de cinq ans, et n'y a-t-
il que l'obligation du comptable qui dure trente ans? Nous
n'hésitons pas à admettre la distinction des deux prescriptions, et à soutenir que l'associé liquidateur est, après cinq
ans, libéré des actions que les créanciers sociaux peuvent
intenter contre lui, à raison des obligations qu'il a contractées comme associé. Qu'on examine, en effet, la discus-
cussion qui eut lieu au conseil d'Etat, et l'on verra quel'action des créanciers n'est conservée, après cinq ans, contre
les liquidateurs, que parce que ces derniers sont détenteurs
des valeurs sociales. D'ailleurs, dans l'opinion contraire, on
arrive à enlever à l'art. 64 toute son utilité, puisque le liquidateur poursuivi après cinq ans par les créanciers sociaux
exercera son recours contre ses co-associés, qui seront forcés de l'indemniser. Où sera donc alors le bénéfice que l'art.
64 accorde aux associés non liquidateurs? Si tous les associés sont liquidateurs, ils seront tous, au bout de cinq ans,
libérés comme associés, c'est-à-dire affranchis de l'action
personnelle, mais comme liquidateurs, ils seront tenus
pendant trente ans, à raison des valeurs sociales dont ils
sont, ou dont ils ont pu être détenteurs. La solution sera la
même lorsque aucun des liquidateurs n'ayant été nommé,
les associés auront partagé immédiatement entre eux et
les valeurs actives et les dettes de la société.

Observons, en terminant que la prescription de l'art. 64
ne s'applique qu'aux actions que les tiers peuvent exercer

17

contre les associés non liquidateurs. Quant aux actions que les associés peuvent avoir à exercer les uns contre les autres, elles ne sont prescriptibles que par trente ans.

CHAPITRE XI.

COMPÉTENCE EN MATIÈRE DE SOCIÉTÉ.

Souvent l'autorité judiciaire est appelée à prononcer sur des contestations dans lesquelles des sociétés se trouvent engagées, contestations qui s'élèvent, soit entre les associés, soit entre la société et les tiers. Quel est le tribunal compétent pour en connaître? C'est ce qu'il importe de déterminer.

Contestations entre associés. Lorsqu'une contestation s'élève entre associés, il suffit pour savoir quelle est la juridiction compétente, d'examiner quelle est la nature de la société. La question de compétence est ici complétement subordonnée à la détermination du caractère de l'association. Lorsque c'est une société civile, les tribunaux civils peuvent seuls prononcer; lorsqu'au contraire, c'est une société de commerce, la juridiction commerciale doit seule être compétente. Cependant, au lieu de laisser aux tribunaux consulaires la connaissance des contestations entre associés, le Code de commerce avait créé pour cet objet une juridiction spéciale et exceptionnelle, qu'on appelait *l'arbitrage forcé.* « Toute contestation entre associés, portait l'art. 51, et pour raison de la société, sera jugée par des arbitres. » Les articles suivants (52 à 63) fixaient la procédure à suivre devant ces arbitres. Le législateur de 1807 avait pensé, qu'outre les avantages du secret et

l'espérance d'une conciliation facile entre des personnes
qui avaient eu des rapports assez intimes, les contestations
entre associés offraient le plus souvent des détails compli-
qués, des questions de règlements de comptes qui ne pouvaient être, en général, appréciés par le tribunal de commerce avec autant de soin que par des arbitres. Mais le législateur de 1856 en a disposé autrement. Aujourd'hui les
art. 51 à 62 sont abrogés (loi du 17 juillet 1856, art. 1er),
et les contestations entre associés, à raison d'une société
commerciale, sont jugées par les tribunaux de commerce
Quelles sont les causes de cette abrogation ? Nous les trouvons dans ce passage de l'exposé des motifs de la loi
de 1856. « Le but du législateur a-t-il été atteint ? L'expé-
périence a démontré le contraire. En effet, la justice arbitrale n'est pas rendue par des commerçants, les arbitres
sont généralement des hommes d'affaires ou des hommes de
loi. Les délais sont plus longs que devant les tribunaux.
Quand il s'élève une contestation, si un des associés résiste,
il faut aller d'abord devant le tribunal pour faire ordonner
le renvoi devant des arbitres, y retourner pour faire nommer les arbitres, à défaut de désignation par les parties ;
s'il y a partage, il faut recourir à un surarbitre. Que de délais encore, au cas de décès, d'absence ou de départ d'un
des arbitres. Les frais, loin d'être diminués, sont plus considérables : la justice rendue par les magistrats consulaires et
civils est gratuite, la justice arbitrale ne l'est pas. Peut-on
voir encore dans les sociétés l'image de la famille, au milieu du mouvement général qui crée et développe chaque
jour tant de sociétés commerciales dont le capital est immense et le nombre d'actionnaires infini ? Si dans des sociétés si nombreuses, des contestations s'élèvent, chaque

associé ayant le droit de nommer son arbitre, il arrive que le tribunal arbitral peut se trouver composé d'un nombre de juges plus considérable que celui de la Cour de Paris tout entière, et qu'il y a les plus grands inconvénients pour grouper les intérêts, classer les voix et arriver à un résultat. » Quant au danger qu'il peut y avoir à livrer à des concurrents ou à des rivaux, des procédés de fabrique ou des secrets de situation, les tribunaux auront toujours la ressource d'ordonner le huis clos (art. 87 C. Proc.). Et si les tribunaux ne l'ordonnent pas, les parties pourront le demander.

L'art. 3, de la loi de 1856, consacre le principe de la non-rétroactivité, en déclarant que les procédures commencées avant la promulgation de la loi de 1856, continueront à être instruites et jugées, suivant la loi ancienne. Les procédures seront censées commencées, lorsque les arbitres auront été nommés par le tribunal de commerce ou choisis par les parties. Cet art. 3 a donné lieu à quelques questions qui ne sont pas sans intérêt. Avant la loi de 1856, la clause commissoire, nulle en toute autre matière, était valable en matière de société de commerce. Aujourd'hui, il n'en est plus de même, une telle clause est nulle comme contraire à l'art. 1006, C. Proc., qui exige que les objets en litige et le nom des arbitres soient désignés dans le compromis. En autorisant les associés à s'engager par avance, et le plus souvent sans réflexion, à faire juger par des arbitres inconnus des contestations ignorées, c'eût été permettre de rétablir par une convention l'arbitrage forcé. Mais quel sera le sort d'une clause semblable insérée dans un acte de société antérieure à la loi nouvelle ? Cette clause sera nulle, car le premier alinéa de l'art. 3 restreint l'application du principe de non rétroactivité *aux procédures commencées avant la promulgation de la loi*, et ici on ne peut pas dire qu'il y ait procédure commencée, puisque l'arbitre n'était pas désigné au moment de la promulgation. Supposons maintenant que l'arbitre a été choisi, mais qu'il ait refusé ou bien qu'il soit mort, sera-t-il permis de le remplacer? Non, dans le premier cas, car on n'est plus dans les termes de l'art. 3 ; ce sera aux tribunaux que son remplacement appartiendra. Dans le second cas, il en sera autrement, la procédure devra être regardée comme commencée, et les associés pourront pourvoir eux-mêmes à l'élection d'un nouvel arbitre.

Observons cependant qu'il n'est pas défendu aux associés de porter, si cela leur plaît, leurs contestations devant des arbitres. Seulement ces arbitres sont alors des arbitres volontaires soumis aux prescriptions du Code de procédure. (Art. 1003).

Contestations entre les associés et les tiers. — Comme la société, qu'elle soit civile ou commerciale, est un être moral ayant une personnalité distincte, les règles de compétence qui doivent lui être appliquées sont celles auxquelles est soumis tout particulier, commerçant ou non commerçant.

POSITIONS ET QUESTIONS

DROIT ROMAIN.

I. La société pouvait être conditionnelle.

II. A défaut de convention, les parts des associés étaient égales quelles que fussent les mises.

III. Mais les associés pouvaient convenir que ces parts seraient inégales, alors même que les apports étaient égaux.

IV. On ne pouvait stipuler que la société continuerait avec les héritiers de l'un des associés, excepté toutefois dsan les sociétés *vectigalium.*

V. En thèse générale la solidarité n'existait point entre les associés. Il n'y avait d'exception à la règle que pour les sociétés *vectigalium.*

VI. La *minima capitis deminutio* ne dissolvait point la société.

VII. L'action *pro socio* ne s'intentait pas au nom de la société, ni contre la société. Chaque associé poursuivait en son propre nom et individuellement chacun de ses co-associés.

DROIT COUTUMIER.

I. Le serf, semblable à l'affranchi romain, ne pouvait rien transmettre par voie d'hérédité.

II. Les sociétés tacites héréditaires des familles serves étaient des sociétés universelles de biens.

III. Les sociétés tacites d'hommes libres se formaient par une communion de un an et un jour.

DROIT CIVIL.

I. La société civile est une personne morale.

II. Les *sociétés fromagères* sont de véritables sociétés civiles.

III. Lorsque des capitaux sont mis en société, ils sont, en général, présumés apportés pour la propriété.

IV. La société universelle de tous biens présents et à venir est frappée d'une nullité absolue.

V. L'existence d'héritiers à réserve n'annule point la société universelle de tous biens présents, elle ne conduit qu'à la réduction des avantages provenant de la société, lorsque ces avantages dépassent la quotité disponible.

VI. Un associé ne peut point se rendre assureur, envers son co-associé, du capital apporté par ce dernier, et des bénéfices futurs.

VII. Mais il peut assurer le capital seul.

VIII. L'associé qui cède à son croupier l'action qu'il a contre ses co-associés, pour la réparation du dommage causé par ces derniers, n'est tenu à aucune autre garantie.

IX. Lorsqu'un associé contracte en son nom privé, les tiers n'ont aucune action directe contre la société, pas même l'action de *in rem verso*.

X. Lorsque les créanciers sociaux agissent par l'action de *in rem verso*, les associés ne sont tenus que proportionnellement à la part qu'ils ont dans la société.

DROIT COMMERCIAL.

I. Le gérant d'une société en nom collectif peut être une personne étrangère à la société.

II. La société en nom collectif n'est pas engagée, lorsque son gérant, débiteur personnel d'un tiers, souscrit à ce tiers des billets sur lesquels il appose la signature sociale.

III. Les tiers ont une action directe pour contraindre le commanditaire au versement de sa mise.

IV. Mais ils ne peuvent exiger le rapport des bénéfices perçus de bonne foi.

V. En matière de société anonyme, de même qu'en matière de société en commandite par actions, le souscripteur primitif qui a cédé son action est responsable du paiement total de l'action.

VI. Ce qui distingue la participation, c'est que les parties conviennent que les opérations seront faites sous le *nom de l'une d'elles*, et non pas *en commun*.

VII. La participation n'est pas une personne morale. Les créanciers sociaux n'ont pas de privilège.

VIII. Les tiers n'ont aucune action directe contre le participant resté étranger à la gestion.

IX. La société à responsabilité limitée n'est autre chose qu'une société anonyme dispensée de l'autorisation du gouvernement.

X. Le décès ou la faillite d'un associé responsable n'est pas soumis à la publication exigée par l'art. 46, C. C.

XI. Une société est dissoute par sa propre faillite.

XII. Les liquidateurs, en tant qu'associés, sont soumis à la prescription de cinq ans (Art. 64, C. C.).

DROIT ADMINISTRATIF.

I. L'autorisation des sociétés anonymes doit être portée à l'assemblée générale du conseil d'Etat (Art. 13, décret du 30 janvier 1852).

II. Le préfet a le droit de faire pour toutes les communes du département, dans la même mesure que les maires, des arrêtés de police municipale, lorsque ces arrêtés ont pour objet le maintien de la sûreté générale.

III. Les ventes faites par les communes ne sont pas de droit soumises à la surenchère, comme les ventes de biens des mineurs.

DROIT PÉNAL.

I. Lorsque le gérant d'une société en commandite par actions est poursuivi correctionnellement (art. 13, L. 1856 17 juillet), les membres du conseil de surveillance peuvent être cités devant le même tribunal, comme civilement responsables.

II. En cas de récidive et d'excuse, il faut d'abord appliquer l'aggravation résultant de la récidive et ensuite l'atténuation de l'excuse.

CODE DE PROCÉDURE.

I. Une contestation entre associés, relativement à une société dissoute, mais non liquidée, doit être jugée non par le tribunal du lieu des associés, mais par le tribunal du lieu où la société était établie.

II. Lorsqu'un individu, assigné comme associé devant le

tribunal du lieu de la société, prétend n'avoir pas la qualité d'associé, l'exception doit être soumise au tribunal saisi de l'action principale.

III. La présente disposition ne s'applique pas à la participation.

Vu et approuvé,

Le Doyen,

MORELOT.

Permis d'imprimer.

Le Recteur,

L. MONTY.

Besançon. — Imprimerie d'Outhenin-Chalandre fils.

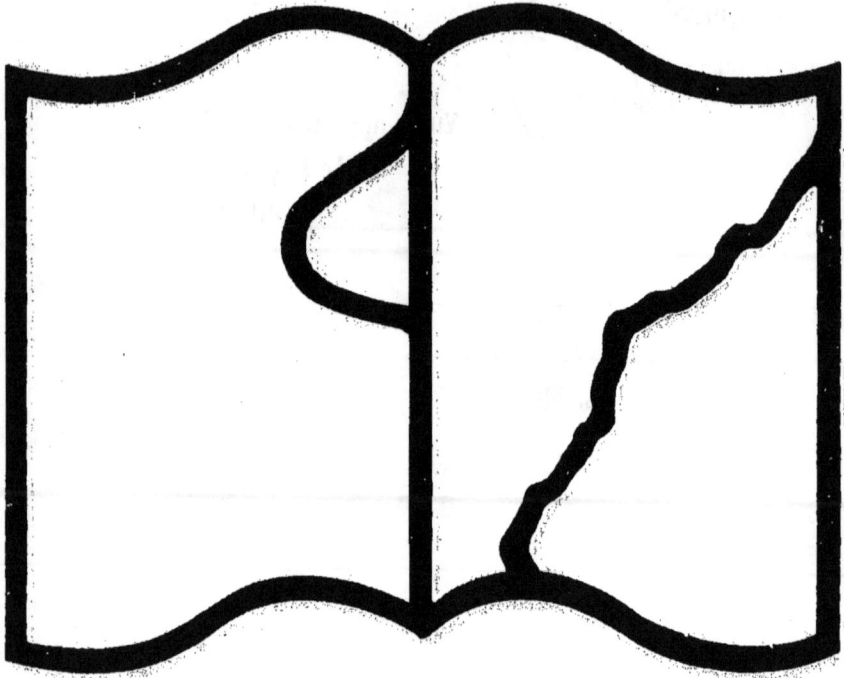

Texte détérioré — reliure défectueuse

NF Z 43-120-11

www.ingramcontent.com/pod-product-compliance
Lightning Source LLC
Chambersburg PA
CBHW070303200326
41518CB00010B/1878